"十二五"职业教育国家规划教材

经全国职业教育教材审定委员会审定

高等职业院校技能型紧缺人才培养培训工程配套教材·汽车检测与维修专业

汽车故障诊断技术
（第5版）

黄景鹏　仇雅莉　郭海龙　主　编

曹　华　郑少鹏　副主编

电子工业出版社

Publishing House of Electronics Industry

北京·BEIJING

内 容 简 介

本书以汽车故障诊断技术为主线,分别介绍了汽车故障诊断的基本知识、汽油发动机故障的诊断与排除、汽车底盘故障的诊断与排除、汽车电气系统故障的诊断与排除、新能源汽车故障的诊断与排除。本书内容以常见的丰田、大众、比亚迪等车型为主,介绍汽车故障诊断与排除方法,力求反映生产实际中的新知识、新技术、新设备和新方法。

本书可作为高等职业院校汽车运用技术专业、汽车电子技术专业及汽车检测与维修专业的教材或参考用书,也可作为社会培训机构或汽车爱好者的参考用书。

图书在版编目(CIP)数据

汽车故障诊断技术 / 黄景鹏,仇雅莉,郭海龙主编. —5 版. —北京:电子工业出版社,2022.1
ISBN 978-7-121-42533-2

Ⅰ. ①汽…　Ⅱ. ①黄…　②仇…　③郭…　Ⅲ. ①汽车—故障诊断—高等学校—教材　Ⅳ. ①U472.42

中国版本图书馆 CIP 数据核字(2021)第 260781 号

责任编辑:王艳萍
印　　刷:大厂回族自治县聚鑫印刷有限责任公司
装　　订:大厂回族自治县聚鑫印刷有限责任公司
出版发行:电子工业出版社
　　　　　北京市海淀区万寿路 173 信箱　邮编　100036
开　　本:787×1 092　1/16　印张:16　字数:409.6 千字
版　　次:2005 年 6 月第 1 版
　　　　　2022 年 1 月第 5 版
印　　次:2024 年 12 月第 4 次印刷
定　　价:52.00 元

前　言

　　随着我国科学技术的进步和汽车工业的发展，汽车技术日新月异，特别是大量新技术在汽车上的应用，促使汽车的结构和性能发生了根本性的变化，新的结构和电子控制单元不断出现，汽车不断地向自动化、智能化方向发展。新能源汽车的逐步普及，在大幅度提高汽车综合性能、实现节能减排的同时，也使得汽车的故障诊断与维修问题日益突出。本书是以高等职业教育汽车检测与维修专业领域技能型紧缺人才培养指导方案为依据，结合高职专业的要求和特点，以及当前汽车故障诊断与维修行业的要求而编写的。本书自2005年第1版出版至今，已是第5版，并被评为"十二五"职业教育国家规划教材。

　　"汽车故障诊断技术"是汽车运用技术专业、汽车检测与维修专业和汽车电子技术专业的一门实践性很强的专业必修课。本书内容以丰田、大众、比亚迪等车型为主，共五个学习情境，19个学习任务，分别介绍了汽车故障诊断的基本知识、汽油发动机故障的诊断与排除、汽车底盘故障的诊断与排除、汽车电气系统故障的诊断与排除、新能源汽车故障的诊断与排除。全书内容以现代汽车常见的新结构为主，通过举例说明，可使学生初步具备汽车故障诊断与排除的能力。

　　本书注重理论联系实际，通俗易懂、深入浅出，加强职业院校学生能力的培养，力求反映生产实际中的新知识、新技术、新设备、新工艺和新方法。本书以"任务驱动"为编写思路，采用与企业实践相接近的具体工作任务引出相应的专业知识，学习目标非常明确，体现了现代职业教育"一体化"的特色，充分调动学生学习的主动性。特别强调"做中学、学中做"的职业教育理念，即使在课堂理论教学中，学生也必须积极参与，改变了传统教学中学生被动听课的状态。

　　本书由广东交通职业技术学院黄景鹏、湖南交通职业技术学院仇雅莉、广州航海学院郭海龙担任主编，曹华、郑少鹏担任副主编。具体分工为：黄景鹏编写学习情境一、三、五，并统筹全书编写；郭海龙编写学习情境四；广东交通职业技术学院郑少鹏编写学习情境二中的任务1、2、3；广东省机械技师学院曹华编写学习情境二中的任务4、5、6、7。

　　为了方便教师教学，本书配有电子教学课件等资料，请有需要的教师登录华信教育资源网（www.hxedu.com.cn）免费注册后进行下载。

　　在本书的编写过程中，编者参阅了大量的书籍、文献资料，同时也参考了相关品牌汽车的维修资料作为案例说明，受益匪浅，在此表示衷心感谢。

编　者

目 录

学习情境一　汽车故障诊断的基本知识

任务一　汽车故障诊断概述

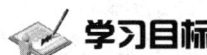 **学习目标**

1. 掌握汽车故障诊断的基本概念
2. 掌握汽车故障的成因、症状及变化规律
3. 掌握汽车故障诊断的原则、方法及步骤
4. 培养严格遵守安全操作规程的职业规范
5. 培养互帮互助、团队协作的能力

 **任务接受**

指导老师带领学生学习故障诊断的基本概念、成因、症状，介绍故障产生的机理，诊断的原则、方法及步骤。

 **任务准备**

教学设备、工具及仪器如表 1-1 所示。

表 1-1　教学设备、工具及仪器

名　　称	数　　量	名　　称	数　　量
普通维修工具	1 套/5 人	车辆	1 辆/5 人
万用表	1 套/5 人	汽车一般检修仪器工具	1 套/5 人
故障诊断仪	1 套/5 人		

 **任务实施**

1.1.1　汽车故障诊断的基本概念

汽车是由许多零件、机构和总成构成的复杂有序的技术系统。在使用过程中，由于某一种或几种问题的影响，其技术状况将随行驶里程的增加而变化，其动力性、经济性、可靠性和安全性将逐渐或迅速下降，排气污染和噪声加剧、故障率增加，这不仅对汽车的运行安全、运行消耗、运输效率、运输成本及环境造成极大的影响，甚至影响汽车的使用寿命。所以，研究汽车故障的变化规律，定期检测汽车的使用性能，及时而准确地诊断出故障部位并排除

故障，就成为汽车应用技术的一项重要内容。

汽车故障诊断技术是指在整车不解体或局部解体的情况下，确定汽车的技术状况，查明故障产生的原因和故障部位的汽车应用技术。

现代汽车经过 100 多年的发展，已经成为集机械、电子、材料、化工等多领域技术的综合高科技产物，世界上各大汽车制造商仍在不断地将各学科的最新技术成果应用于汽车上，为交通、环境、能源、运输成本和运输力等方面带来了明显的社会效益和经济效益。汽车故障诊断技术是随着汽车的发展从无到有、逐步发展起来的一门技术。

我国的汽车故障诊断与检测技术起步较晚，在 20 世纪 30 年代，汽车故障完全依靠工人和技术人员掌握的知识和经验来进行分析、判断；20 世纪 70 年代，我国开始引进和研制汽车故障诊断与检测设备；进入 20 世纪 80 年代以后，随着国民经济的发展，特别是随着汽车制造业、公路交通运输业的发展和进口车辆的增多，我国机动车的保有量迅速增加，汽车故障诊断与检测技术成为国家"六五"重点推广项目，并视其为推进汽车维修管理现代化的一项重要技术措施；到 20 世纪 90 年代末，我国的汽车诊断与检测技术已初具规模，基本形成了遍布全国的汽车检测网。交通部于 1990 年颁布了第 13 号部令《汽车运输业车辆技术管理规定》，1991 年发布了第 28 号部令《汽车维修质量管理办法》和第 29 号部令《汽车运输业车辆综合性能检测站管理办法》，对汽车故障诊断检测技术、检测制度和综合性能检测站等均做出了明确规定，其组织管理也步入正轨。随着公路交通运输业、汽车制造业和整个国民经济的发展，我国的汽车故障诊断检测技术必将获得进一步发展。

汽车故障是指汽车部分或完全丧失工作能力的现象，其实质是汽车零件本身或零件之间的配合状态发生了异常变化。

汽车故障按丧失工作能力的程度分为局部故障和完全故障。局部故障是指汽车丧失了部分工作能力、降低了使用性能的故障，完全故障是指汽车完全丧失了工作能力、不能行驶的故障。

汽车故障按造成的后果又可分为轻微故障、一般故障、严重故障、致命故障。

1. 轻微故障

轻微故障一般不会导致汽车不能行驶或性能下降，不需要更换零件，用随车工具做适当调整即可排除，如某个轮胎的螺栓松动等。

2. 一般故障

一般故障是指汽车运行中能及时排除的故障或不能排除的局部故障，一般故障会导致汽车停驶或性能下降，但一般不会导致主要部件和总成的严重损坏，可更换零件或用随车工具在短时间内排除，如大灯灯泡损坏等。

3. 严重故障、致命故障

严重故障是指汽车运行中无法完全排除的故障，此类故障可能导致零件的严重损坏，必须停车，且不能通过更换零件或用随车工具在短时间内排除，如发动机汽缸垫损坏等。致命故障是指造成汽车重大损坏的故障，可能引起车毁人亡的恶性重大事故，如制动系统失效等。

1.1.2 汽车故障的成因、症状及变化规律

一、汽车故障的成因

汽车故障按成因分为自然故障和人为故障。

1. 自然故障

自然故障是指汽车在正常的使用和维护条件下，由于不可抗拒的原因而形成的故障。例如，在汽车的使用过程中，零件会产生自然磨损；在长期交变载荷下，零件会产生疲劳；在外载荷及温度残余内应力的作用下，零件会产生变形；此外，非金属零件及电气元器件会产生老化等，这些原因均会引起故障。

2. 人为故障

人为故障是指由于人为的不慎而造成的汽车故障。这类故障起因为汽车设计、制造和维护过程中的人为因素，具体如下。

（1）汽车设计、制造中的因素

尽管车辆设计者们考虑得很周全，但也难免在设计中存在薄弱环节和不足之处。例如，发动机水套内的冷却水流向欠合理而影响散热，导致个别汽缸磨损剧烈；因总体布局不合理或其他原因而导致的制动侧滑；有的进口汽车不符合我国国情而造成大客车的车身强度不足等。

（2）维修配件质量的因素

随着我国汽车保有量的急剧增长，对维修配件的需求量也大大增加。汽车零配件常常是通过大批量购买并由不同厂家生产的，不可避免地存在质量差异，甚至难免有伪劣产品鱼目混珠，引发各种各样的故障。例如，同一发动机汽缸盖各燃烧室容积不等，导致发动机动力不足或爆燃；凸轮轴正时齿轮的键槽位置偏差，会破坏正常的配气相位，降低发动机的动力性；空气滤清器的滤清效果差，会使汽缸发生早期磨损；前轮左右钢板弹簧的刚度、挠度不一致和不标准，会影响前轮的定位参数，破坏汽车的操纵稳定性等。

（3）燃油、机油选用因素

根据车型选用燃油和机油，是保证汽车正确使用的必要条件。例如，要求使用 95 号或者更高标号汽油的车辆，若选用了 92 号汽油，发动机可能会产生爆燃，冲坏汽缸垫或烧毁活塞顶部，并使动力性下降；若压缩比高、热负荷大的汽油机使用了与之不配套的机油，会使汽缸活塞的配合副产生早期磨损；若柴油车在严寒地区使用高凝固点的柴油，会导致汽车启动困难等。

（4）管理方面的问题

使用单位和个人不了解或不严格执行车辆技术管理规定，导致车辆使用不合理，修理不及时，从而导致人为故障的产生。在汽车使用中不重视日常维护，新车或大修车不走合，不执行出车前、行驶中、收车后的"三检"工作，不定期进行"三清"工作等，均会使随机故障频发，不但影响了汽车的使用寿命，而且会危及行车安全。

二、汽车故障的症状

汽车故障的症状也称为故障现象，是故障的具体表现。汽车故障有下面一些症状。

1. 使用性能异常

使用性能异常是指汽车的动力性和经济性变差，主要表现在汽车最高行驶速度明显降低，汽车加速性能差；汽车燃油消耗量大和机油消耗量大；汽车乘坐舒适性差，汽车振动和噪声明显加大；汽车操纵稳定性差，汽车易跑偏，车头摆振；制动跑偏，制动距离长或无制动等。

2. 工况突变

工况突变，是指汽车的工作状况突然出现不正常的现象，这是比较常见的故障症状。例如，发动机突然熄火后再发动困难，甚至不能发动；发动机在行驶中动力突然降低，使汽车行驶无力；汽车在行驶中突然制动失灵或跑偏等。这类故障虽然症状明显，容易察觉，但其成因复杂，而且往往是由渐变到突变的，因此在诊断时，必须认真调查分析突变前有无可疑症状，去伪存真，判明故障的位置。

3. 声响异常

有些故障，往往可以引起汽车发动机或底盘部分的不正常响声，这种故障症状明显，一般可以及时发现。应当指出的是，有些声响异常的故障可能酿成机件事故，故必须认真对待。经验表明，凡声响沉重并伴有明显振抖的现象，多数是恶性故障造成的，应立即停车并查明原因。一般的声响常因成因不同而带有不同的特征，在判断时，应当仔细查听，正确分辨。

4. 过热现象

过热现象通常表现在发动机、变速器、驱动桥和制动器等总成上。在正常情况下，无论汽车工作多长时间，这些总成均应保持一定的工作温度。除发动机外，若用手触试时，感到烫疼难忍，即表明该处过热。发动机过热说明冷却系统存在故障，如不及时排除，会引起爆燃、早燃、行驶无力，甚至造成活塞等部件烧熔的事故。驱动桥过热通常是由装配不良或缺少机油等故障所致的，如不及时排除，将使齿轮及轴承等零件烧损。因此，对过热症状切不可掉以轻心。

5. 渗漏现象

渗漏是指汽车的燃油、润滑油、冷却液、制动液（或压缩空气）及动力转向系统油液发生渗漏，这也是一种明显可察的故障症状。渗漏易造成过热、烧损及转向、制动失灵等故障，一旦发现应及时排除。

6. 排烟颜色不正常

发动机在工作过程中，正常的燃烧生成物的主要成分应当是二氧化碳和少量的水蒸气。如果发动机燃烧不正常，废气中会掺有未完全燃烧的碳粒、碳化氢、一氧化碳及氮氧化物等。对于汽油发动机而言，正常的废气应无明显的烟雾。但是，汽缸上机油时，废气呈蓝色；燃烧不完全时，废气呈黑色；油中掺水时，废气呈白色。柴油发动机的排气颜色不正常时，通常伴随着发动机无力或不易发动等现象。因此，烟色为诊断柴油机故障的重要依据之一。

7. 失控或振抖

汽车或总成在工作时，可能出现操纵困难或失灵，有时可能出现自身振抖。例如，由于前轮定位不正确而出现的前轮振摆或跑偏；由于曲轴或传动轴动不平衡而相应地使发动机或传动系统在运转中产生振抖等。

8. 燃油、润滑油消耗异常

燃油、润滑油消耗过多，也是一种故障症状。燃油消耗增多，一般为发动机工作不良或底盘（传动系统、制动系统）调整不当所致的。

润滑油消耗过甚，除了渗漏，多数是因为发动机存在故障，这时常常伴有机油加注口处大量冒烟或脉动冒烟、排气烟颜色不正常等现象，其原因主要是活塞与汽缸壁的配合间隙过大或活塞与汽缸壁有严重损伤。若发动机在工作中，润滑油的消耗量有增无减，可能是润滑系统中掺入了冷却液或汽油。因此，燃油、润滑油消耗异常是发动机存在故障的一个重要标志。

9. 有特殊气味

汽车在运行中,如有制动拖滞或离合器打滑等故障,则会散发出摩擦产生的焦臭味;发动机过热或润滑油、制动液燃烧时,会散发出一种特殊的气味;电路短路、搭铁导致导线被烧毁时,也会产生异味。行车过程中一经发觉车内有特殊气味,应立即停车并查明故障位置。

10. 汽车外观异常

将汽车停放在平坦的场地上,检查其外形状况,如有横向或纵向歪斜等现象,即为外观异常,其原因多数是车架、车身、悬挂、轮胎等出现异常。汽车外观异常会引起方向不稳、行驶跑偏、重心转移和车轮吃胎等故障。

三、汽车故障的变化规律

汽车故障的变化规律是指汽车故障率随行驶里程变化的规律。

汽车故障率是指使用达到某行驶里程的汽车,在单位行驶里程内发生故障的概率,也称失效率或故障程度。它是衡量汽车可靠性的一个重要参数,体现了汽车在使用中丧失工作能力的程度。

在正常的使用和维护条件下,汽车故障率 λ 与行驶里程 l 之间的关系为呈"浴盆"形曲线,如图 1-1 所示。由图 1-1 可见,汽车故障变化规律呈现出三个明显的阶段。

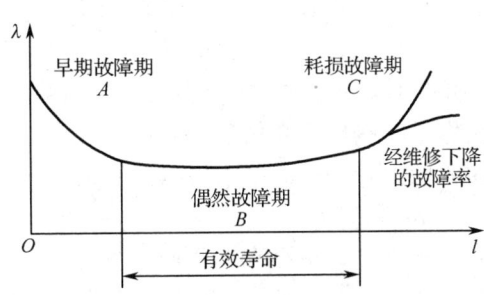

图 1-1 汽车故障变化规律曲线

1. 早期故障期

早期故障期相当于汽车的磨合期。因初期磨损量较大,所以故障率较高,但随行驶里程增加而逐渐下降。

2. 偶然故障期

在偶然故障期,汽车故障的发生是随机的,没有一种特定的故障起主导作用,多由于使用不当、操作疏忽、润滑不良、维护欠佳,以及材料内部隐患或工艺和结构缺陷等偶然因素所致。在此期间,汽车或总成处于最佳状态,其故障率低而稳定,对应的行驶里程一般称为汽车的有效寿命。

3. 耗损故障期

在耗损故障期,由于零件磨损量急剧增加,大部分零件老化耗损严重,特别是大多数受交变载荷作用而极易磨损的零件已经老化,因而故障率急剧上升,出现大量故障,若不及时维修,将导致汽车或总成报废。因此,必须把握好耗损点,制定合理的维修周期。

由上述可知,早期故障期和偶然故障期所对应的行驶里程即为汽车的修理周期或称为修理间隔里程。

1.1.3 汽车故障的诊断方法

汽车故障诊断方法,目前有人工经验诊断法、仪器设备诊断法和故障自诊断法三种。

一、人工经验诊断法

人工经验诊断法是指诊断人员凭借一定的理论知识和积累的实践经验，利用简单工具诊断汽车故障的方法。

通过人工经验诊断汽车故障的特点是不需要任何仪表器具或其他条件，在任何场合下都可以进行，特别是对汽车运行过程中出现的偶然故障，不失为一种行之有效的诊断方法。然而，它只能对故障进行定性的分析，而对于因诸多因素导致的复杂故障则难以诊断，诊断的准确性与速度取决于诊断人员的技术水平。人工经验诊断法经过不断的积累、总结和完善，已朝着人工智能分析、逻辑推理的方向发展。在使用本方法时，一般应先了解汽车的使用和维护情况，搞清故障特征及其伴随现象，然后由简到繁、由表及里地进行推理分析，做出判断。其诊断方法大致可细分为望问法、观察法、听觉法、嗅觉法、触摸法和试验法六种。

1. 望问法

望问即查看和询问，看和问是快速诊断汽车故障的有效方法。除驾驶员诊断自己驾驶的车辆之外，其他人在诊断前，必须先了解情况，包括车辆的型号、使用的年限和行驶里程、使用条件、近期维护修理情况、故障的预兆和现象，以及故障是渐变还是突变的、发生故障后做了哪些检查和修理等。此外，车辆的技术档案是重要的调查资料和依据。即便是有丰富经验的诊断人员，若不先问清楚情况就着手诊断，难免会出现错误。

2. 观察法

观察法即按照汽车使用者指出的故障发生部位仔细观察故障现象，而后对故障做出判断的方法，这是一种应用最多、最基本也是最有效的故障诊断法。例如，观察整车和发动机有无油或水泄漏，有无连接松动，排气颜色是否正常，空气滤清器有无堵塞，车轮有无偏磨等。在观察的过程中，可以用理论知识和积累的经验，做出周密的思考和推证，由表及里，把故障现象看透。

3. 听觉法

听觉法即凭听觉判断汽车或总成在工作时有无异响。汽车运行时，发动机以不同的工况运转，汽车和发动机整体发出一种嘈杂却有规律的声音。当某个部位发生故障时就会出现异常响声，有经验者可以根据发出的异常响声，立即判断出汽车故障。例如，发动机曲轴和连杆机构异响、主传动器异响、传动轴异响，都可以轻易地判断出来。一个好的维修工或驾驶员，应在行车中锻炼听觉，听清汽车各部位发出的声音，并从中判断出异响和故障。

4. 嗅觉法

嗅觉法即凭汽车或总成在运转时所发出的某些特殊气味来判断故障位置的方法。例如，发动机烧机油和发动机燃烧不完全，在发动机排出的废气中会有异味；制动器摩擦片烧损、离合器摩擦片烧损或电线烧毁，会产生非金属材料烧糊的特殊气味。汽车运行中一旦出现异味，或者异味较大时应停车进行检查，以查清故障根源，采取相应的措施，消除异味，如是汽车故障导致的则应排除故障或将汽车送修。

5. 触摸法

触摸法即用手、脚触试可能产生故障的部位，判断其工作是否正常的方法。例如，驾驶员用手摸制动鼓，凭温度判断车轮阻滞情况；用脚踹车轮轮胎，凭轮胎的弹力、偏斜和摆振情况判断轮胎气压、轮毂轴承的紧固情况；用手摸高压油管脉动检查高压油管的供油情况；

用手摸感觉燃油泵的工作状况等。

6．试验法

试验法即以试来验证的方法。例如，用单缸断火（油）法判定发动机产生某些异响的部位；用突然加速法查听异响的变化；用试换零件法找出故障部位；在道路试验中，根据加速性能、滑行距离判断发动机的动力性和底盘的调整、润滑情况等。

人工经验诊断法不需要专用的仪器设备，见效快；但诊断速度慢，准确性差，不能进行定量分析，需要诊断人员有较高的技术水平。人工经验诊断法多适用于中小型维修企业和运输企业，虽然有一定的缺点，但其在相当长的时期内仍有十分重要的实用价值，即使现在普遍使用现代仪器设备进行故障诊断，也不能完全脱离人工经验诊断法。近年来刚刚开始研制的专家诊断系统，也是把人脑的分析、判断功能通过计算机语言变成计算机的分析、判断功能。所以，不能轻视人工经验诊断法，更不能忽视其实用性。

二、仪器设备诊断法

仪器设备诊断法是指利用仪器和设备（包括常用仪器、仪表和专用设备等）诊断汽车故障的方法。

仪器设备诊断法是在传统的人工经验诊断法的基础上，随着社会和科学技术的进步，逐渐发展起来的。与人工经验诊断法相比较，其不同点在于：一是要借助于仪器，二是将检查结果量化了。

目前可供利用的仪器设备有：万用表、点火正时灯、汽缸压力表、真空表、油压表、声级计、流量计、油耗仪、示波器、汽缸漏气量检测仪、曲轴箱窜气量检测仪、气体分析仪、烟度计，以及功能比较齐全的测功机、四轮定位仪、制动试验台、侧滑试验台、发动机综合检测仪、底盘测功机等。这些仪器设备给人们提供了可靠的工具，使汽车故障诊断从定性诊断发展为定量诊断。

仪器设备诊断法具有检测速度快、准确性高、能定量分析和可实现快速诊断等优点，而且采用计算机控制的现代电子仪器设备能自动分析、判断、存储并打印出汽车的各项性能参数。其缺点是投资大，需有专用厂房，需要培训操作人员，检测成本高等。这种诊断方法适用于汽车检测站和大中型维修企业。

三、故障自诊断法

故障自诊断法是利用汽车本身装备的电子控制单元对系统产生的故障进行自行诊断的方法。

随着现代科学技术特别是计算机技术的进步，20世纪末，汽车故障的自诊断随汽车电子控制技术的进步而发展起来。汽车电子控制系统机理与结构的复杂性，要求其自身必须建立起可靠的故障自诊断系统。1979年，美国通用公司首次在汽车上运用了电子控制单元（ECU）自诊断系统。该系统由存储于 ECU 中的软件及相应的硬件构成。当汽车运行时，ECU 不断监控系统中各部分的工作情况，如果发生故障，ECU 根据故障的性质和程度，首先进入失效安全模式（也称安全回家模式），使汽车有可能行驶到附近的维修点排除故障。同时，将故障信息以代码的形式存储起来，在维修汽车时，利用专门的仪器和方法提取故障代码，将故障排除后再将故障代码清除。这种汽车故障自诊断系统又称 OBD。

OBD 有 OBD、OBD-Ⅰ、OBD-Ⅱ三种汽车电控故障自诊断系统。1996 年，世界各汽车制造厂商全面执行了 OBD-Ⅱ标准。OBD-Ⅱ系统具有标准相同的 16 脚诊断座，统一了各车型的故障代码及其含义，具有行车记录功能和数值资料的传输功能。其资料传输线有两个标准，即欧洲标准 ISO 和美国统一标准 SAE，1996 年后，许多美国生产的汽车在配备普通的 OBD-Ⅱ系统的同时，又增设了 Enhanced OBD-Ⅱ诊断系统，它在很大程度上提高了通信速度，而且增加了对自动变速器、ABS 和 SRS 系统的诊断。

1.1.4　汽车故障诊断的原则和步骤

一、故障诊断的一般原则

1. 先思后行

对故障现象先进行综合分析，在初步了解故障成因的基础上，再进行故障检查，以避免故障诊断的盲目性。

2. 先外后内

在发动机出现故障时，先对电控系统以外的可疑故障部位进行检查，这样可避免无谓的检查。否则本来是一个与电控系统无关的故障，却先对电控系统的各个元件、器件、线路等进行了复杂的检查，而真正的故障部位却未找到。

3. 先简后繁

应优先检查那些能以简单方法检查的可疑故障部位。可以利用人的感官，运用问、看、触、听、试等直观检查方法，将一些较为明显的故障部位迅速找出来。

4. 先易后难

发动机的某一故障现象通常是由某些总成或部件引起的，应先对那些常见故障部位进行检查，再对其他不常见的故障部位进行检查。这样，不仅可以迅速排除故障，而且省时省力。

5. 代码优先

如对发动机做系统检查前，应先按制造厂提供的方法，读出故障码，再按照故障码的内容排除该故障。

6. 积累资料

积累资料是指在检修该车型前，应准备好与该车型有关的检修数据资料。除了可以从维修手册、专业书刊上收集整理这些检修数据资料，另一个有效的途径是随时检测记录无故障车辆的有关参数。这样，通过逐渐积累，可在日后检修同类型车辆时，将这些平时积累的检测参数与实测参数进行比较，供检修人员参考。

二、故障诊断的基本步骤

故障诊断的基本流程如图 1-2 所示。

1. 填写用户调查表

为了迅速查找出故障发生点，首先要询问用户，了解故障出现时的情况、自然条件，了解故障的发生过程及检修历史等；然后详细填写维修车辆登记表，此表与诊断测试结果一起作为查找故障点的依据，同时也可作为检修后验收、结账的参考依据。

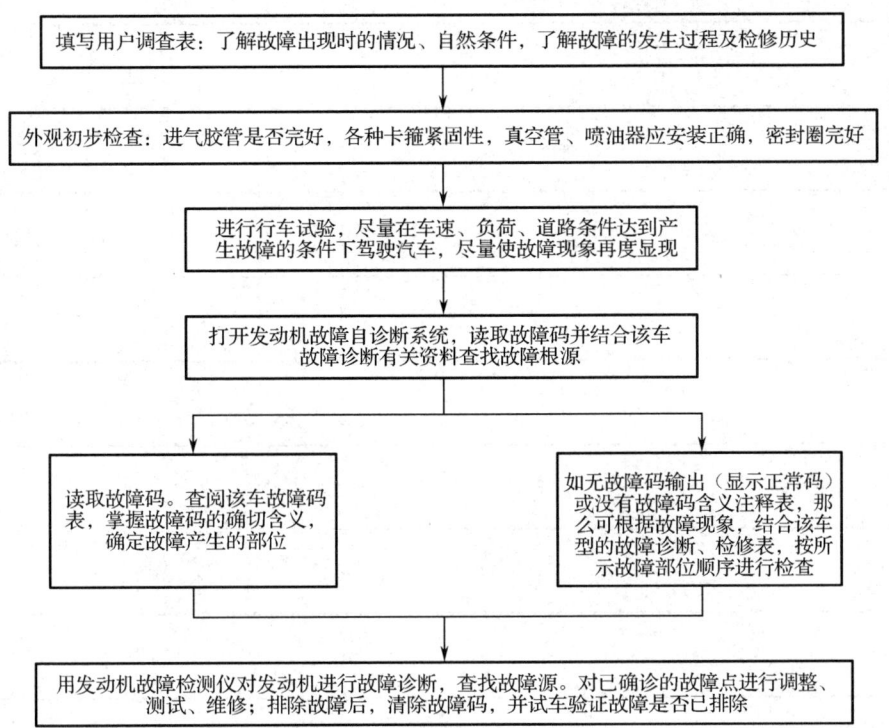

图 1-2　故障诊断的基本流程

2. 外观初步检查

例如，电控燃油喷射系统的故障大多数是小故障，如线路短路或断路或人为装错，以及一些传感器、执行器的工作性能参数的失准等。检查所有进气胶管是否破裂。检查各种卡箍紧固是否适度。检查各种真空管是否破裂、扭结、插错，插错真空管会造成发动机怠速不稳，甚至使发动机出现工作不良。检查喷油器应安装正确，密封圈完好。

3. 使故障再现

根据车主所叙述的故障现象（如有必要可在清除故障码后）进行行车试验，尽量在车速、负荷、道路条件达到产生故障的条件下驾驶汽车，尽量使故障现象再度显现。从故障表现的形式上，结合外观仔细检查，对该车故障有一个初步的诊断。

4. 故障自诊断

打开发动机故障自诊断系统，读取故障码并结合该车故障诊断有关资料查找故障根源。

（1）读取故障码。查阅该车故障码表，掌握故障码的确切含义，确定故障产生的部位。

（2）如无故障码输出（显示正常码）或没有故障码含义注释表，那么可根据故障现象，结合该车型的故障诊断、检修表，按所示故障部位顺序进行检查。

5. 用发动机故障检测仪对发动机进行故障诊断，查找故障源

对已确诊的故障点进行调整、测试、维修；排除故障后，清除故障码，并试车验证故障是否已排除。

Note

1.1.5　汽车故障诊断概述工作页

一、汽车故障诊断的基本概念

请解释以下汽车故障诊断方法的名词。

人工经验诊断法：

_____

_____

仪器设备诊断法：

_____

_____

故障自诊断法：

_____

_____

_____

二、汽车故障诊断基础知识

请列出汽车故障的一些症状并做简要说明。

故障症状	症状说明
使用性能异常	使用性能异常是指汽车的动力性和经济性变差

三、汽车故障诊断的方法

请完成汽车故障诊断方法——人工经验诊断法相关内容。

诊断方法	诊断方法说明
望问法	

续表

诊 断 方 法	诊断方法说明
	凭汽车或总成在运转时所发出的某些特殊气味来判断故障的位置
试验法	

四、汽车故障诊断的步骤

请将汽车故障诊断的基本流程补充完整。

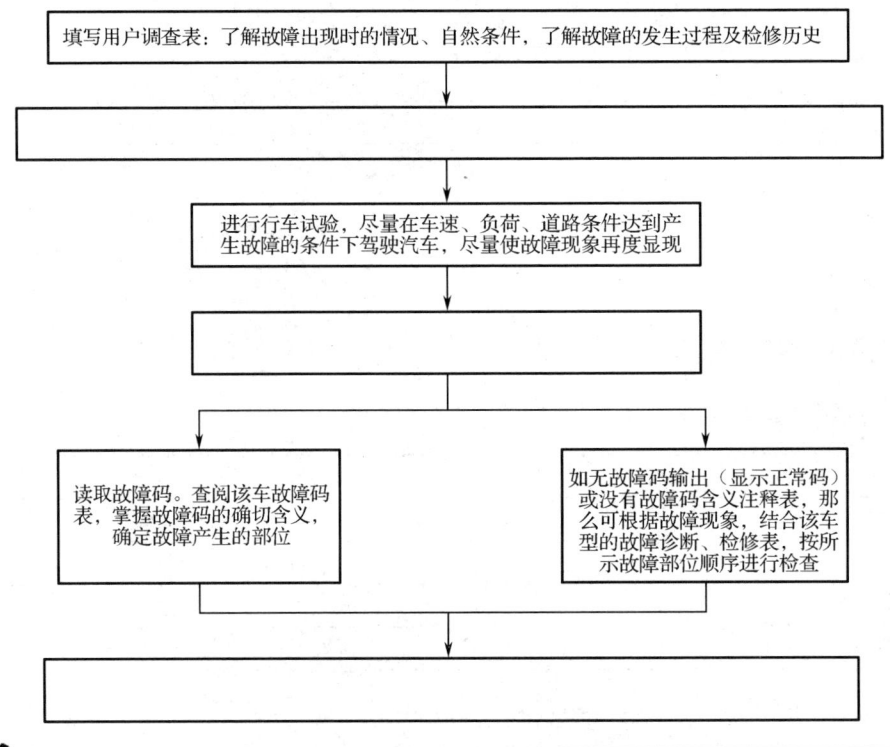

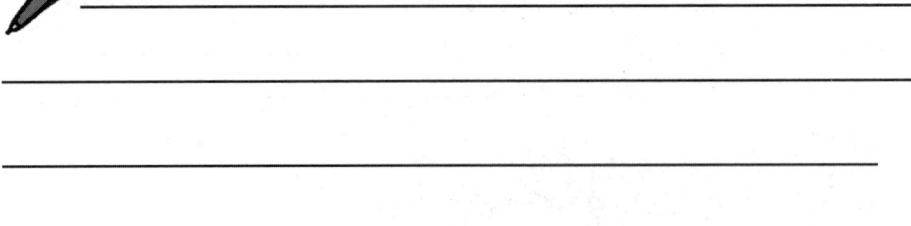

Note

任务二　汽车故障诊断常用器具

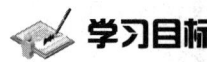 **学习目标**

1. 掌握各类汽车故障诊断一般工具与仪器的使用方法
2. 掌握各类专用诊断仪的使用方法
3. 培养严格遵守安全操作规程的职业规范
4. 培养互帮互助、团队协作的能力

 **任务接受**

企业维修技师带领实习生学习汽车故障诊断仪的使用方法。

 **任务准备**

教学设备、工具及仪器如表 1-2 所示。

表 1-2　教学设备、工具及仪器

名　称	数　量	名　称	数　量
普通维修工具	1 套/5 人	车辆	1 辆/5 人
万用表	1 套/5 人	汽车一般检修仪器工具	1 套/5 人
故障诊断仪	1 套/5 人		

 **任务实施**

1.2.1　汽车故障诊断的一般仪器和工具

在检查及诊断汽车故障时，人们常常借助一些简单的工具、仪器和仪表，达到快速诊断故障的目的。

一、跨接线

1. 跨接线的认识

跨接线就是一段多股导线，它的两端分别接鳄鱼夹或不同形式的插头，主要用于诊断电路故障（旁通某一部分电路）。工具箱内必须有多种形式的跨接线，以用作特定位置的测量，如图 1-3 所示为博世的 208 接线盒，其中备有多种不同的跨接线。

2. 跨接线的使用

跨接线虽然比较简单，但却是非常实用的工具，它起旁通电路的作用。如某一电气部件不工作，首先将跨接线连接在被试部件接线点 "–" 极与车身搭铁之间，此时部件工作，说明部件搭铁线路断路；如搭铁电路正常工作，就将跨接线连接在蓄电池 "+" 极与被试部件的电源接线柱之间，此时部件工作，说明部件电源电路有故障（断路或短路），如部件仍不工作，说明部件有故障。

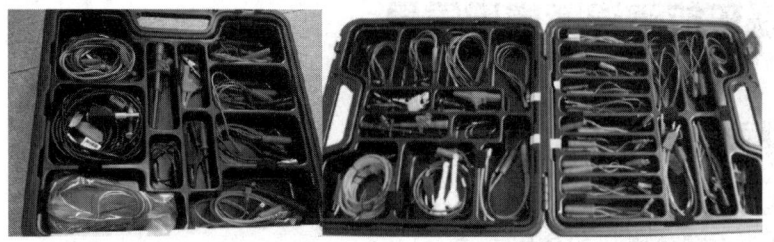

图 1-3　博世 208 接线盒

使用注意事项：

（1）用跨接线将电源电压加至试验部件上之前，必须先确认被试部件的电源电压是否为12V。如有的喷油器电源电压为 4V，若加上 12V 电压就可能使喷油器损坏。

（2）跨接线不可错误连接在试验部件"+"极接头与搭铁之间。

二、测试灯

1. 测试灯的认识

测试灯也叫测电笔或者电笔，是一种电工工具，由笔、试灯、导线、各种型号端头组成，主要用来检查系统电源电路是否给电气部件提供电源。弱电测试灯中试灯常用的是发光二极管，测试时如果发光二极管点亮，说明导线中有电或者是该回路上的火线。测试灯中笔尖、笔尾由金属材料制成，笔杆由绝缘材料制成。测试灯主要有无电源测试灯和自带电源测试灯，现阶段汽车诊断所用的测试灯多数为无电源测试灯。

2. 测试灯的使用

使用测试灯时，一定要用手触及测试灯尾端的金属部分，否则，因带电体、测试灯、人体与大地没有形成回路，测试灯不亮，会造成误判，认为带电体不带电。

（1）无电源测试灯

无电源测试灯如图 1-4 所示。测试电路时，将 12V 测试灯一端搭铁，另一端接电气部件电源接头。如灯亮，说明电气部件的电源电路无故障；如灯不亮，再接至电源的第二个接点，如灯亮，则故障在第一个接点与第二个接点之间，电路出现的是断路故障。如灯仍不亮，则再去接第三个接点，以此类推，直到灯亮为止。若故障在最后被测接头与上一个被测接点间的电路上，则大多为断路故障。

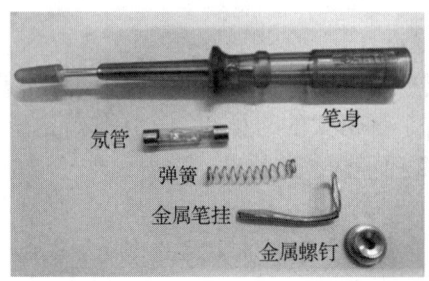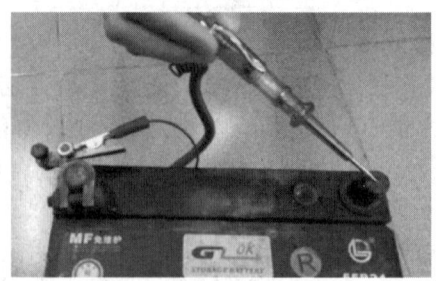

图 1-4　无电源测试灯

（2）自带电源测试灯

如图 1-5 所示，自带电源测试灯与 12V 测试灯类似，只是在手柄内加装了两节 1.5V 干电池，用来检查电气电路断路和短路故障。

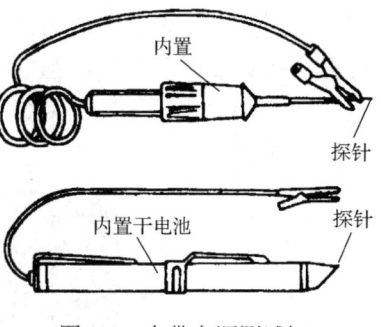

图 1-5　自带电源测试灯

① 断路检查：首先断开与电气部件相连接的电源电路，将测试灯一端搭铁，另一端接电路各接点（从电路首端开始）。如果灯不亮，则断路故障出现在被测接点与搭铁之间；如灯亮，则断路故障出现在此时被测接点与上一个被测接点之间。

② 短路检查：首先断开电气部件电路的电源线和搭铁线，测试灯一端搭铁，另一端与余下电气部件电路相连接，如灯亮，表示有短路故障（搭铁）存在，逐步将电路中插接器脱开，开关打开，部件拆除，直到灯灭，则短路出现在最后开路部件与上一个开路部件之间。

使用注意事项：

不可用测试灯检查汽车电子控制系统，除非维修手册中有特殊说明。

三、手持式真空泵

1. 手持式真空泵的认识

手持式真空泵也叫手动真空泵，是一种常用的抽真空工具，一般带有显示真空度的真空表、各种连接软管和接头等附件，以适应对不同车型和不同真空驱动元器件的检测，如图 1-6 所示。其作用是为某一被测试的管路或元器件提供一定的真空度。发动机电控系统中采用真空驱动的元器件很多，如燃油压力调节器、进气控制阀、EGR 阀等，检查这些真空驱动元器件的好坏一般都需对其施加一定的真空度。

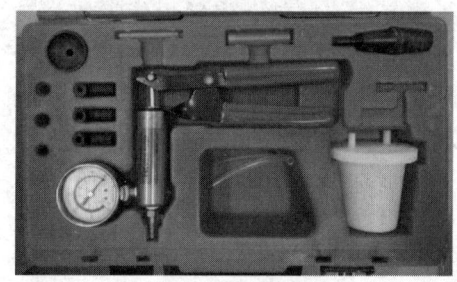

图 1-6　手持式真空泵

2. 手持式真空泵的使用

在检测时，被测元器件不需拆卸，可在车上对其进行检测。通过推拉手持式真空泵的手柄，给部件施加一个适当的真空度，即可确定部件上控制阀打开、关闭的真空度。

使用注意事项：

（1）检查前将各真空软管连接好，防止因真空泄漏而导致测量结果失准。

（2）检查时必须按规定对被测元器件施加真空度，施加真空度过大会损坏被测元器件。

（3）检查完毕后，在拆开连接的真空软管前，应先释放真空度，否则会将灰尘、湿气等吸入被测元器件内，造成不良后果。

四、真空表

1. 真空表的认识

在汽车维修工作中，经常会用到真空表，也叫真空压力表、真空压力测试仪或者真空度表，如图 1-7 所示。

真空度是指处于真空状态下的气体稀薄程度，即如果所测设备内的压强低于大气压强，则需要利用真空表进行压力测量，从真空表中所读得的数值称为真空度。真空度是表示系统压强实际数值低于大气压强的数值，即真空度=大气压强-绝对压强。例如，如果设备内的真空度为70kPa，也可以称其绝对压强为30kPa，即真空度（70kPa）=大气压强（100kPa）-绝对压强（30kPa）。

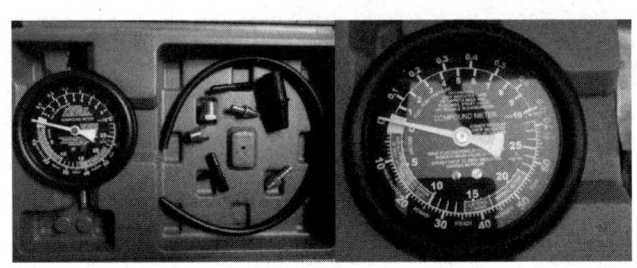

图1-7　真空表

2. 真空表的使用

在汽车维修工作中，经常利用真空表检测发动机节气门后方的真空度，用来判断发动机的运转是否正常、进排气是否顺畅、怠速时发动机节气门后方是否漏气等。

一台性能良好的发动机运转时的真空度比较高。当节气门在任何角度保持不变时，只要发动机转速加快，或者进气歧管无泄漏且汽缸密封性良好，真空度就会增加。如果发动机运转比较慢或汽缸进气效率变低，那么歧管内的真空度就会变低。

在不同的发动机转速下，可检测到不同的进气歧管真空度数值。就大多数自然吸气式汽油发动机而言，在正常怠速状态下运转时，如果各系统均正常工作，则真空表指针应稳定指在15～22英寸汞柱（即50～73.5kPa），如果在迅速开闭节气门时，真空表指针在7～85kPa灵敏摆动，表明进气歧管真空度对节气门开度的随动性较好，同时，也说明发动机各系统（特别是进气系统的密封性）工作良好。假如发动机存在故障（特别是机械故障中的密封性变差），就会出现与上述数值不同的进气歧管真空度。

为了更好地使用真空表，在测试真空度前必须严格地按照技术要求调整好初始点火正时与怠速极限值，如果这些操作都能精确地进行，那么任一偏离正常真空度的值，都说明发动机存在故障。

图1-8　安装真空表到进气歧管的真空管上

测量时，真空表内的真空务必直接来源于进气歧管，因为只有进气歧管的真空度是直接来源于发动机的真空的。安装真空表到进气歧管的真空管上，如图1-8所示。

注意：在某些车型中，有些真空来源于机械真空泵或者电动真空泵。

为了区分不同工况下的真空度所反映出来的故障，测试发动机进气歧管的真空度通常包括：启动测试、怠速测试、急加速测试、排气系统阻塞测试。

（1）启动测试

为了使测试结果精确，需在发动机热车时进行。如发动机因故障无法热车，也可在冷车时测量，但精确度会降低。测量时关闭节气门，切断点火系统，连接真空表到节气门后方的进气歧管上，启动发动机。观察真空表读数应为 11～21kPa，如果低于 10kPa，可能的原因有发动机转速过低、活塞环磨损、节气门卡滞、进气歧管漏气、过大的怠速旁通气路等。

（2）怠速测试

一台性能良好的发动机在怠速运转时，真空表读数应稳定在 50～73.5kPa。

① 如果真空表读数低于正常数值且稳定，可能的原因有点火正时推迟、配气正时延迟（过松的正时齿带或正时链条）、凸轮轴升程不足等。

② 如果发动机怠速过高，测试歧管真空度小于 40kPa，说明发动机的节气门之后的歧管或总管漏气，漏气部位多数是歧管垫及与歧管相连接的许多管路，如真空助力器气管等。

③ 如果真空表读数从正常值下降后又返回，有规律地来回变化，原因可能是个别气门发卡或某一凸轮轴严重磨损。

④ 如果真空表读数在 52～67kPa 变化，并且随着发动机转速的升高变化加剧则说明气门弹簧弹力不足。

⑤ 如果真空表读数在 38～61kPa 来回变化，原因通常为气门漏气、汽缸垫损坏、活塞损坏、缸筒拉伤等。

⑥ 如果真空表读数在 18～65kPa 大幅度变化，基本是汽缸垫漏气所引起的。

（3）急加速测试

急加速时，真空表的读数应突然下降；急减速时，真空表指针将在原怠速时的位置基础上向前大幅度跳越，即当迅速开启和关闭节气门时，真空表读数应随之在 7～8kPa 变化。真空表指针摆动幅度越宽，表明发动机技术状况越好。如果怠速时真空表读数低于正常值，急加速时指针回落到"0"附近，节气门突然关闭时读数也不能升高到 86kPa 左右，此现象主要是活塞环、进气管漏气造成的。

（4）排气系统阻塞测试

启动发动机怠速运转，记录正常怠速下的真空度数值，提高发动机转速至 2500r/min，此时真空表读数应等于或接近怠速时真空度数值，让节气门快速关闭回到怠速状态，此时真空表读数应先快速增加然后又回落，即从起初高于怠速时的读数约 17kPa，快速回落到原始的怠速读数。

如果发动机转速在 2500r/min 时，真空度数值明显地逐渐下降，或在转速从 2500r/min 猛然降到怠速时，真空表读数没有增加，则表明排气系统存在阻塞现象，可能是三元催化器堵塞、消声器堵塞等造成的。

注意：进气歧管真空度随海拔的升高而降低。通常海拔每升高 500m，真空度将减小 5.5kPa，因此，在测定进气歧管真空度时，要根据所在的海拔高度进行换算。

五、汽缸压力表

1. 汽缸压力表的认识

当发动机出现动力不足、加速不良等故障现象时，就有必要对汽缸压力进行检查，那么就需要使用汽缸压力测试专用工具——汽缸压力表。

如图 1-9 所示，汽缸压力表通常由表头、连接管路、接头组成，在连接管路上设有排气阀，用以在压力测试完毕后将压力表内的压力泄放掉。仪表的刻度单位通常为 bar、kgf/cm^2、psi 等。

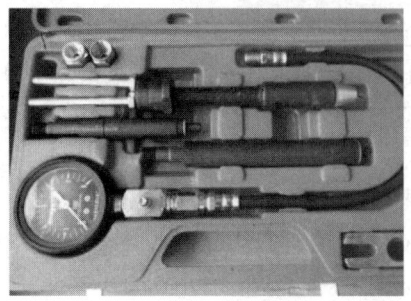
（a）柴油发动机汽缸压力表

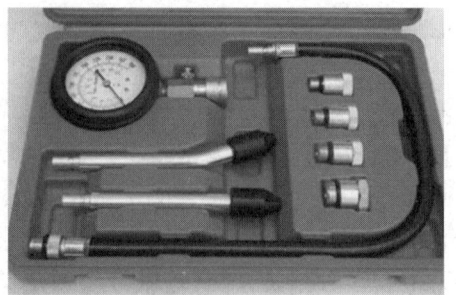
（b）汽油发动机汽缸压力表

图1-9　汽缸压力表

2. 汽缸压力表的使用

（1）静态汽缸压力测试流程

① 确保蓄电池电量充足。观察蓄电池的电量状态，如有必要利用检测仪器进行检查，如图1-10所示。

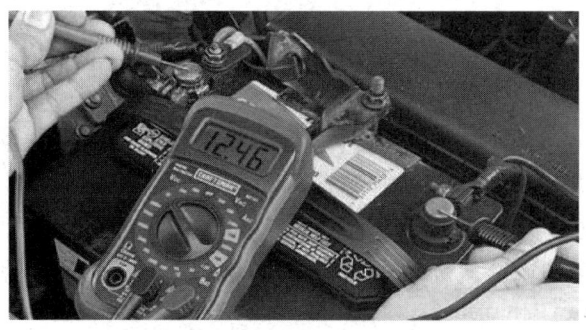

图1-10　检查蓄电池的电量状态

② 拆下点火线圈或者拔下高压分火线，拆下所有的火花塞，如图1-11所示。

图1-11　拆下所有火花塞

③ 通过断开燃油控制系统的熔丝、油泵继电器等使燃油泵停止工作，停止燃油供应，如图 1-12 所示。

④ 将汽缸压力表复位至"0"位，安装到要检测的汽缸火花塞座孔上，如图 1-13 所示，踩下加速踏板，使节气门完全开启，然后启动发动机，使其旋转 4 个工作循环（产生 4 个压缩冲程）。

图 1-12　停止燃油供应

图 1-13　安装汽缸压力表

⑤ 检测每个汽缸的压力，并记录读数。

⑥ 如果某一汽缸的压力太低，则通过火花塞孔向燃烧室中倒入 15mL 的机油，再次检测其压力，并记录读数。

⑦ 检测完毕，按拆卸的反向顺序恢复。

（2）静态汽缸压力测试结果分析

① 正常状态：汽缸的压力应快速且平稳地增加到规定值；任何一个汽缸的最小压力不应低于最大压力的 70%，任何汽缸的压力读数不应低于 690kPa（具体参见各车型的维修手册）。

② 活塞环泄漏：第一冲程压力太低，压力在剩余冲程上升但达不到正常水平，添加机油时压力大幅度提高。

③ 气门泄漏：第一冲程压力太低，压力在剩余冲程不上升，添加机油时压力也未明显提高。

④ 汽缸垫渗漏：相邻两缸的压力低于正常水平，添加机油时汽缸压力也不增加。

（3）动态汽缸压力测试

柴油发动机汽缸压力的测试方法与汽油发动机基本相同，主要区别在于：由于柴油发动机汽缸压力要远高于汽油发动机的汽缸压力，因此在选用汽缸压力表时，一定要确认压力表的量程范围满足柴油发动机汽缸压力测试的要求；汽油发动机需要拆卸火花塞，将汽缸压力表安装在火花塞座孔上，而柴油发动机则需要拆卸喷油器，将汽缸压力表安装在喷油器座孔上。

注意：无论是汽油发动机还是柴油发动机，在拆卸火花塞或喷油器之前，均应使用压缩空气吹干净火花塞或喷油器周围的灰尘和异物，避免异物经火花塞或喷油器座孔掉入汽缸内部损伤汽缸。

根据 GB/T 3799—2005 的规定，大修后的发动机汽缸压力应符合原设计规定的标准值，在用的发动机汽缸压力不得低于标准值的 25%，汽油发动机各缸压力差不应超过各缸平均压力的 8%，否则发动机应进行大修。

六、燃油压力表

1. 燃油压力表的认识

燃油压力表是用来检测燃油供给和喷射系统油压的专用工具，是对燃油系统进行检查和故障诊断的常用工具，如图1-14所示。通过测试系统燃油压力，可以诊断燃油系统是否有故障，进而根据测试结果确定故障性质和部位。

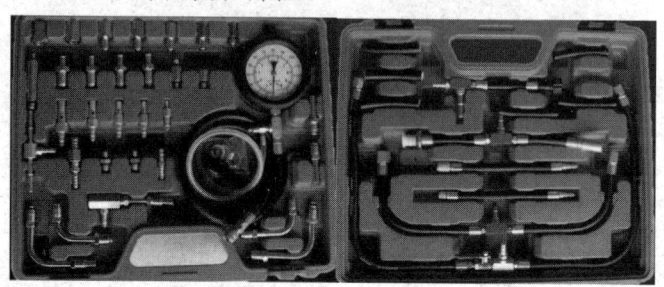

图1-14　燃油压力表

2. 燃油压力表的使用

（1）燃油压力测试前的准备工作

先拔下燃油泵保险丝或者继电器，再启动发动机，发动机自行熄火后，再次启动发动机2～3次，然后拆下蓄电池负极，从而实现对燃油压力的泄放，如图1-15所示。

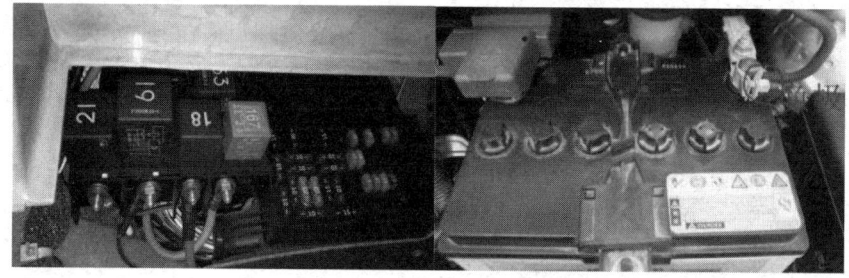

图1-15　测试前的准备工作

（2）安装燃油压力表

如图1-16所示，将燃油压力表串接在进油管中（带测压口的车辆将燃油压力表连接到测压口上），在拆卸油管时要用一块毛巾或棉布垫在油管接口下方，防止燃油泄漏到发动机上引发火灾。

图1-16　安装燃油压力表

（3）燃油压力测试

燃油压力测试的项目主要包括：静态油压、怠速油压、最大油压、残余油压测试等。

① 静态油压测试。

重新安装燃油泵熔丝或继电器，不启动发动机，使用故障诊断仪对燃油泵进行测试或直接为燃油泵供电（如跨接燃油泵继电器两个触点端）使之运转，读取燃油压力表读数。一般来说，带回油管路的双管路（进、回油管路）燃油供给系统的静态油压在 300kPa 左右，无回油管路的单管路（只有进油管路）燃油供给系统的静态油压在 400kPa 左右，标准数值以具体车型的维修手册为准。

② 怠速油压测试。

启动发动机，使燃油泵在怠速下运转，此时燃油压力表的读数为怠速工作油压，对于带回油管路的双管路燃油供给系统，其怠速油压约为 250kPa，无回油管路的单管路燃油供给系统的怠速油压约为 400kPa，标准数值以具体车型的维修手册为准。

③ 最大油压测试。

该测试只适用于双管路燃油供给系统，用包有软布的钳子夹住回油管路，此时燃油压力表读数为油泵最大供油压力，一般为正常工作油压的 2～3 倍。

④ 残余油压测试。

发动机熄火，燃油泵停止运转 10min 后，读取燃油压力表数值，油管保持压力应大于规定值，以具体车型的维修手册为准。

（4）拆卸燃油压力表

先执行泄压程序，再拆去燃油压力表，将进油管路重新连接好，启动发动机，检查油管是否渗漏。

（5）燃油压力测试分析

燃油压力表的读数分为油压为零、油压正常、油压过高和油压过低四种情况。

① 若油压为零，先检查油箱存油量及油道，是否发生严重外泄，燃油滤清器是否完全堵塞。排除以上问题后，油压依然为零，则需检查燃油供给系统的控制电路，如熔丝是否烧断、继电器是否不工作、油泵电路线束是否开路、油泵是否损坏等。

② 若油压过高，主要原因为油压调节器故障（无法回油或回油量过小）、回油管堵塞等。

③ 当油压过低，或油泵停止工作 2～5min 后油压迅速下降，在排除油路发生泄漏的前提下，则可能的原因有燃油泵中的止回阀卡滞常开、燃油压力调节器故障（回油量过大）、喷油器泄漏等。

注意：上述的燃油压力测试通常只用于汽油发动机的进气管燃油喷射系统，而对于缸内直喷汽油发动机和柴油发动机，由于其燃油压力过高，不能使用这种测试方法。

七、轮胎气压表

1. 轮胎气压表的认识

汽车的轮胎气压是一个很重要的参数，应该保持在一个范围之内。轮胎气压过高会使轮胎过硬失去应有的弹性及吸振能力，不但抓地力变差，中央胎纹过度磨损会产生胎纹深度不均的现象，轮胎在高速运转下也有可能因无法承受过度的膨胀压力而发生爆胎。过低的轮胎气压则会使高速运转的轮胎产生驻波现象，从而影响转向的稳定性；同时，车辆行驶速度是很快的，轮胎的形状处于一种高频交变状态，如果气压不足变形就会加大，胎面两边的胎纹会过度磨损，胎体因无法抵御地面的压力而扭曲变形，产生高温而加速轮胎的磨损，最终导致爆胎；除此之外，还会影响诸如 ABS 等行车稳定控制系统。

轮胎气压表主要用于给汽车轮胎充气、放气、测压等，是车辆轮胎安全性的重要识别工具，如图 1-17 所示。使用时将气嘴接头紧压到轮胎气门嘴上，使气门芯被压入，指示器的读数即为轮胎气压。

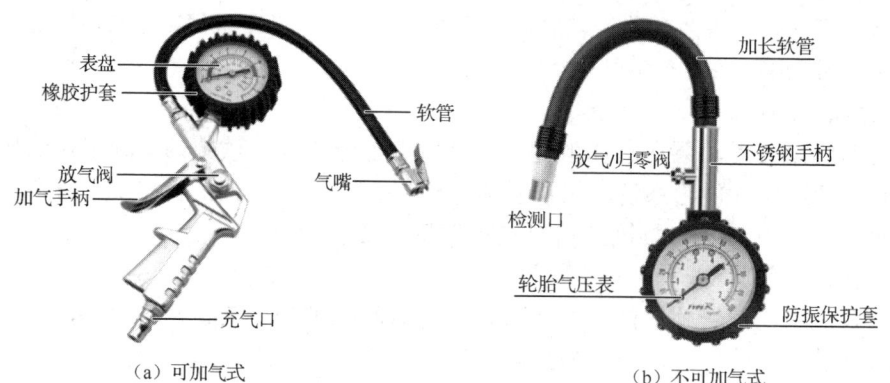

（a）可加气式　　　　　　　　　　　　　　（b）不可加气式

图 1-17　轮胎气压表的结构

在测量时，必须注意轮胎气压表的气嘴与轮胎气门嘴要对准，不要有漏气现象，否则测出的值不准。表上显示的数值即为轮胎压力，读数完成后，按下放气阀使轮胎气压表指针回"0"位。在未能熟练测胎压时，可多测几次以确定读数正确。

2. 轮胎气压表的使用

（1）使用轮胎气压表前需观察表上指针是否处于"0"位，不处于"0"位的要进行校准，如图 1-18 所示。

（2）逆时针旋转并取下轮辋上气门嘴盖帽，气门嘴盖帽如图 1-19 所示。

　　　　　　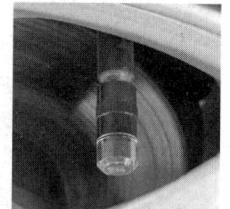

图 1-18　轮胎气压表指针位于"0"位　　　　图 1-19　气门嘴盖帽

（3）压下轮胎气压表气嘴上的卡扣，将气嘴对准轮胎气门嘴，迅速垂直用力将其压到轮胎气门嘴上，然后松开卡扣，如图 1-20 所示。

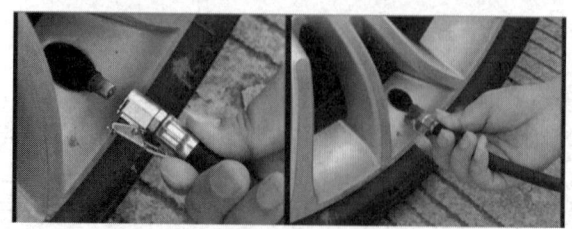

图 1-20　连接轮胎气压表到轮胎气门嘴上

（4）观察轮胎气压表的读数，读取单位为"bar"的数值，若指针指向"3"，则表示轮胎气压为 3bar，如图 1-21 所示。

图 1-21　读取测量值

（5）测量完成后，按下气嘴上的卡扣并快速拧下气嘴，利用肥皂水对气门嘴进行试漏，如图 1-22 所示，确认无漏气现象后装好轮辋上的气门嘴盖帽。

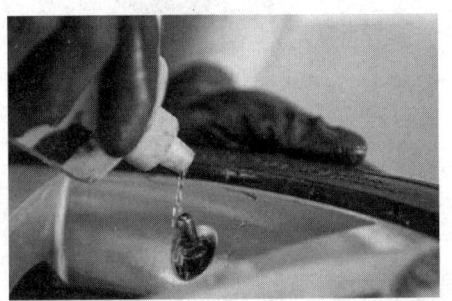

图 1-22　气嘴漏气检查

（6）将读取到的气压值与标准气压值做比较，标准气压值通常在车门的侧边测量得到，若气压过低，则需要给轮胎充气；若气压过高，可通过放气阀放气。

八、汽车专用万用表

1. 汽车专用万用表的认识

汽车专用万用表在普通数字式万用表的基础上增加了一些特殊功能，汽车专用万用表除可用来测量电控元器件和电路的电阻、电压、电流外，一般还能测量转速、闭合角、频宽比（占空比）、频率、压力、时间、电容、温度等，并具有自动断电、自动量程变换、波形显示、峰值保留和数据锁定等功能。如图 1-23 所示为数字式汽车专用万用表，如图 1-24 所示为指针式汽车专用万用表。

常用的汽车专用万用表有 EDA 系列、OTC 系列、KY1300 型、迪威 9406A 型等。汽车专用万用表主要由数字及模拟量显示器、功能按钮、功能选择开关、测量温度插座、公用插座（用于测量电压、电阻、频率、闭合角、频宽比和转速等）、公共接地插座、测量电流插座等构成。

2. 汽车专用万用表的使用

（1）汽车专用万用表测量的主要技术参数

① 直流电压：400mV～400V（±0.5%），1000V（±1%）。

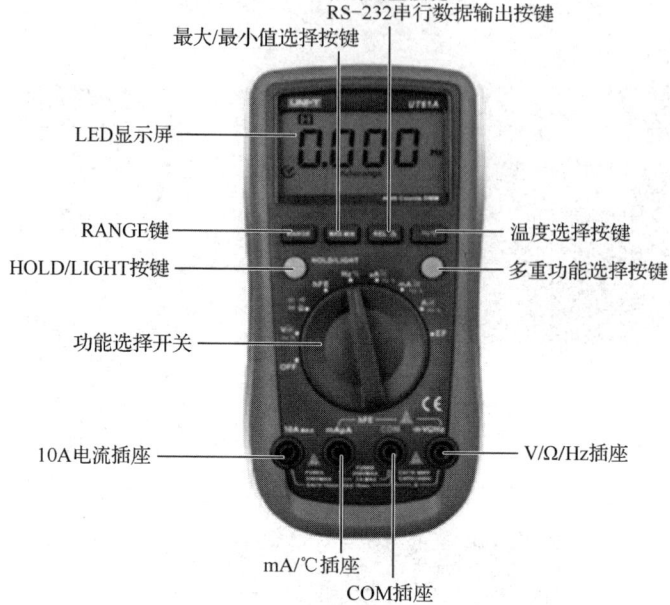

图1-23　数字式汽车专用万用表

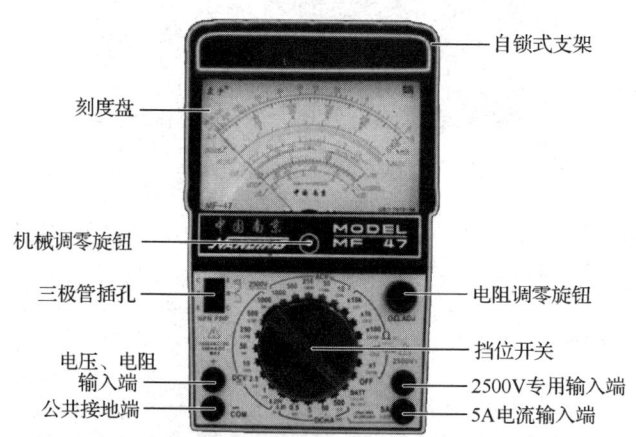

图1-24　指针式汽车专用万用表

② 直流电流：400mV（±1%），20A（±12%）。

③ 交流电压：400mV～400V（±1.2%），750V（±1.5%）。

④ 交流电流：400mA（±1.5%），20A（±2.5%）。

⑤ 电阻：400Ω（±11%），4kΩ～4MΩ（±1%），40MΩ（±2%）。

⑥ 频率：4kHz～4MHz（±0.05%），最小输入频率10Hz。

⑦ 音频：电路通、断音频信号测试。

⑧ 二极管的检测：±1%rdg±3dg。

⑨ 温度的检测：-18℃～300℃（±3%），301℃～1100℃（±3%）。

⑩ 转速：150～3999r/min（±0.3%），4000～10000r/min（±0.6%）。

⑪ 闭合角：±0.5℃。

⑫ 频宽比：±0.2%。

（2）特殊参数测量方法

下面以数字式汽车专用万用表为例进行介绍。

① 信号频率的检测。

将功能选择开关转至频率挡（Freq），公共接地（COM）插座的测试线接地，V/Ω/Hz 插座的测试线接被测的信号线，此时在显示屏上即可读取被测信号的频率。

② 温度的检测。

将功能选择开关置于温度挡（Temp），把温度探针插入温度检测插座，按下温度选择按键，再用温度探针接触被测物体的表面，显示屏上即显示出所测的温度。

③ 闭合角的检测。

将功能选择开关转至相应发动机汽缸的闭合角测量位置（Dwell），公共接地插座的测试线接地，V/Ω/Hz 插座的测试线接点火线圈"－"极接柱，在发动机运转时显示屏上即能显示出点火线圈初级电流增长的时间（导通角）。

④ 占空比的检测。

将功能选择开关转至占空比测量位置（Duty Cycle），公共接地插座的测试线接地，V/Ω/Hz 插座的测试线接被测的信号线，显示屏上即显示出被测电路一个工作循环（周期）中脉冲信号所保持时间的相对百分数（占空比）。

⑤ 转速的测量。

将功能选择开关置于转速挡（RPM），将测量转速的专用插头插入公共接地插座和 V/Ω/Hz 插座，再将感应式转速传感器的夹子夹到某一缸的高压分线上，在发动机工作时显示屏上即显示出发动机的转速。

⑥ 启动电流的检测。

将功能选择开关置于 400mV 挡，把霍尔效应式电流传感器的夹子夹在蓄电池的电源线上，按下"最大/最小值选择"按键，拆除点火线并转动发动机曲轴 2～3s，显示屏上即能显示出启动电流。

⑦ 氧传感器的检测。

首先拆下氧传感器线束，用一跨接线将此线束与氧传感器相接，然后将功能选择开关置于 4V 挡，并置于 DC 状态，再按下"最大/最小值选择"按键，使 COM 插座的测试线接地，V/Ω/Hz 插座的测试线与氧传感器的跨接线相连。使发动机运转至快怠速（转速约为 2000r/min）时，此时氧传感器的工作温度可达 360℃以上。排气浓时，氧传感器的输出电压约为 0.8V；排气稀时，输出电压为 0.1～0.2V。当氧传感器的工作温度低于 360℃时，无电压信号输出。

⑧ 喷油器喷油脉宽的测量。

先将功能选择开关转至占空比测量位置（Duty Cycle），测量出喷油器喷油的占空比后，再将功能选择开关置于频率挡（Freq），测量出喷油器的工作频率。按照下列公式即可计算出喷油器喷油脉宽（喷油时间）：

$$喷油脉宽=占空比（\%）/工作频率（s）$$

（3）电阻测量

以测量发电机的磁场绕组为例，介绍用汽车专用万用表测量电阻的方法。

① 将红表笔插入汽车专用万用表"V/Ω"端，黑表笔插入"COM"端。

② 将汽车专用万用表的挡位开关转到蜂鸣挡，测试其功能是否正常，如图1-25所示。

③ 按下电源开关，将挡位置于最小电阻挡，短接红表笔和黑表笔，测试汽车专用万用表的内阻值大小（一般要求<0.1Ω），如图1-26所示。

图1-25 蜂鸣挡挡位

图1-26 电阻挡挡位

④ 将两表笔放置到滑环位置，如图1-27所示。

⑤ 读出数值。

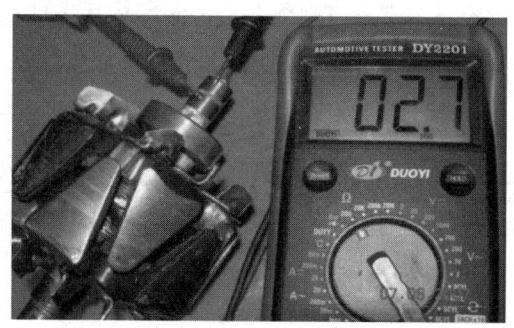

图1-27 测量磁场绕组电阻

九、排气背压表

1. 排气背压表的认识

排气背压就是指发动机排气管内部的阻力。排气背压对发动机的动力性、经济性和排放性能有重要影响。

排气背压增大将导致发动机燃料燃烧效率下降，经济性变差，同时动力性下降，排放性能也变差。但如果排气背压很低，在低转速工况时，由于排气门的提前开启，在活塞达到下止点前，仍具有一定压力的燃气就通过过于通畅的排气门排掉了，损失了一部分功，削弱了扭矩，因此发动机的排气背压应保持在一定的范围之内。怠速时，排气背压不高于8kPa；转速在2500r/min时，排气背压一般不高于13.8kPa。

当发动机的动力性、经济性和排放性能下降时，可用排气背压表进行检查。常用的排气背压表如图1-28所示，排气背压表通常由表头、连接管路、接头组成。表头多为指针式，仪表的刻度单位通常为kgf/cm^2、kPa、psi等。

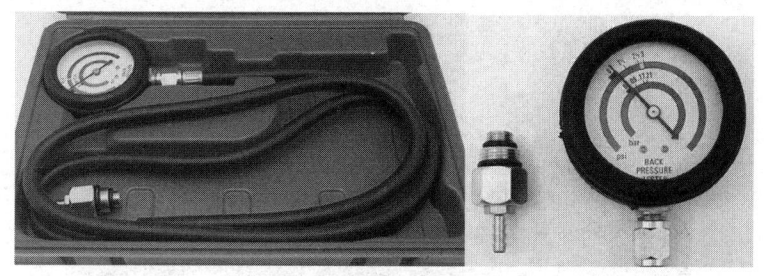

图 1-28 常用的排气背压表

2. 排气背压表的使用

（1）拆下三元催化器前端的氧传感器，如图 1-29 所示。

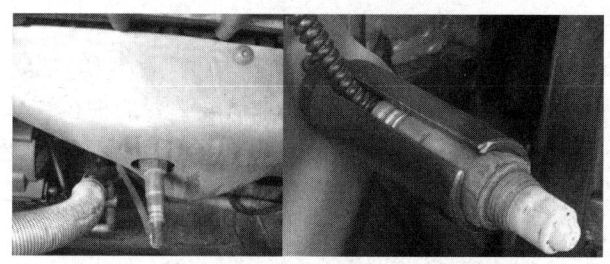

图 1-29 拆下三元催化器前端的氧传感器

（2）在氧传感器的安装座孔处接上排气背压表，如图 1-30 所示，连接时，要注意用力适中，扭力过大会损坏螺栓，扭力不足会导致漏气。对于装有二次空气喷射系统的车辆，也可以从二次空气喷射管路上脱开空气泵止回阀的接头，在二次空气喷射管路中接入排气背压表进行测量。

（3）启动发动机，并使发动机达到 85℃ 以上的正常工作温度，如图 1-31 所示。

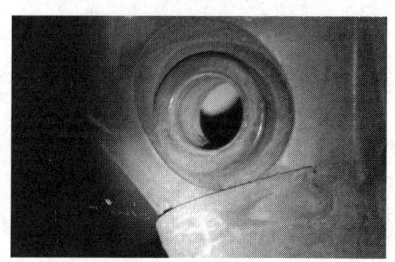

图 1-30 安装排气背压表到传感器安装座孔上　　图 1-31 水温达到正常工作值

（4）读取怠速时指示的背压值，如不超过 8kPa，可以将发动机转速提高到 2500r/min，检查此时显示的压力值应不超过 13.8kPa，如图 1-32 所示。如果超过了标准值，说明排气系统存在堵塞。

注意：由于排气温度较高，所以测试时间应尽量短，避免仪器连接的橡胶软管部件由于长时间的高温而被损坏。

（5）将排气背压表拆下来后，应采用自然冷却的方式降温，不能强行降低温度，待接头温度和室外温度一致时，方可将仪器放入盒内。

图 1-32　测量排气背压

十、车用听诊器

1. 车用听诊器的认识

车用听诊器是一种用来检查机器故障的最基本、最必要的便携式仪器之一，如图 1-33 所示。车用听诊器能在机器运转时探测到轴承、齿轮、活门、汽缸、变速箱、车身等运转部位的缺陷和故障所产生的冲击振动。即使在非常恶劣的强噪声环境中，也能使维修工人清晰地分辨出机器发出杂音的部位和故障的严重程度。

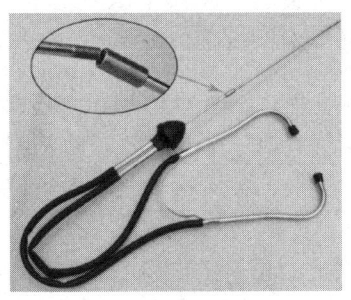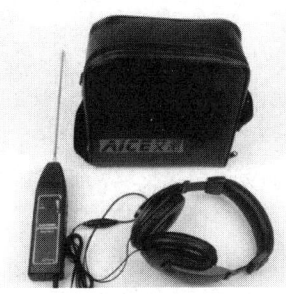

（a）机械听诊器　　　　　　　　　　　（b）电子听诊器

图 1-33　车用听诊器

2. 车用听诊器的使用

（1）根据噪声位置的深浅，选择是否连接探针。

（2）在把耳管戴上之前，将车用听诊器的耳管向外拉，金属耳管应向前倾斜，将耳管放入外耳道中，使耳窦与耳道紧密闭合。

（3）用手轻轻抚摸探针，从耳机里听抚摸带来的"呼呼"声以检查佩戴安装是否正确。

（4）使探针接触运转中的机械某一部位，即可从耳机中清晰地听到机械运转时产生的各种振动声音。

（5）当耳管里传出清晰尖细的声音时，说明振动频率较高，一般是相对较小的构件产生了较小的裂纹或局部缺陷。当耳机里传出较低沉混浊的噪声时，说明振动频率较低，一般是相对较大、较长的构件产生了较大的裂纹或缺陷。当耳管里传出的噪声比平时大时，说明机器故障正在发展中，声音越大，故障越严重。如果耳机里传出的噪声不是规律地间歇出现，而是随机地杂乱出现，说明某个部件已松动，随时会出现意外事故。

1.2.2 汽车故障诊断专用仪器

一、汽车故障诊断专用仪器的认识

随着汽车电子技术的迅速发展，应用于汽车上的电子控制系统也越来越多、越来越复杂。所以，在现阶段的汽车故障诊断中，会大量使用汽车故障诊断专用仪器进行车辆检修。

在使用汽车故障诊断专用仪器之前，必须仔细阅读有关的使用说明书，详细了解其性能及使用注意事项，以便做到准确测量、诊断无误。

二、解码器的基本知识

简单来说，汽车上用的解码器是利用配套连接线和车上数据输出检测设备（DLC）相连，从而达到与各种电控系统控制单元进行数据交换的专用仪器。解码器通常分为原厂解码器和非原厂解码器两种。原厂解码器是指由汽车制造厂家提供或指定的解码器，如奔驰汽车 STAR DIAGNOSIS、宝马汽车 GT1、大众（奥迪）汽车 VAGCOM VAS-5051B、丰田汽车 GTS 等，一般汽车制造厂家都有针对自己所生产的各种车系的原厂解码器，以便能为自己生产的汽车提供更好的售后检测服务。非原厂解码器则不是由汽车制造厂家提供或制定，而是由其他仪器设备厂商生产的汽车解码器，如德国博世公司的 KTS300/500、美国的红盒子 SCANNER MT2500，以及国内公司生产的"电眼睛" X-431、金德 KT600 等。跟原厂解码器相比，非原厂解码器一般可以检测不同汽车制造厂家所生产的多款汽车，但就总体功能而言，非原厂解码器是比不上原厂解码器的，某些车系的部分电控系统使用非原厂解码器无法检测。

三、解码器主要功能

解码器最基本的功能是读取和清除电控系统故障码，而目前的解码器的功能不仅这些，一般还具有系统传感器与执行器的静态或动态数据流分析功能，具有部分执行器的动作测试功能，有的还带有示波器显示功能。

1. 读取与清除故障码

有的解码器对故障码有比较详细的说明，如是历史性的故障码还是当前的故障码、故障码出现了几次。如果是历史性的故障码就表示故障较早之前出现过，现在不出现了，但在电子控制单元里面有一定的存储记忆；而当前的故障码则表示是最近出现的故障，可通过出现的次数来确定此故障码是否经常出现，当前的故障码绝大部分和目前出现的系统故障有关系。

2. 传感器和执行器的数据流分析

所谓数据流，简单来说就是将电控系统中一些主要传感器和执行器的目前工作参数值（如发动机转速、蓄电池电压、空气流量、喷油脉宽、节气门开度、点火提前角、冷却液温度等）提供给维修技术人员以供参考，维修中可以通过阅读数据流来分析发现故障所在，特别是当电控系统检测发现"无故障码"时，数据流分析就显得十分重要。其实每个传感器和执行器在一定条件下的工作参数值是有一定标准范围的，可以通过将实际值与标准值做比较来判断某一传感器或执行器是否存在异常。

3. 执行器动作测试

可以利用解码器对一些执行器，像喷油嘴、怠速电动机、继电器、电磁阀、冷却风扇等进行人工控制，用来检测该执行器是否处于良好工作状况。当发动机怠速运转时，对怠速电动机进行动作测试，可以控制其开度的大小，随着其处于不同的开度，发动机怠速转速应该产生相应的高低变化，通过动作测试就可以证实怠速电动机本身及其控制线路是否处于正常状况。同样，还可以在发动机运转时对燃油泵继电器进行控制，当断开燃油泵继电器时，发动机应该很快熄火。当然，不同的解码器支持的动作测试功能不一定相同，有的支持较多的动作测试，有的支持的就比较少，不管属于哪种解码器，都应尽量利用相应功能对工作情况有所怀疑的执行器进行动作测试，以判断其是否属于正常工作状态。

4. 示波器显示

在解码器的数据流功能中，很多传感器和执行器的信号是采用电压、频率等形式并以数字的方式表示的，在发动机实际运转过程中，由于信号变化很快，很难从这些不断变化的数字中发现问题所在，所以可利用解码器自带的示波器显示功能对电控发动机系统里的曲轴位置传感器信号、凸轮轴位置传感器信号、氧传感器信号、某些型号的空气流量计信号、喷油器信号、怠速电动机控制信号、点火控制信号等一系列信号，用示波图形的方式直观地表达出来。用所测信号波形与标准信号波形进行比较，如有异常之处，则表示该信号的控制线路或电子元器件本身出现了问题，需要进一步详细检查。利用示波器来检查电子信号也对维修技术人员提出了较高的关于汽车维修理论知识方面的要求，需要维修技术人员熟悉被测传感器或执行器的工作和控制原理，并具有一定的示波器操作技巧，能正确地观察波形（波峰、波幅等），否则很难利用好此功能。

四、"电眼睛" X-431 诊断仪的使用

"电眼睛" X-431 诊断仪是元征公司生产的汽车诊断仪器，采用开放式汽车诊断技术，开放式诊断平台，可与计算机联机，支持随机打印，全中文操作，具有触摸屏，随机有帮助信息，操作简单、易学。

1. 仪器简介

"电眼睛" X-431 诊断仪（简称 X-431）主要由电源线、诊断接头、平板显示屏、OBD 接头、带延长线的 OBD 接头等组成，其外观如图 1-34 所示。

图 1-34 "电眼睛" X-431 诊断仪外观

如图 1-35 所示为平板显示屏显示的系统界面。

图 1-35 平板显示屏显示的系统界面

如图 1-36 所示为诊断接头的外观。

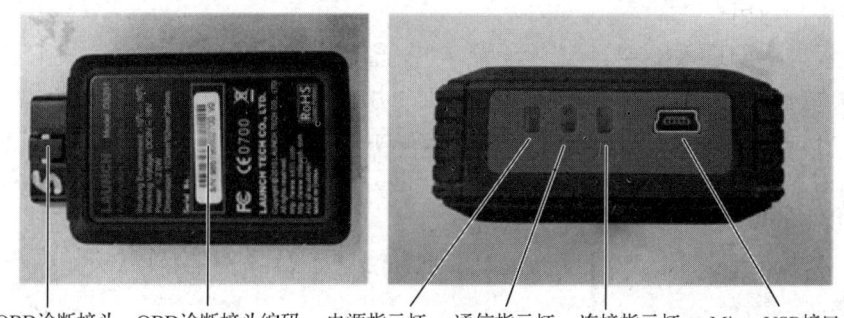

图 1-36 诊断接头的外观

2. 开机和关机

（1）开机

长按电源键（电源键位于平板显示屏的侧面左上方，如图 1-37 所示）直到感觉到 X-431 有轻微振动，表示已开机。

（2）关机

长按电源键直至屏幕上弹出对话框，根据对话框的提示进行关机操作。

3. 网络连接

X-431 具有无线局域网连接功能，用户可以将 X-431 连接到无线局域网中，进行系统升级或者维修，以确保诊断系统的正常使用。

4. X-431 的连接

（1）诊断接头与车辆连接

找到汽车上的诊断座，此诊断座大部分为标准 OBDII 16PIN，一般安装在驾驶员一侧，离仪表盘中央 12 英寸的地方，如图 1-38 所示。如果其未安装在仪表板下方，也会有一个标签标示出其位置。

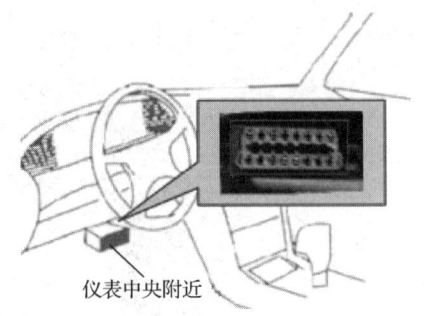

仪表中央附近

图 1-37　电源键　　　　　　　　　　　　图 1-38　诊断座位置

将 X-431 的诊断接头插入到诊断座上（建议使用 OBDII 延长线将诊断接头与汽车诊断座相连），对于非 OBDII 16PIN 的诊断座，可将转接头插入到诊断座中，然后将诊断接头插入到转接头中后再进行连接。

（2）蓝牙设置

X-431 是使用蓝牙技术实现诊断仪与车辆通信的，所以在使用之前应进行蓝牙设置，保证诊断仪的正常使用。

点击平板显示屏进入 X-431 蓝牙设置（"设置"→"无线和网络"→"蓝牙"）界面，将蓝牙设置为"打开"状态，X-431 将自动搜索可用蓝牙设备，然后以列表形式显示出来。点击接头名称进行配对，如配对成功，则系统会显示其为已配对设备。

注：如用户使用软件前未进行蓝牙配对，也可以在诊断软件中进行蓝牙配对和连接。

5. X-431 的使用

使用 X-431 进行诊断作业时可以按照以下方法进行。

（1）启动诊断仪

启动 X-431 诊断仪，进入诊断系统，如图 1-39 所示。

（2）启动诊断系统

① 点击诊断系统的 车 图标，进入 X-431 诊断系统。系统进入车型选择界面，选择"丰田"车型，如图 1-40 所示。

图 1-39　启动 X-431 诊断仪　　　　　　　　图 1-40　车型选择界面

② 进入"中国丰田"界面后再点击"确定"按钮，如图 1-41 所示。

③ 选择"16PIN 诊断座（欧洲及其他区域）"，如图 1-42 所示。

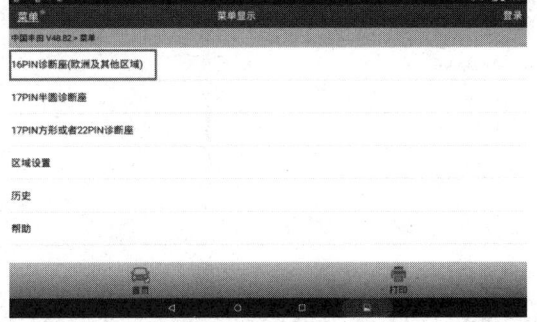

图1-41　进入"中国丰田"界面　　　　图1-42　选择"16PIN诊断座（欧洲及其他区域）"

④ 进行车辆搜索，如图1-43所示。

⑤ 完成自动搜索后，系统提示进行车辆配置选择，以"手动选择"为例，介绍其操作流程，如图1-44所示。

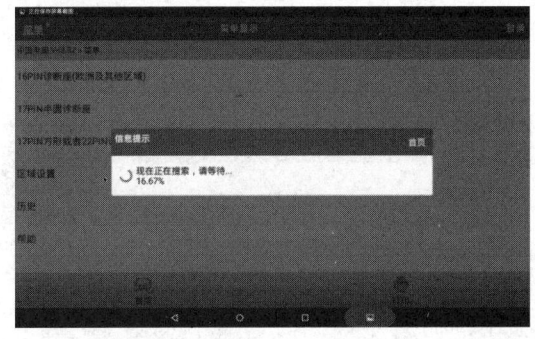

图1-43　进行车辆搜索　　　　　　　　图1-44　进入"手动选择"

⑥ 系统将显示各个车型代码，根据需要诊断的车型进行选择，此处选择"ACV"，如图1-45所示。

⑦ 选择"ACV"后会进入如图1-46所示界面，提示选择车辆的具体型号、生产年份，此处选择第一个选项。

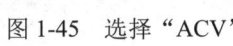

图1-45　选择"ACV"　　　　　　　图1-46　选择"ACV4,2009.03-2013.04"

⑧ 接下来选择车辆的功能配置，如图1-47所示为选择车辆是否配备了稳定性控制设备。如图1-48所示为选择车辆是否配备了智能钥匙。

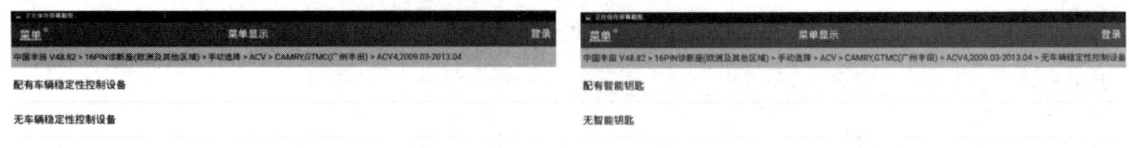

图 1-47　选择车辆的功能配置　　　　图 1-48　选择车辆是否配备了智能钥匙

⑨ 车辆选择操作完成，系统提示进行车型选择确认，点击"确定"按钮，如图 1-49 所示。

⑩ 系统进行车辆扫描，如图 1-50 所示。

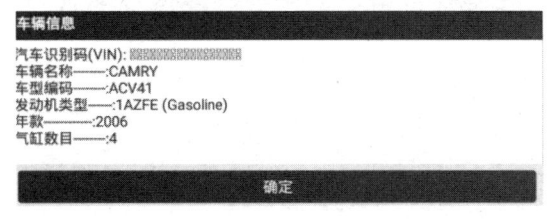

图 1-49　车辆选择提示　　　　　　图 1-50　系统进行车辆扫描

⑪ 扫描完成后便可进入车辆测试、诊断菜单中，如图 1-51 所示，根据需要进行相应的操作，此处以选择"快速测试"为例进行操作。

⑫ 诊断仪会对全车的模块进行自动扫描，如图 1-52 所示。

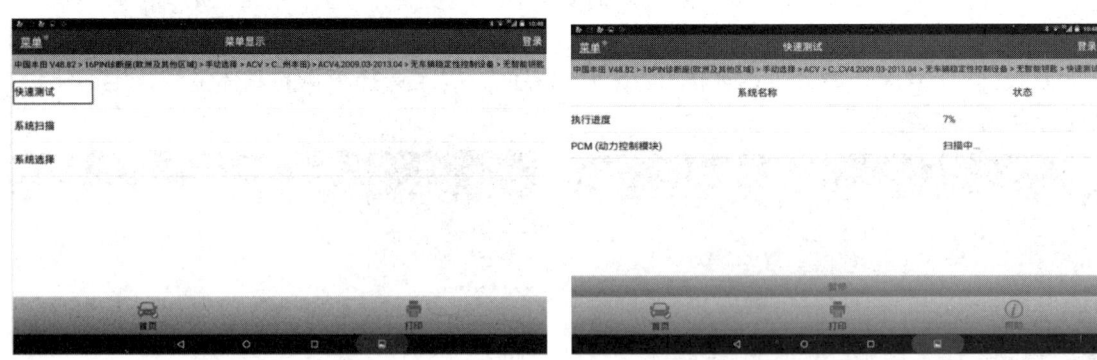

图 1-51　选择"快速测试"　　　　图 1-52　对全车的模块进行自动扫描

⑬ 当模块中存在故障时，会以红色形式进行着重显示，如图 1-53 所示。

⑭ 当完成全车模块扫描后显示如图 1-54 的界面。

（3）故障读取

如果车辆相关系统存在故障，会在完成全车扫描后显示出来，如图 1-54 所示，接下来进行故障读取。

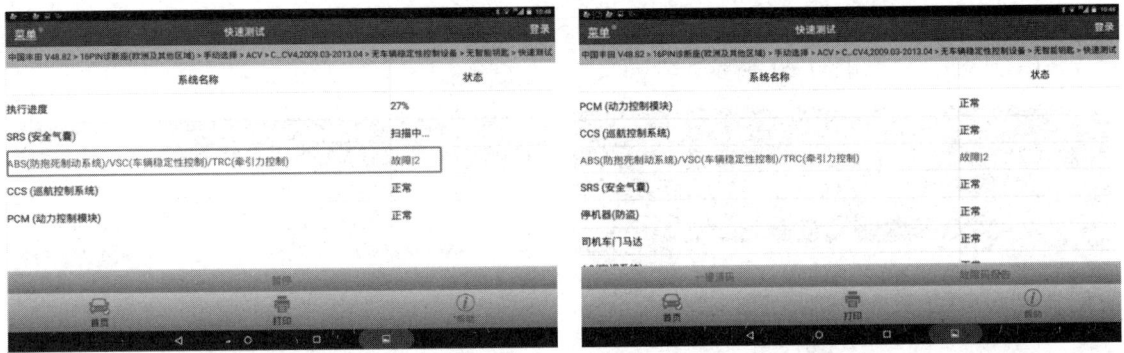

图 1-53　存在故障　　　　　　　　　　图 1-54　完成全车模块扫描

① 进入有故障的模块中，如图 1-55 所示。

② 此时会出现如图 1-56 所示的界面，选择"读故障码"。

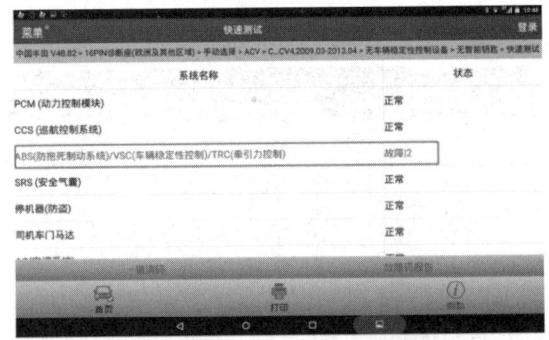

图 1-55　进入"ABS"模块　　　　　　图 1-56　选择"读故障码"

③ 如果系统存在故障的话会显示如图 1-57 所示界面。

（4）清除故障码

清除故障码有两种方法，下面分别进行简单介绍。注意：如果车辆出现故障码，应对故障相关信息进行确认后再清除。

第一种方法是进入模块操作界面后直接选择"清故障码"，如图 1-58 所示。系统界面上显示"是否确认清除故障码?"的提示，如图 1-59 所示，点击"是"按钮便可进行清除。

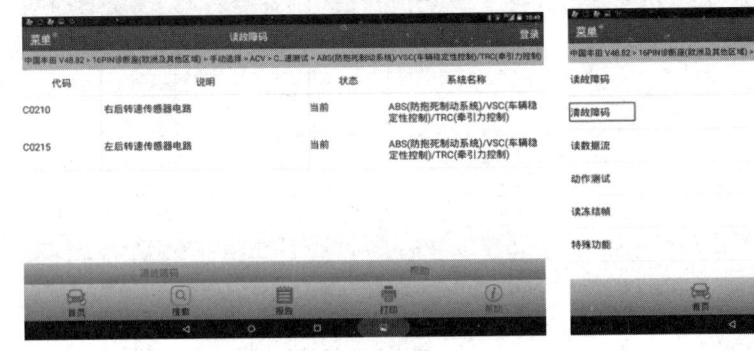

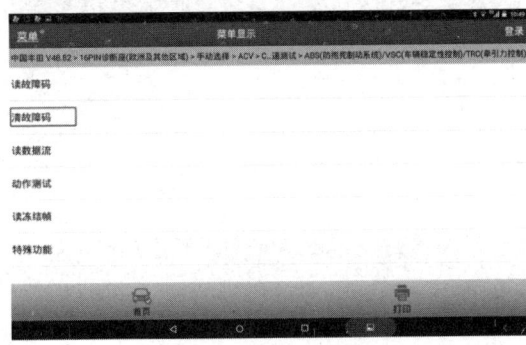

图 1-57　显示系统存在的故障　　　　　　图 1-58　清除故障码

第二种方法是在故障码显示界面上点击"清故障码"按钮，如图1-60所示。系统提示"清除故障码已完成."，如图1-61所示。

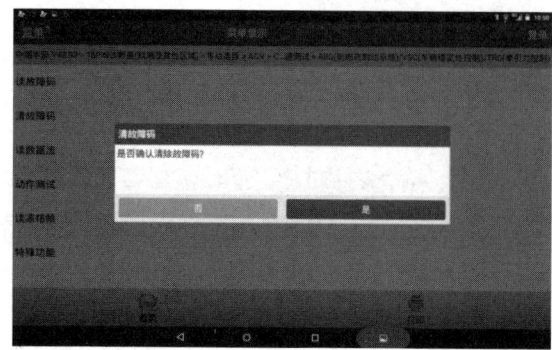

图1-59　提示信息

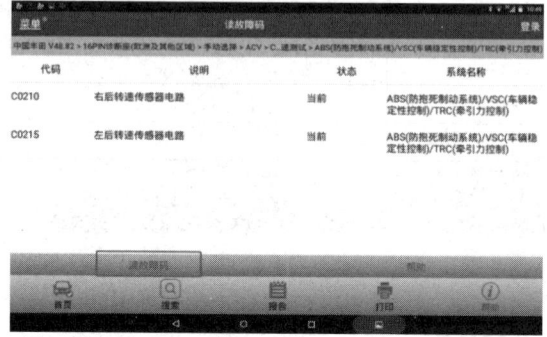

图1-60　点击"清故障码"按钮

　　完成故障码清除后会显示如图1-62所示的界面。

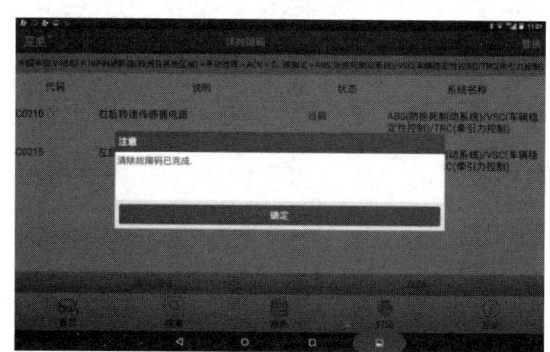

图1-61　"清除故障码已完成."提示

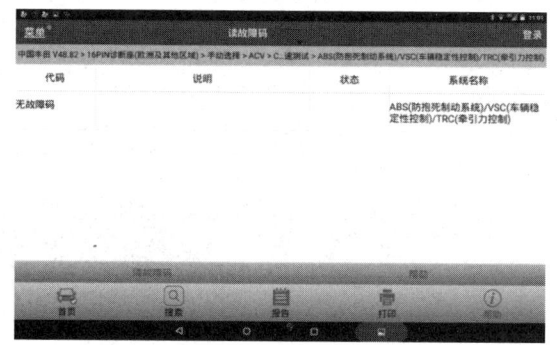

图1-62　完成故障码清除

　　此时，车辆模块显示"正常"状态，如图1-63所示。

　　（5）读取数据流

　　① 选择相应的模块，可以读取到相关传感器、执行器的数据，选择"PCM（动力控制模块）"，如图1-64所示，进入模块。

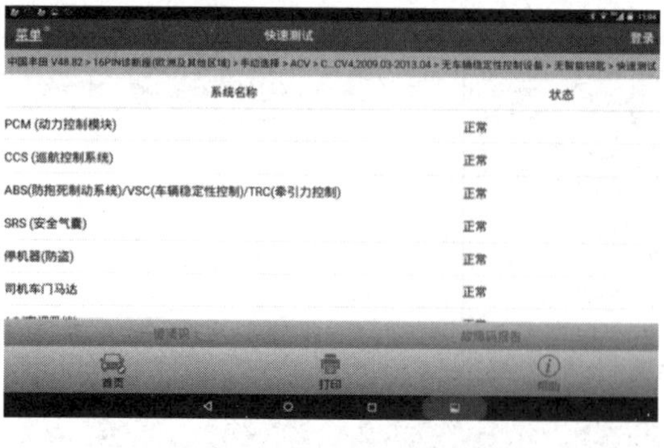

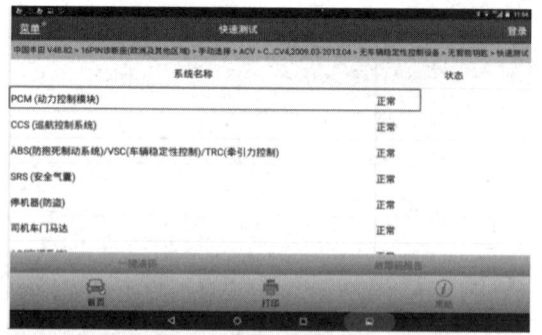

图1-63　车辆模块显示"正常"状态

图1-64　PCM（动力控制模块）

② 此时，系统会显示如图 1-65 所示界面，选择"读数据流"。

③ 显示相应的数据流信息，如图 1-66 所示。

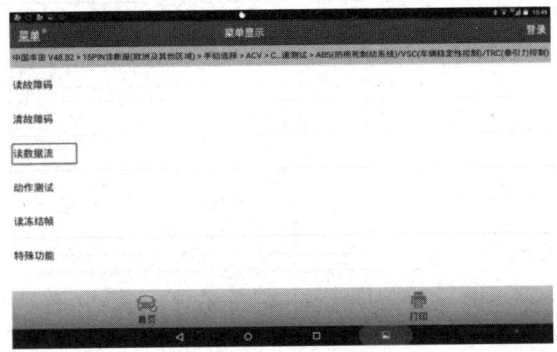

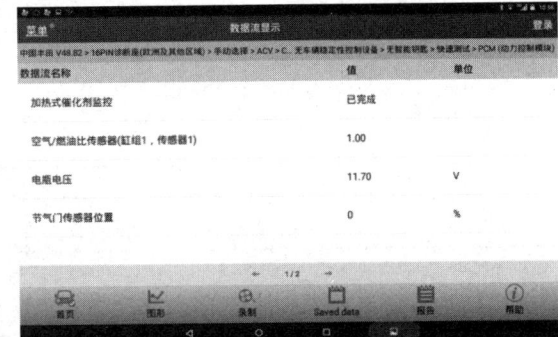

图 1-65　读数据流　　　　　　　　　　　　图 1-66　数据流信息

Note

1.2.3　汽车故障诊断常用器具工作页

一、故障诊断的一般仪器和工具认识与使用

1. 请补充以下专用仪器的名称。

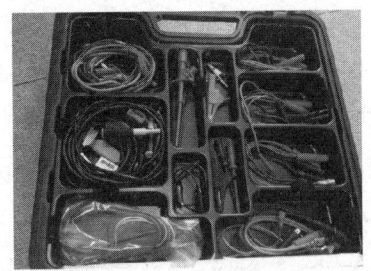
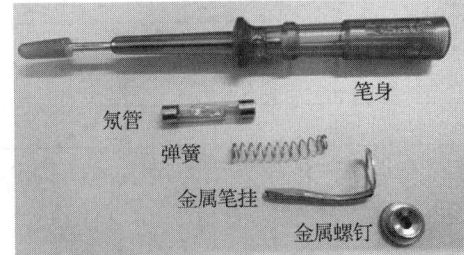

笔身

氖管

弹簧

金属笔挂

金属螺钉

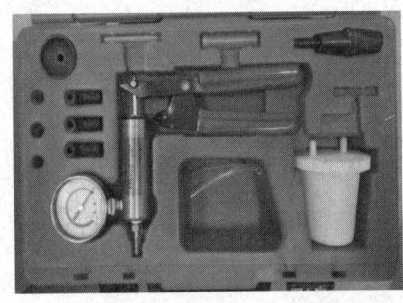
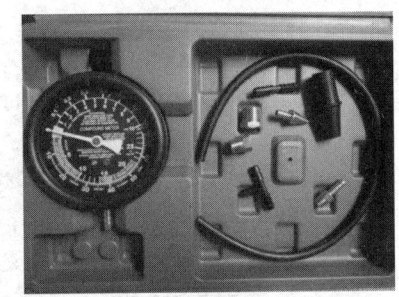

2. 请补充轮胎气压表的结构名称。

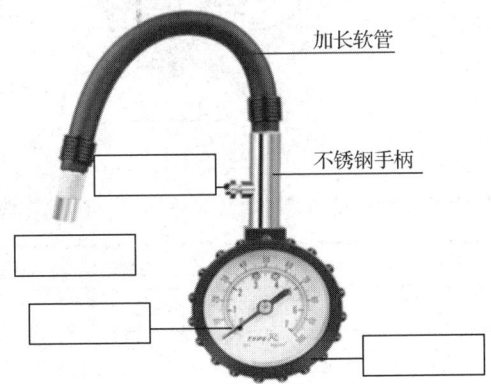

加长软管

不锈钢手柄

3. 请列出静态汽缸压力测试流程。

_____

_____

_____

_____

_____

根据检查结果，分析汽缸压力状况。

4. 请补充数字式汽车专用万用表的结构名称。

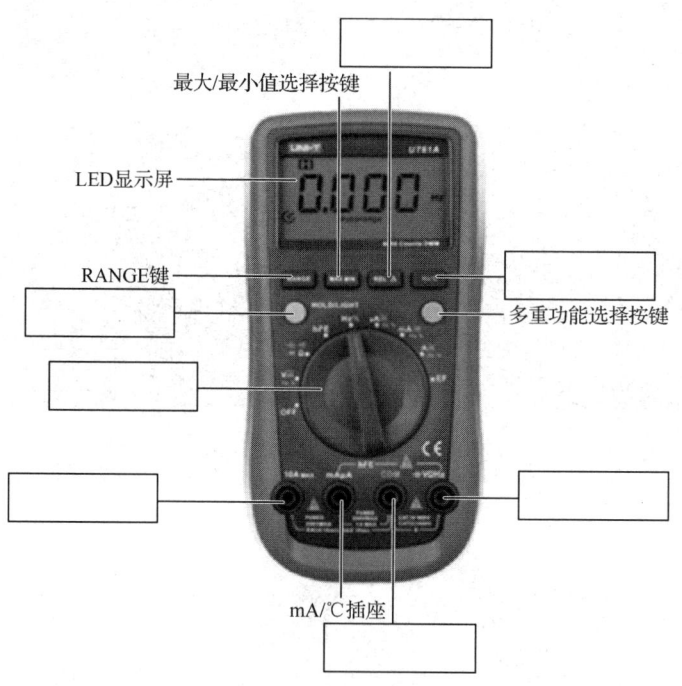

利用数字式汽车专用万用表测量汽车零件或电子元器件的参数并记录。

电子元器件/汽车零件的参数	测量结果及测量说明

二、X-431 诊断仪的使用

1. 请补充"电眼睛"X-431 诊断仪的组件名称。

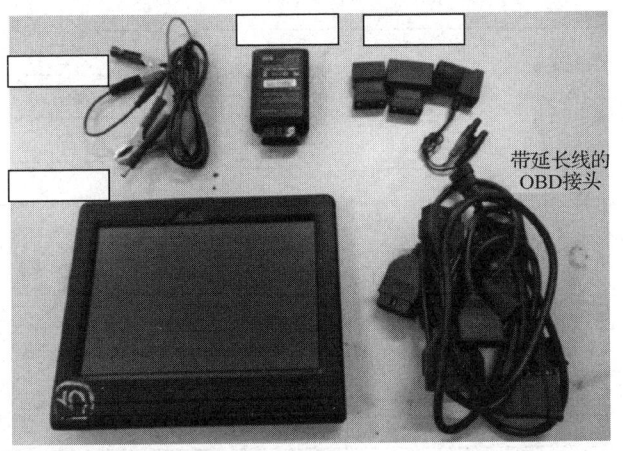

带延长线的
OBD接头

2. 请补充 X-431 诊断接头的各部分的名称。

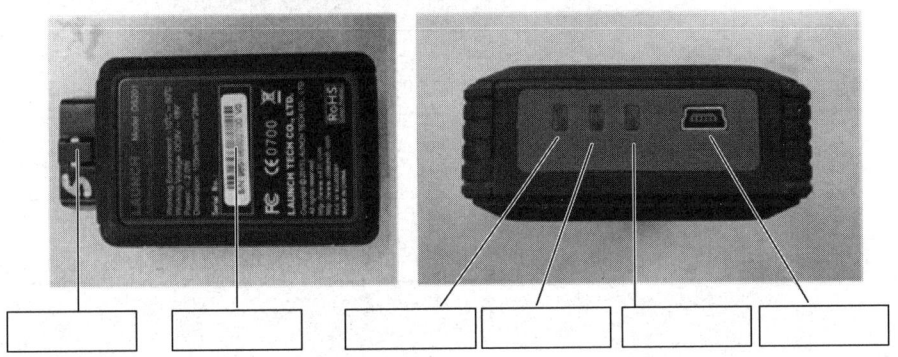

3. 请列出启动 X-431 的操作步骤。

_____

_____

_____

_____

_____

_____

_____

_____

_____

_____

_____

_____

4. 请利用 X-431 进行"PCM（动力控制模块）"数据流的读取，根据指导老师要求将相关数据流填写到下列表格中。

序　号	数 据 名 称	动 态 数 据
1		
2		
3		
4		
5		
6		
7		
8		

Note

学习情境二　汽油发动机故障的诊断与排除

　　汽车发动机是汽车的动力装置，它将燃料燃烧产生的热能转变成机械能。汽车发动机通常由电控汽油喷射、润滑、冷却、启动、点火五个系统，以及曲柄连杆机构和配气机构两个机构组成，无论哪一部分出现故障，都会直接影响到发动机的正常工作。

　　发动机发生故障轻则怠速运转不稳、加速性能下降、输出功率降低、燃料消耗增加、排气污染超标，重则无法启动，不能正常运转。若不能及时发现、修复发动机故障，会导致故障恶化，维修成本增加，严重时会引发机械事故，导致发动机提前大修甚至报废。

　　电控汽油喷射系统由空气供给系统、燃油供给系统、电子控制单元组成。电控汽油喷射发动机的总体结构示意图如图 2-1、图 2-2 所示。

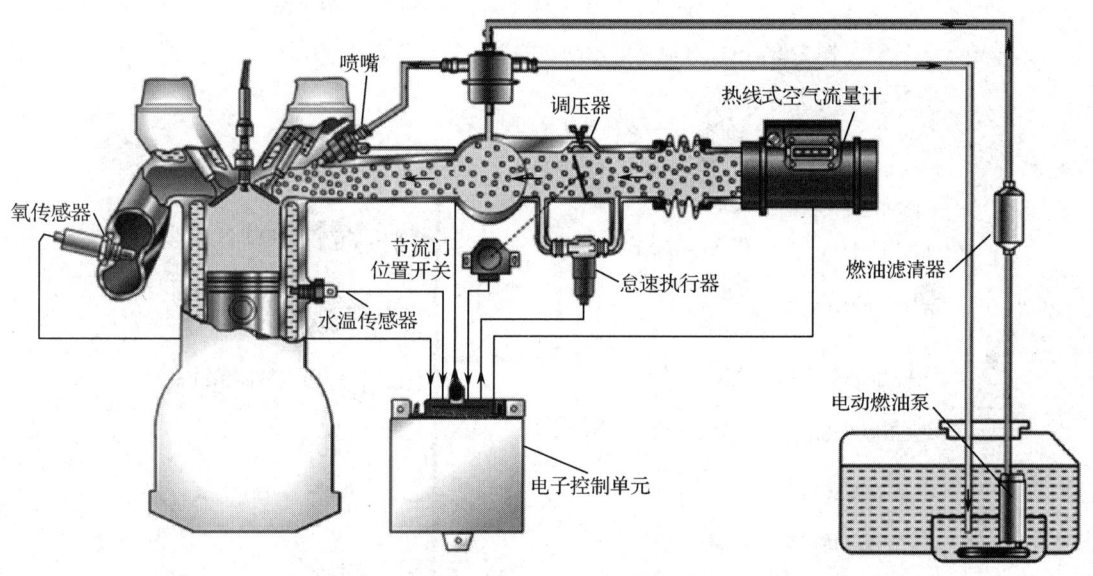

图 2-1　电控汽油喷射发动机的总体结构示意图（D 型）

　　空气供给系统的作用是根据发动机运行工况提供适量的空气，并根据发动机电子控制单元的指令完成空气量的调节。

　　燃油供给系统的作用是根据发动机的各种工况提供适量的汽油，并根据发动机电子控制单元的指令完成汽油量的调节。

　　电子控制单元（简称电控单元，ECU）是整个电控汽油喷射系统的核心器件，发动机的状态信息经由各种传感器收集后被输入电控单元中，电控单元对其进行处理后发出相应的指令来控制执行元器件的动作。

　　电控汽油喷射发动机的工作过程：当发动机在某一工况下工作时，电控单元从模/数转换器中获得空气流量信号、冷却水温度、进气温度等信息，再将这些信息与预先存储于存储器中的标准信息（通过对发动机实验数据进行优化而获得的一系列数据）做比较，然后进行判断，并向各个执行器发出在这种工况下发动机所需的供油量和点火提前时间的执行指令，如图 2-3 所示。

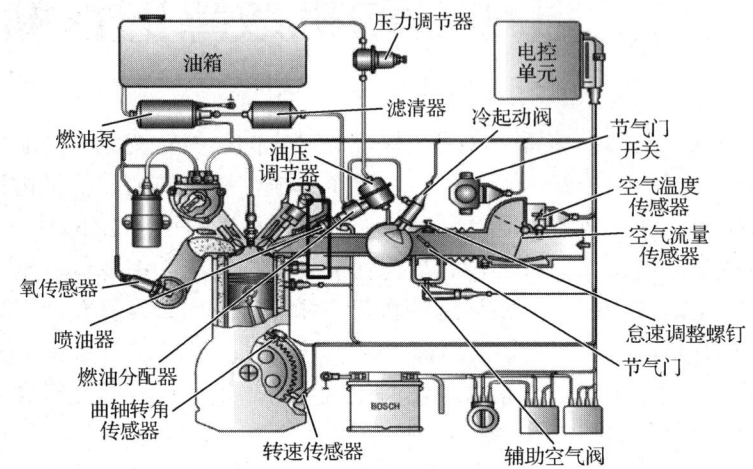

图 2-2 电控汽油喷射发动机的总体结构示意图（L 型）

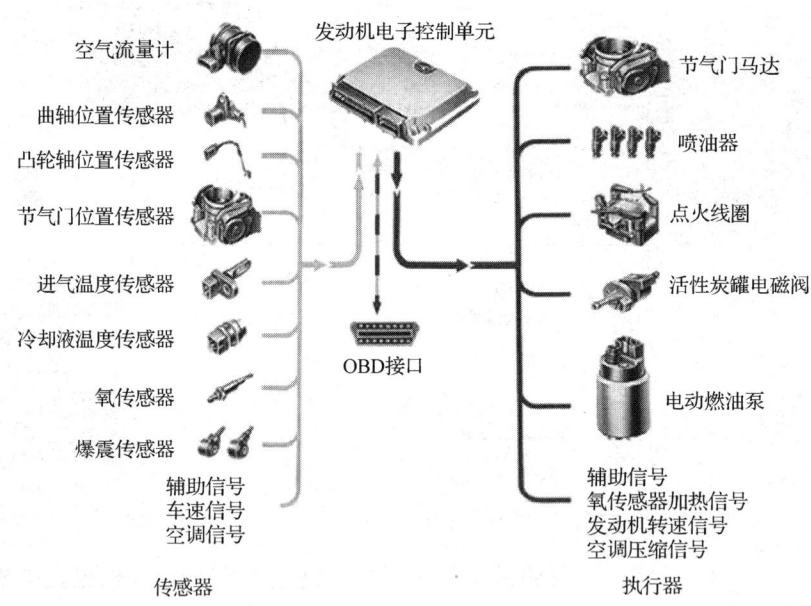

图 2-3 电控汽油喷射系统工作过程示意图

电控汽油喷射系统的设计者预先将发动机所有可能出现的工作状况进行了优化，并以数据形式存储在存储器内。这样，电控汽油喷射系统就可以控制发动机在最佳工况下工作。设计者还可以按照汽车的使用目的，将确定的优化实验数据进行预先存储。例如，记录那些以节油、减少废气排放（经济性）为目的的发动机实验数据，或以缩短汽车行驶时间（动力性）为目的的发动机实验数据，将这些控制数据经过优化存储后，发动机的工作性能也就不随着发动机的使用而改变了。

空气流量信号和发动机转速信号是汽油喷射系统的主要信号，发动机 ECU 根据它们确定发动机在各种工况下的基本汽油供给量和基本的点火时间。

任务一　燃油供给系统故障的诊断与排除

 **学习目标**

1. 能描述燃油供给系统的构造与工作原理
2. 掌握燃油供给系统各个零件的检测方法与标准数据
3. 掌握燃油供给系统电路图和维修手册的使用方法
4. 掌握燃油供给系统的故障诊断分析流程
5. 培养严格遵守安全操作规程的职业规范
6. 培养互帮互助、团队协作的能力

 **任务接受**

某丰田 4S 店，一辆丰田凯美瑞汽车进厂维修，客户报修车辆在停放一晚后早上无法启动。

 **任务准备**

教学设备、工具及仪器如表 2-1 所示。

表 2-1　教学设备、工具及仪器

名　称	数　量	名　称	数　量
普通维修工具	1 套/5 人	车辆	1 辆/5 人
万用表	1 套/5 人	燃油压力表	1 套/5 人
故障诊断仪	1 套/5 人		

 **任务实施**

2.1.1　燃油供给系统常见故障的诊断与排除

一、确认故障

汽车机电维修技师通过实车验证，该车确实无法启动，技师通过丰田"5W2H"故障询问方法，从客户那里获取故障产生的时间、地点等信息并参考维修手册中导致车辆无法启动（无初始燃烧）的故障可疑部位（见表 2-2），通过对车辆进行初步的检查及诊断、分析，基本确定该车无法启动（无初始燃烧）是由燃油供给系统故障导致的。

表2-2 故障参考表

症 状	故障可疑部位
无法启动（无初始燃烧）	1. ECM 电源电路； 2. 曲轴位置传感器； 3. 凸轮轴位置传感器； 4. 点火系统； 5. 燃油泵控制电路； 6. ECM； 7. VC 输出电路

二、排除故障

在进行故障排除时，必须对系统组件、电路、运行情况进行检查，包括以下内容：

1. 检查燃油泵运行情况和是否漏油

在检查燃油泵运行情况和是否漏油时，可以按照以下步骤进行。

（1）将智能测试仪（丰田公司的故障诊断仪）连接到 DLC3（诊断接口）上。

（2）将点火开关转到"ON"位置，此时仪表指示灯应点亮，如图2-4所示。按下智能测试仪主开关使电源接通。

注意：不要启动发动机。

图2-4 仪表指示灯

（3）选择以下菜单："Powertrain"（传动系统）→"Engine"（发动机）→"Active Test"（主动测试）→"Control the Fuel Pump"（控制燃油泵）→"Speed"（速度），此时，燃油泵开始工作。

（4）检查燃油入口管内来自燃油管路的压力。检查能否听到燃油箱中燃油流动的声音，如果听不到声音，检查集成继电器、燃油泵、ECM（丰田公司的 ECU 也称为 ECM）和接线连接器。在进行相应的检查时应根据电路图及维修手册来开展，找到实车上的部件如保险丝盒等，如图2-5所示为检查相应保险丝。

注意：有些车型在遥控开锁时燃油泵就会工作，用于建立初始燃油压力。

（5）通过燃油压力的初步供给检查之后，应检查燃油供给系统的管路、部件有无漏油现象，如果有，根据需要进行修理或者更换零部件。

（6）关闭点火开关。

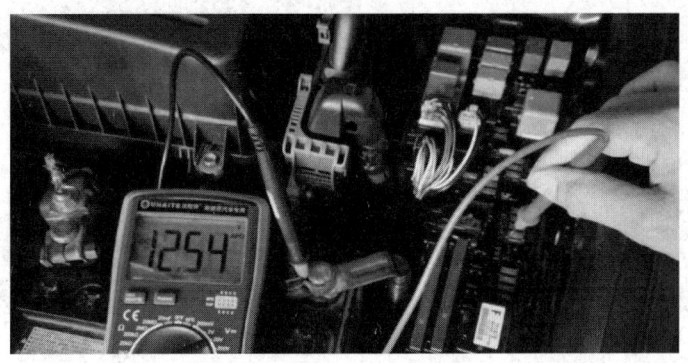

图 2-5　检查相应保险丝

（7）将智能测试仪与 DLC3 断开。

另外，在进行燃油供给系统的供油检查时，还可以利用系统部件的工作状态进行判断，如图 2-6 所示为燃油供给系统的脉动缓冲器，当脉动缓冲器中间的螺栓没有升起时，说明燃油管路中无压力；反之，当螺栓升起时，说明燃油管路中有压力。

（a）无燃油压力　　　　　　　　　　　　（b）有燃油压力

图 2-6　燃油供给系统的脉动缓冲器

2. 燃油供给系统压力的卸除

汽油喷射发动机为便于再次启动，在发动机熄火后，系统内仍保持较高的压力。在拆卸系统内任何元器件时，都必须首先释放燃油供给系统压力，以免系统内汽油喷出，造成人身伤害或火灾。燃油供给系统压力卸除的方法如下：

（1）打开油箱上的加油盖，释放油箱中的蒸汽压力，如图 2-7 所示。

（2）启动发动机，维持怠速运转，在运转中拔去燃油泵继电器或熔断器（通过电路图找到继电器或熔断器位置），如图 2-8 所示，也可拔下燃油泵导线插头，如图 2-9 所示，直至发动机自行熄火。

（3）再次启动发动机 3～5 次，利用启动喷射卸除油管中残余压力，可通过燃油脉动缓冲器中的螺栓观察燃油供给系统中是否存在压力。

（4）关闭点火开关，装上燃油泵继电器或熔断器或燃油泵导线插头。

3. 安装汽车专用油压表并预置燃油供给系统压力

（1）拆下蓄电池负极搭铁线，如图 2-10 所示。

图 2-7　打开油箱上的加油盖

图 2-8　拔去继电器

图 2-9　拔下燃油泵导线插头

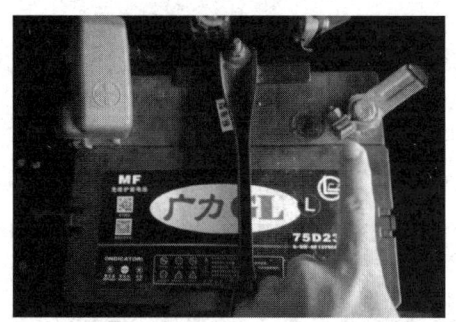

图 2-10　拆下蓄电池负极搭铁线

（2）将油压表连接到燃油供给系统中。不同车型油压表连接方式有所不同，主要有四种连接方式：第一种是把油压表接到油压测试头上；第二种是用专用接头将油压表连接到输油管的进油管接头处，如图 2-11 所示；第三种方式是用专用接头将油压表连接到燃油滤清器与输油管之间安装脉动阻尼器处（进行压力测试时拆下脉动阻尼器）；第四种是用专用接头连接到输油管路中间的快速接头上，如图 2-12 所示。

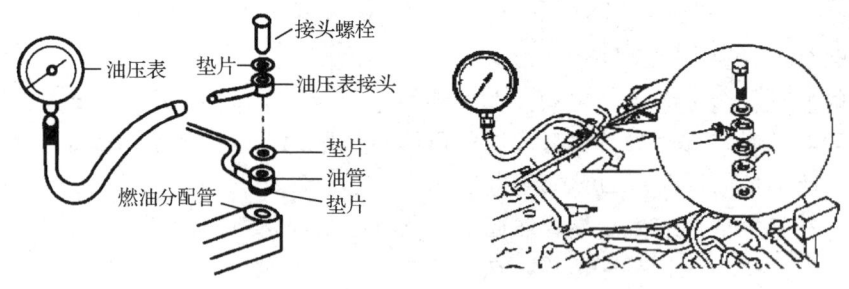

图 2-11　油压表的连接（1）

（3）擦干溅出的汽油，重新接好蓄电池负极电缆，预置燃油供给系统压力。进行预置燃油供给系统压力时可采用下列方法：

① 用专用导线将诊断座上的燃油泵测试端子跨接到 12V 电源上，例如，丰田车系可直接将诊断座上的电源端子"+B"与燃油泵测试端子"F_P"跨接到一起。

② 将点火开关转至"ON"位置，使电动燃油泵工作约 10s。

③ 关闭点火开关，拆下诊断座上的专用导线。

注意：这种方法一般适用于老款车型。

4. 燃油供给系统压力的检测

（1）检测静态油压

拔下电动燃油泵继电器，用导线将电动燃油泵继电器供电端子短接，如图2-13所示为电动燃油泵插头；打开点火开关但不启动发动机，使电动燃油泵运转，此时的燃油压力应符合技术要求，一般应在304～343kPa摆动（油压调节器的工作使得油压表指针发生摆动）。

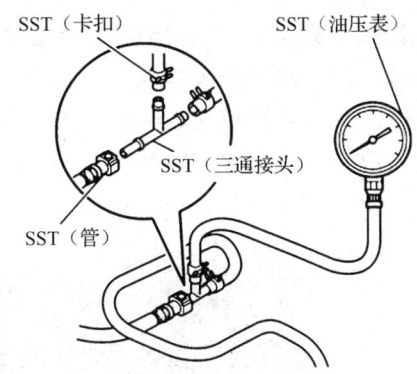

图2-12　油压表的连接（2）

静态油压偏高多是回油管变形或油压调节器损坏造成的，应先仔细检查回油管，变形的回油管会阻碍汽油的流动，导致静态油压升高，若回油管完好应更换油压调节器。

静态油压偏低多是油泵进油滤网脏污、电动燃油泵内部磨损、电动燃油泵限压阀损坏、燃油滤清器脏堵、油压调节器调压弹簧过软或喷油器喷孔卡滞造成的，可更换燃油滤清器试一下，若油压没有恢复正常，则继续下面检测步骤，找出故障确切位置。

（2）检测怠速工作压力

启动发动机怠速运转时，油压表读数即为燃油供给系统的怠速工作压力，一般为250kPa或符合车型技术规定，如图2-14所示。怠速工作油压偏高多是油压调节器真空管错装、漏装或漏气造成的，此时应先检视真空管安装是否正确、是否存在漏气部位，必要时予以更换。

图2-13　电动燃油泵插头

图2-14　油压表测试值

如图2-15所示为某车型的油压调节器。注意：现在多数车型的油压调节器位于燃油箱的电动燃油泵总成中，所以无法进行相应的真空管检查，只能检查油压调节器是否错装或者漏装。

检测怠速工作压力时，拔下真空管时油压应上升至304～343kPa，与节气门全开时的加速油压基本相等，否则应更换油压调节器。

（3）检测急加速压力

急加速至节气门全开时，油压表读数即为燃油供给系统的急加速油压，一般急加速时油压应迅速由怠速工作时的250kPa上升至300kPa，或符合车型技术规定。

若急加速油压无变化，则可能是真空管插在了有单向阀的真空储气罐上（如刹车真空系统），应予以恢复。

若急加速油压与怠速工作压力差值小于50kPa，则说明在节气门全开时进气系统仍存在真空节流（如节气门无法开至最大角度），应予以检修。

（4）检测油泵最大供油压力

在发动机怠速运转时，用包有软布的钳子将回油软管夹住，如图2-16所示，此时油压表读数即为油泵最大供油压力，其值应符合车型技术要求，一般为工作油压的2～3倍，即500～750kPa。

图2-15　某车型的油压调节器　　　　图2-16　燃油供给系统回油软管

油泵最大供油压力偏高是由油泵限压阀卡滞造成的，应更换电动燃油泵。

油泵最大供油压力偏低是由燃油滤清器堵塞、油泵进油滤网脏污、电动燃油泵内部磨损、油泵限压阀关闭不严或调压弹簧过软造成的。应更换燃油滤清器后再重新检测，若油压仍然偏低则从油箱中拆出电动燃油泵进行检视：若油泵进油滤网脏污则清洗燃油箱和油泵进油滤网，若油泵进油滤网良好则应更换电动燃油泵总成。

（5）检测调节压力

在发动机怠速运转时，将油压调节器真空管拆开后，如图2-17所示，燃油系统升高后的油压与怠速工作压力的差值，应符合车型技术规定，一般为28～70kPa。

图2-17　拆开油压调节器真空管

（6）检测燃油供给系统保持压力

松开油管夹钳，恢复静态油压，取下燃油泵继电器跨接线使燃油泵停止运转，并等待30min，此时油压表读数即为燃油供给系统保持压力，应符合车型技术规定。车型不同，等待的时间也有所不同，例如，丰田凯美瑞车型在燃油泵停止运转5min后，其系统压力不能小于147kPa。

保持压力过低是由电动燃油泵止回阀关闭不严、油压调节器回油口关闭不严或喷油器滴漏造成的。应首先恢复静态油压，再用包有软布的钳子夹住回油软管，若压力停止下降，则应更换油压调节器；若压力继续下降，则用包有软布的钳子夹住油压表三通接头至燃油分配管之间的进油软管，如果压力停止下降则说明喷油器漏油，应结合喷油器试验，找出滴漏的喷油器并予以清洗，清洗后复检，必要时予以更换；若压力继续下降则说明电动燃油泵止回阀密封不严，应更换电动燃油泵总成。

保持压力检测完毕后再次复查静态油压，如果静态油压仍然偏低则应更换油压调节器。

5. 燃油泵及其控制电路的检测

1）燃油泵的检测

（1）燃油泵的就车检查

① 利用智能测试仪的主动测试功能，激活燃油泵，也可拆开燃油泵的插接器，直接用蓄电池给燃油泵通电。

② 将点火开关置于"ON"位，但不启动发动机。

③ 旋开油箱盖应能听到燃油泵工作的声音，或用手捏进油软管应能感觉到压力。

④ 若听不到燃油泵工作的声音或进油管无压力，应检修或更换燃油泵。

⑤ 若燃油泵存在不工作的故障，按上述方法检查结果正常，则应检查燃油泵控制电路。

（2）燃油泵的拆装与检修

例如，故障车辆车型为丰田凯美瑞，其燃油泵位于后座椅底下，拆下后座椅后便可对燃油泵进行相应检查。如图 2-18 所示为该车型电动燃油泵的电路图。

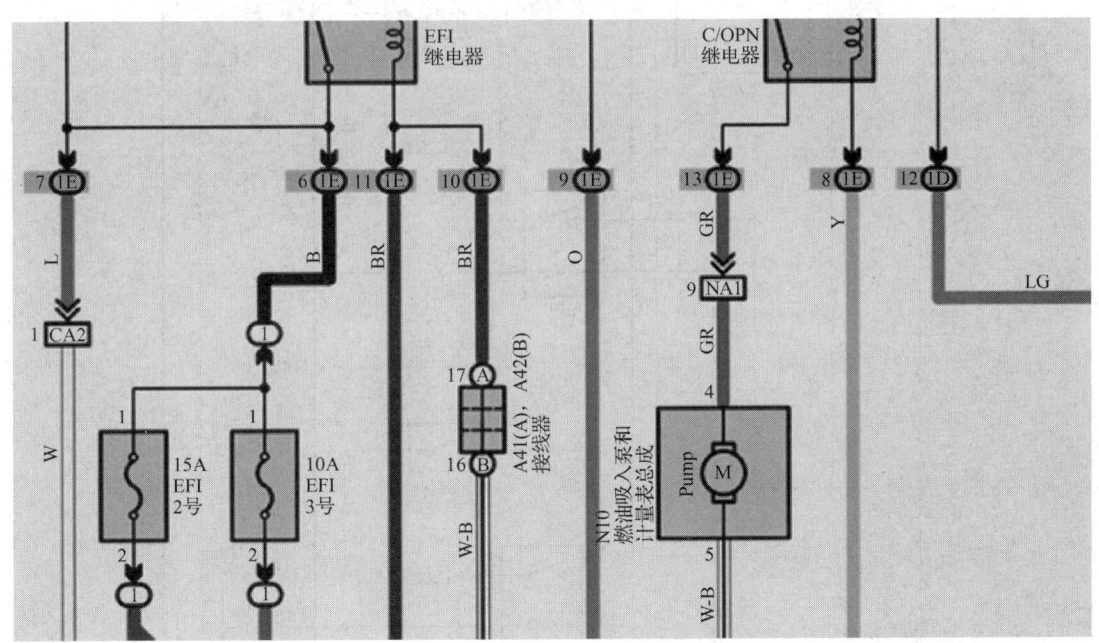

图 2-18　丰田凯美瑞电动燃油泵电路图

① 大多数汽车的燃油泵可在打开汽车后备箱或翻开后坐垫后，从油箱上直接拆出；也有些汽车必须将油箱从车上拆下，才能拆卸燃油泵。拆卸燃油泵时注意，应先释放燃油系统压力，并关闭用电设备。

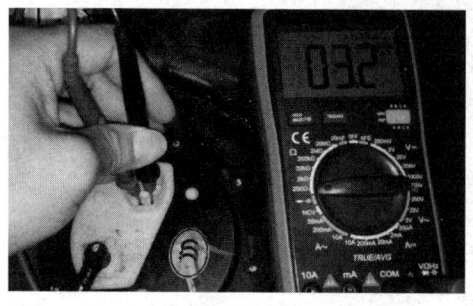

图 2-19　测量电动燃油泵电阻

② 根据电路图找到燃油泵位置后，将插头从燃油泵上拔下，测量燃油泵两端子间的电阻，如图 2-19 所示，应为 2～3Ω。用蓄电池直接给燃油泵通电，应能听到燃油泵高速旋转的声音，注意：通电时间不能太长。

2）燃油泵控制电路的检测

如图 2-20 所示为丰田凯美瑞的电动燃油泵的控制原理图。当发动机转动时，电流从点火开关（电源控制 ECM）的端子 ST1 流入启动机继电器（ST）线圈，电流也流入 ECM 的端子 STA（STA 信号）。当 STA 信号和 NE 信号被输入至 ECM，Tr1 接通，电流流入开路继电器（C/OPN）的线圈，继电器接通，电流流入燃油泵，燃油泵运行。在生成 NE 信号的同时（发动机运转），ECM 使 Tr1 一直处于"ON"位置，燃油泵也始终在运转中。

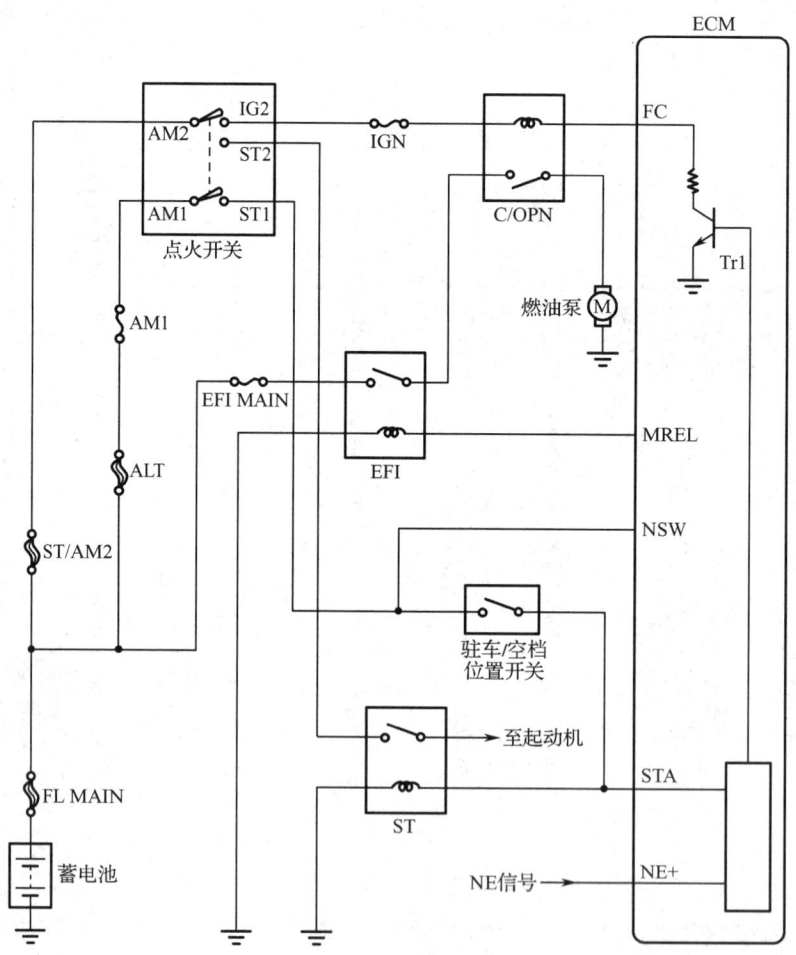

图 2-20　丰田凯美瑞的电动燃油泵控制原理图

如图 2-21 所示为电动燃油泵的电路图,所以进行电动燃油泵检查时可按照以下方法进行。

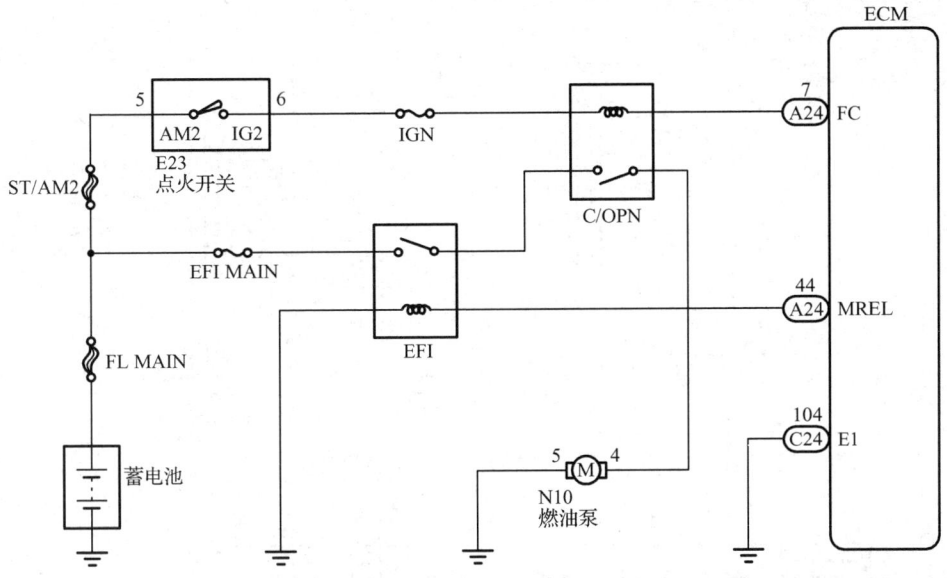

图 2-21　电动燃油泵电路图

（1）使用智能测试仪执行主动测试（运行继电器 C/OPN）

① 将智能测试仪连接到 OBD Ⅱ 上。

② 将点火开关转到"ON"位置，打开智能测试仪。

③ 选择以下菜单："Powertrain"（传动系统）→ "Engine"（发动机）→"Active Test"（主动测试）→"Control the Fuel Pump"（控制燃油泵）→ "Speed"（速度）。

④ 检查在智能测试仪上进行主动测试时，燃油泵是否发生响声。如果系统没有故障的话，燃油泵应发出响声。

（2）检查发动机室的 J/B（接线盒）中的继电器 C/OPN 是否正常工作

① 从发动机室的 R/B（继电器盒）上拆下发动机室的 J/B 中的继电器 C/OPN。

② 测量继电器 C/OPN 电阻。根据图 2-22，检查继电器开关侧的电阻。电阻值对照表如表 2-3 所示。

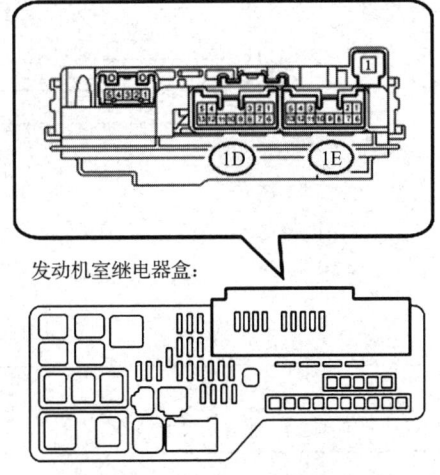

图 2-22　测量端子示意图

表 2-3　电阻值对照表

测量端子	测量结果	结果判断
1E/7～1E/13	10kΩ 或更高	正常
	低于 1Ω （在端子 1D/12 和 1E/8 之间施加蓄电池电压）	正常

（3）检查 ECM（FC 电压）

① 断开连接器 A24 和 C24，如图 2-23、图 2-24 所示。

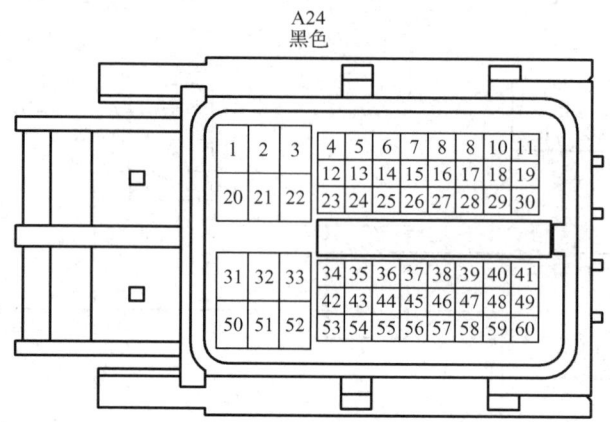

图 2-23　断开连接器 A24

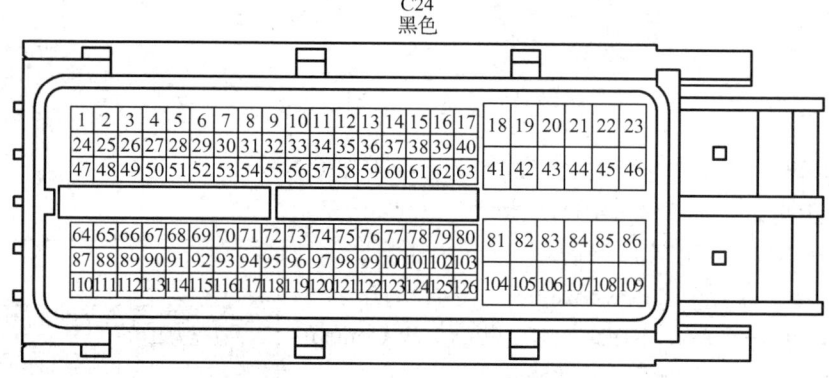

图 2-24　断开连接器 C24

② 将点火开关转到"ON"位置。

③ 根据表 2-4 中的值测量电压。

表 2-4　电压对照表

测　量　端　子	测　量　结　果	结　果　判　断
FC（A24/7）-E1（C24/104）	9～14V	正常

（4）检查燃油泵（继电器 C/OPN-燃油泵-车身接地）

① 检查发动机室的 J/B 和燃油泵之间的线束和连接器，如图 2-25 所示。

a．从发动机室的 R/B（继电器盒）上拆下发动机室的 J/B 中的连接器 1E。

b．断开发动机室的 J/B 的连接器 1E。

c．断开燃油泵的连接器 N10。

d．根据表 2-5、表 2-6 中的值测量电阻。

表 2-5　电阻测量值

测试仪连接	规　定　条　件
1E1/3-N10/4	低于 1Ω

表2-6　电阻测量值

测试仪连接	规 定 条 件
1E1/3 或者 N10/4-车身接地	10kΩ 或更高

线束侧：

e．重新连接燃油泵的连接器 N10。

f．重新安装发动机室的 J/B 的连接器 1E。

g．重新安装发动机室的 J/B。

② 检查燃油泵和车身接地之间的线束和连接器。

a．断开燃油泵的连接器 N10。

b．根据表 2-7 中的值测量电阻。

表2-7　电阻测量值

测试仪连接	规 定 条 件
N10/5-车身接地	低于 1Ω

发动机室　J/B：

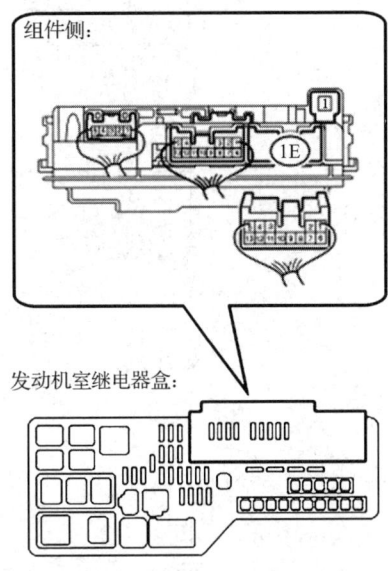

c．重新连接燃油泵的连接器。

如果所测得的值不在规定的范围内，则进行修理或者更换线束和连接器。

d．如果检查所得各个数据在规定的范围内，则更换 ECM。

6. 喷油器控制系统的检测

1）喷油器电路图

图 2-25　检查发动机室的 J/B 和燃油泵之间的线束和连接器

各车型喷油器控制电路基本相同，一般是通过点火开关和主继电器（或保险丝）给喷油器供电的，ECM 控制喷油器搭铁，只是不同发动机的喷油器数量、控制方式、分组方式不同，ECM 控制端子的数量不同。

如图 2-26 所示为丰田凯美瑞的喷油器电路图。当点火开关位于"ON"位时，蓄电池电压便施加到各个喷油器的 1 号针脚上，各个喷油器的 2 号针脚连接到发动机 ECM 上，由发动机 ECM 控制 2 号针脚进行搭铁，此时，喷油器便将燃油喷入汽缸中。

2）喷油器电路检查

在进行喷油器电路检查时，可按以下方法进行。

（1）检查发动机 ECM（#10、#20、#30、#40 电压）

① 断开发动机 ECM 的连接器 C24，如图 2-27 所示。

② 将点火开关转到"ON"位置。

③ 根据表 2-8 中的值测量电压。

④ 重新连接 ECM 的连接器。

如果检测结果非蓄电池电压，则应检查供电线路、点火开关、主继电器或熔丝是否有故障。若电压正常，则说明喷油器、喷油器搭铁线路（与 ECM 连接线路）或 ECM 有故障。

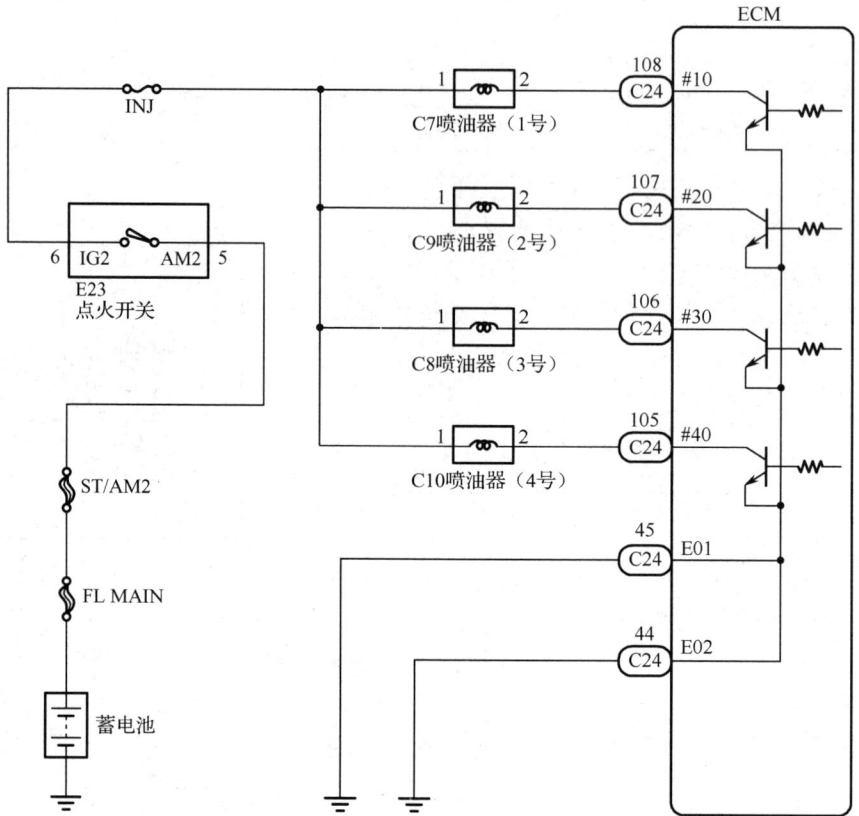

图 2-26　丰田凯美瑞的喷油器电路图

线束侧：

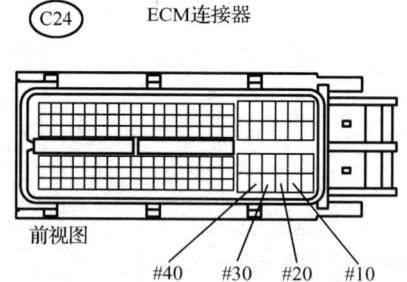

图 2-27　断开发动机 ECM 的连接器 C24

表 2-8　电压测量值

测试仪连接	规定条件
#10（C24/108）-车身接地	
#20（C24/107）-车身接地	9～14V
#30（C24/106）-车身接地	
#40（C24/105）-车身接地	

（2）喷油器及喷油量检查

① 检查喷油器电阻。

关闭点火开关，拆开喷油器插接器，用万用表电阻挡测量喷油器两端子间的电阻，标准阻值：20℃（68℉）时为 11.6～12.4Ω，如果测量结果不符合规定，则更换喷油器，如图 2-28 所示。

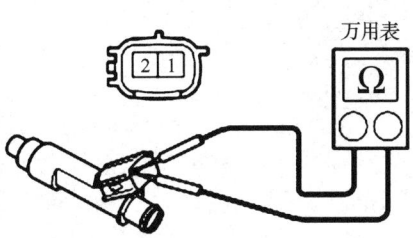

图 2-28　测量喷油器两端子间的电阻

注意，有些喷油器属于低阻值喷油器，其阻值为 2～3Ω。

② 工作状况检查。

这种方法较为简单。在发动机工作时用手试触或用听诊器检查喷油器针阀开关时的振动或声响，若感觉无振动或听不到有节奏的"嗒嗒"声，说明喷油器或其控制电路有故障，如图 2-29 所示。

③ 检查喷油器的喷油量。

注意：在测试过程中，应使喷油器远离火花。

a. 连接 SST（管路连接器）到 SST（软管）上，然后将其连接到燃油管（车辆侧）上，如图 2-30 所示。

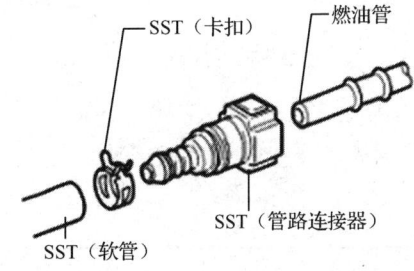

图 2-29　喷油器工作状况检查　　　　图 2-30　连接 SST

b. 将 O 形圈安装到喷油器上，如图 2-31 所示。

c. 将 SST（接头和软管）连接到喷油器上，并用 SST（夹箍）夹住喷油器和接头，如图 2-32 所示。

d. 将喷油器置于量筒内。注意：在喷油器上安装合适的乙烯管以吸收汽油飞沫。

e. 用智能测试仪来操作燃油泵。

f. 将 SST（导线）与喷油器和蓄电池连接 15s，并用量筒测量喷油量，如图 2-33 所示，检测每个喷油器 2 或 3 次。标准喷油量：每 15s 为 76～92cm^3，各喷油器之间的标准差值：16cm^{3}或更少。

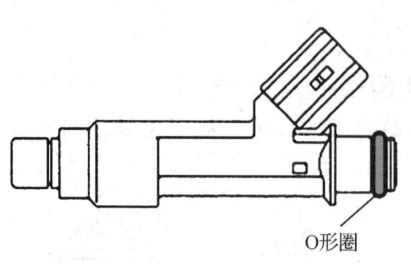

图 2-31　安装 O 形圈

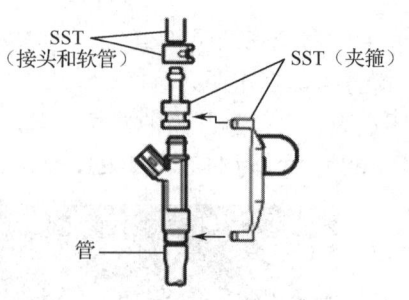

图 2-32　固定喷油器

g．检查是否漏油。

从蓄电池上断开 SST（导线）的测试探头，并检查喷油器是否漏油，漏油标准为每 12min 漏 1 滴或更少。

注意：低阻值喷油器不可直接与蓄电池相连，应串联一个 8～10V 的附加电阻。此外，不同车型喷油器的喷油量也不相同，一般为 50～70mL /15s，各缸喷油器的喷油量相差不超过 10%。

（3）检查线束和连接器

① 断开喷油器连接器 C7～C10，如图 2-34 所示为喷油器连接器示意图。

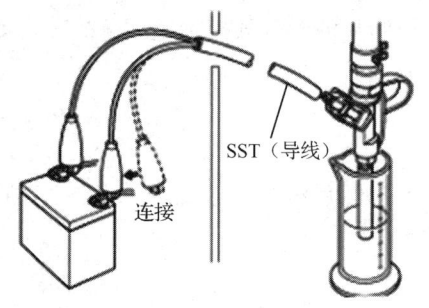

图 2-33　测量喷油量

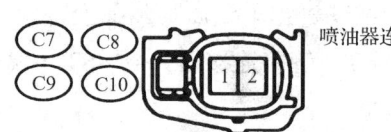

图 2-34　喷油器连接器示意图

② 将点火开关转到"ON"位置。

③ 根据表 2-9 中的值测量电压。

表 2-9　电压测量值

汽　　缸	测试仪连接	规 定 条 件
1 号	C7/1-车身接地	
2 号	C7/2-车身接地	11～14V
3 号	C7/3-车身接地	
4 号	C7/4-车身接地	

④ 重新连接喷油器连接器。

如果检查结果在规定范围之外，则要检查喷油器的上游供电端。

（4）检查保险丝（INJ（喷油嘴）保险丝）

① 从仪表板的 J/B 上拆下 INJ（喷油嘴）保险丝，如图 2-35 所示为仪表板的 J/B 中的保险丝位置图。

② 测量保险丝阻值。标准阻值：应低于 1Ω，否则更换保险丝。

③ 重新安装保险丝。

（5）检查点火开关

① 断开点火开关连接器 E23，如图 2-36 所示为点火开关连接器示意图。

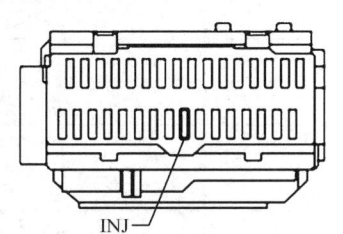

图 2-35　仪表板的 J/B 中的保险丝位置图

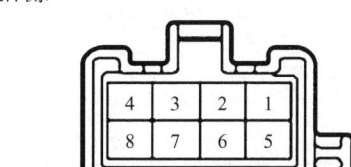

图 2-36　点火开关连接器示意图

② 根据表 2-10 中的值测量电阻。

表 2-10　电阻测量值

测试仪连接	点火开关位置	规 定 条 件
所有端子	LOCK	10kΩ 或更高
2-4	ACC	低于 1Ω
1-2-4，5-6	ON	
1-3-4，5-6-7	START	

③ 重新连接点火开关连接器。

如果检测结果超出表 2-10 所示的规定条件值，则需要更换点火开关，否则需检查或者更换线束、连接器。

（6）检查线束和连接器（喷油器-ECM）

① 断开喷油器连接器 C7～C10，如图 2-37 所示。

② 断开发动机 ECM 的连接器 C24，如图 2-37 所示。

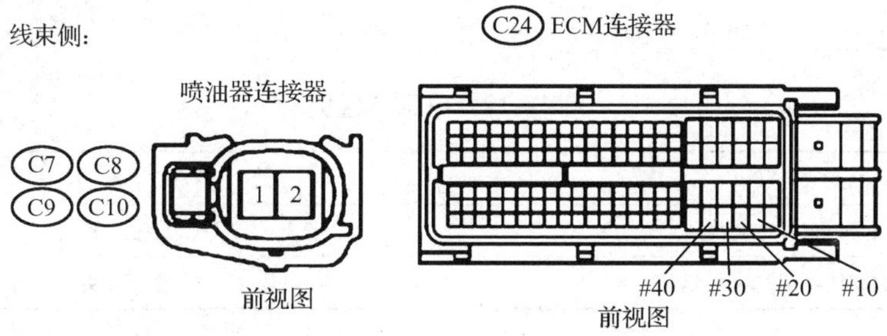

图 2-37　断开喷油器连接器、发动机 ECM 的连接器 C24

③ 根据表 2-11 中的值测量电阻。

表 2-11 电阻测量值

汽　　缸	测试仪连接	规 定 条 件
1 号	C7/2 或#10（C24/108）-车身接地	10kΩ 或更高
	C7/2-#10（C24/108）	低于 1Ω
2 号	C9/2 或#20（C24/107）-车身接地	10kΩ 或更高
	C9/2-#20（C24/107）	低于 1Ω
3 号	C8/2 或#30（C24/106）-车身接地	10kΩ 或更高
	C8/2-#30（C24/106）	低于 1Ω
4 号	C10/2 或#40（C24/105）-车身接地	10kΩ 或更高
	C10/2-#40（C24/105）	低于 1Ω

④ 重新连接喷油器连接器。

⑤ 重新连接发动机 ECM 的连接器 C24。

如果测得的数据非表格中所示数值，则需根据情况修理、更换线束或者连接器。

（7）检查线束和连接器（ECM-车身接地）

① 断开 ECM 的连接器 C24，如图 2-38 所示。

线束侧：

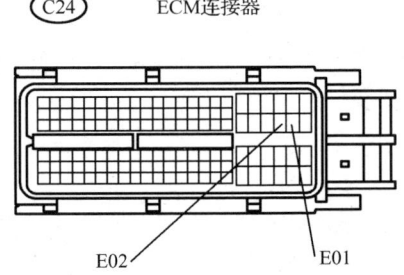

图 2-38 断开 ECM 的连接器 C24

② 根据表 2-12 中的值测量电阻。

表 2-12 电阻测量值

测试仪连接	规 定 条 件
E01（C24/45）-车身接地	低于 1 Ω
E02（C24/44）-车身接地	低于 1 Ω

③ 重新连接 ECM 的连接器 C24。

如果测得的数据非表格中所示数值，则需根据情况修理、更换线束或者连接器。

2.1.2　燃油供给系统故障的诊断与排除工作页

一、分析燃油泵控制电路图，描出燃油泵工作时的电流方向

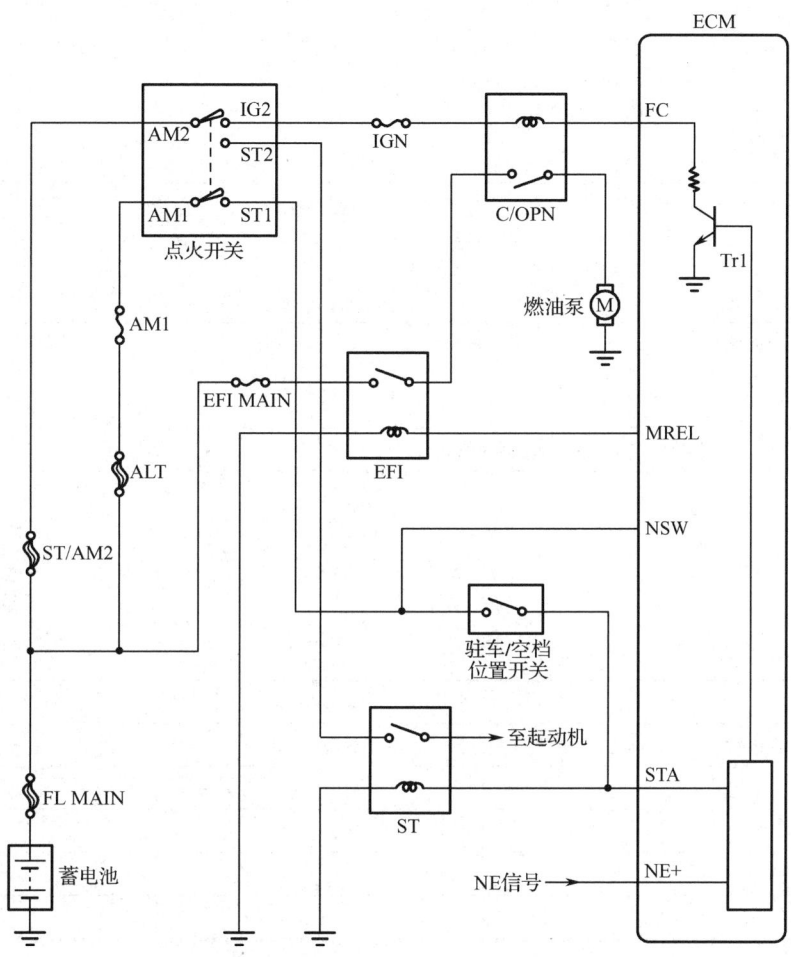

二、燃油供给系统故障的诊断与排除

一台丰田卡罗拉因燃油系统出现故障导致无法启动，请对车辆进行故障诊断与排除。

一、确认故障现象，推定可能的故障范围。
与本故障相关的故障现象：
根据故障现象，判断可能的故障原因：

续表

二、根据电路图绘制控制原理图。

三、使用汽车解码器，读取相应故障码。

根据诊断结果，进一步缩小故障范围，并确定测试对象为：

四、基于以上诊断结论，选择测量点实施测量，确定故障点。

测试对象	

测试条件		使用设备	

数据流、执行元器件诊断、电压、电流、电阻等测量结果，不用者不填。

测试参数					
标准描述					
测试结果					
是否正常					
测试参数					
标准描述					
测试结果					
是否正常					

波形测试结果，不用者不填。

波形名称	标准波形（注意单位）	实测波形（请圈出异常位置）

续表

分析测试结果，必要时进行简单修复，并做进一步诊断（或验证），不用者不填。

五、基于以上分析及测试，将结果记录在表中，归纳总结核心步骤。

步　骤	对　象	结　果	结　论	下一步 诊断对象
1				
2				
3				
4				
5				
6				

六、分析测试结果，结合故障机理，给出结论或维修建议。

Note

任务二　进气系统故障的诊断与排除

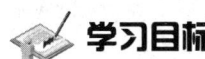
学习目标

1. 能描述进气系统的构造与工作原理
2. 掌握进气系统各个零件的检测方法与标准数据
3. 掌握进气系统电路图和维修手册的使用方法
4. 掌握进气系统的故障诊断分析流程
5. 培养严格遵守安全操作规程的职业规范
6. 培养互帮互助、团队协作的能力

任务接受

车主驾驶着一辆行驶里程约为 10 万公里，车型为 07 款 2.0L 精英版，搭载 1AZ-FE 发动机的丰田凯美瑞汽车来到 4S 店，和汽车维修接待员反映，最近这车出现发动机启动的时候发颤、抖动较大，油耗升高，加速无力，有时候熄火等现象，要求 4S 店进行维修处理。

任务准备

教学设备、工具及仪器如表 2-13 所示。

表 2-13　教学设备、工具及仪器

名　　称	数　　量	名　　称	数　　量
普通维修工具	1 套/5 人	车辆	1 辆/5 人
万用表	1 套/5 人	故障诊断仪	1 套/5 人

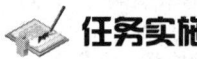
任务实施

2.2.1　进气系统常见故障的诊断与排除

一、确认故障

汽车机电维修技师打开点火开关后，发现启动机旋转正常，但汽车无法打着，技师通过丰田"5W2H"故障询问方法，询问故障产生的时间、现象等情况，对车辆进行初步的检查及诊断、分析和排除，初步确定该车无法启动是由进气系统故障导致的。

二、排除故障

在进行故障排除时，必须对系统组件、电路、运行情况进行检查。进气系统的检查与测试包括节气门的检查、空气滤清器的检查、空气流量计及进气系统电路的检查等。

根据进气系统的组成及工作原理可知，进气系统常见的故障主要是由空气堵塞、泄漏和元器件损坏引起的。关于"堵"，主要表现为空气滤清器、节气门、气门机构卡滞或堵塞；关于"漏"，主要出现在进气系统各个连接处，进气管道、真空助力器等；元器件损坏，如某个传感器不工作会导致混合气不匹配，从而使得汽车出现发动机运转不稳、功率下降、加速无力，严重的可能会排气冒黑烟，甚至熄火。

在本故障案例中，汽车出现发动机故障，指示灯亮起，可以先使用故障诊断仪读取故障码，再根据故障码提供的信息进行下一步的故障排除。将故障诊断仪连接到车辆上，对整车进行扫描，读取到车辆存在编号为"P0100"的DTC（故障码），故障码的定义是"质量式或体积式空气流量电路"，就可以根据故障码进行故障诊断与排除了。

首先来认识一下空气流量计。该车的空气流量计为热线式空气流量计，属于质量式的空气流量计，其结构紧凑、重量轻，安装在进气管道上，如图2-39所示。

空气流量计的一条铂热线和热敏电阻安放在检测区域，如图2-40所示，这样就可以直接测量进气质量，由于没有使用专门的机械，这种流量计有很好的耐久性。

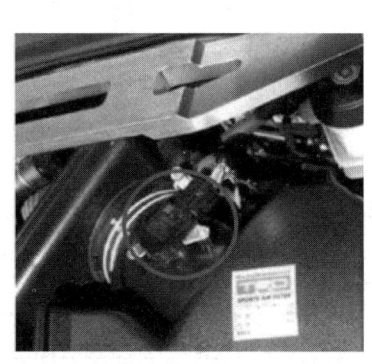

图2-39　空气流量计安装位置

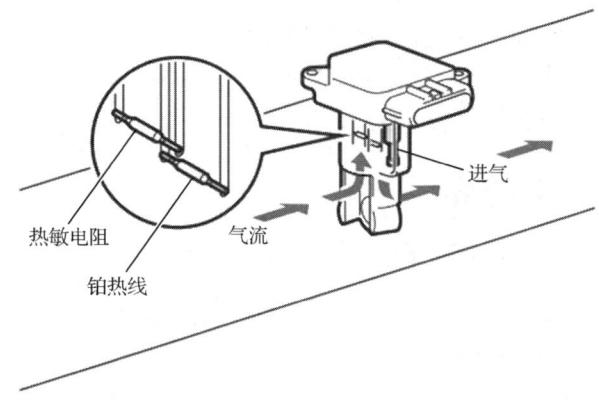

图2-40　空气流量计安装位置

如图2-41所示，铂热线（电热丝）通电并产生热量，当进气的气流通过这根铂热线时，铂热线被冷却，此时，发动机ECM通过控制流过铂热线的电流来保持铂热线温度恒定，这样流过铂热线的电流与进气量成比例。所以，通过检测通电电流就可以测量进气量。

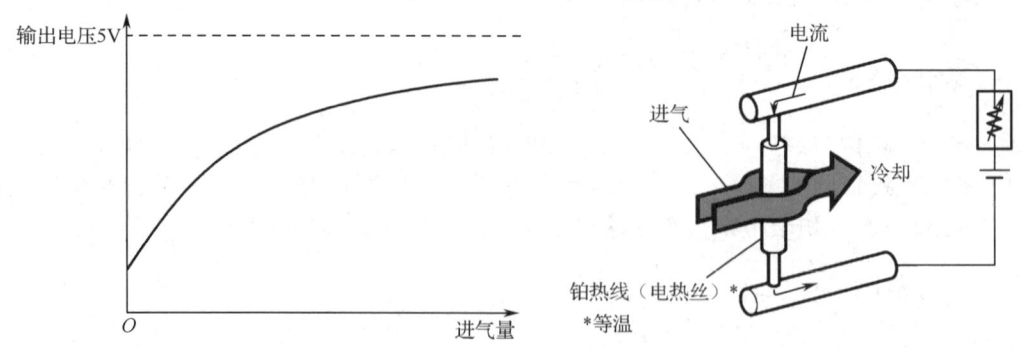

图2-41　空气流量计工作原理

如图 2-42 所示，空气流量计被设计成一个桥式电路。

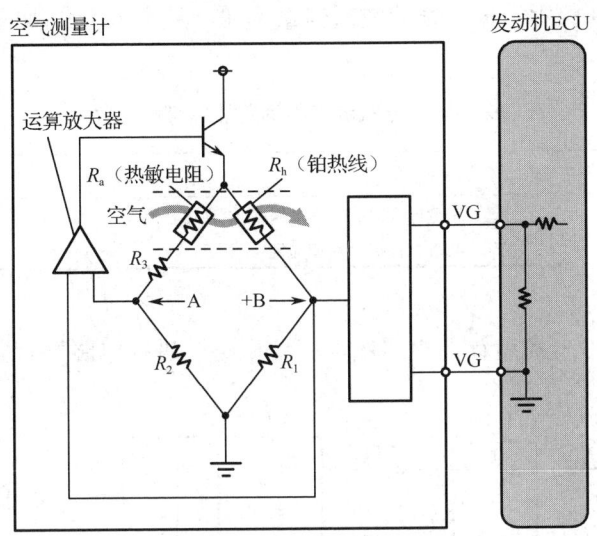

图 2-42　空气流量计内部电路

当沿着对角线的阻值相等（$(R_a+R_3)\cdot R_1=R_h\cdot R_2$）时，A 点和 B 点的电位相等。当铂热线（$R_h$）被吸入的空气冷却时，阻值降低导致 A 点、B 点产生电位差。运算放大器检测到电位差并且施加电压给电路（增加铂热线电流值）。这样铂热线温度上升使铂热线阻值增大，直到 A 点和 B 点的电位相等（A、B 点电压升高）。利用桥式电路的这种特性，空气流量计就可以通过检测 B 点电压来测量进气量。

在此系统中，由于使用了热敏电阻（R_a），铂热线的温度可持续地保持在比进气温度更高的恒定温度上。而且，即使进气温度是变化的，也能将进气质量精确地测量出来，所以发动机 ECU 就没有必要为了进气温度而校正燃油喷射时间。

此外，高海拔地区空气密度较小，与处于海平面处、容积相同的空气做比较，其冷却能力也较小，结果是铂热线的冷却量降低，探测到的进气质量也将降低，所以不需要采用高海拔补偿校正。

根据故障码指示，进行以下故障诊断与排除。

1. 故障分析

根据诊断出来的故障查找维修手册，分析其故障产生的机理和故障可能部位，如表 2-14 所示。

表 2-14　DTC 检测条件

DTC 编号	DTC 检测条件	故障可能部位
P0100	空气流量计电压低于 0.2 V，或高于 4.9V 约 3s（第一行程逻辑）	1. 空气流量计电路中存在开路或短路； 2. 空气流量计； 3. ECU

当发动机控制系统一旦设定任一 DTC，ECM 进入失效保护模式。在失效保护模式下，ECM 根据发动机转速和节气门位置来计算点火正时。同时，还可以通过故障诊断仪来读取空

气流速的数据流，从而缩小故障诊断的范围并提高效率。

通过读取故障诊断仪中数据，发现空气流量为 0，从而得出故障的可能部位，如表 2-15 所示。

表 2-15　空气流量数据及故障可能部位

空 气 流 量	故障可能部位
约为 0	1. 空气流量计（MAF）电源电路中存在开路； 2. VG 电路中存在开路或短路

2. 电路分析

如图 2-43 所示为空气流量计的电路图，根据电路图进行电路检查并判断检查结果。

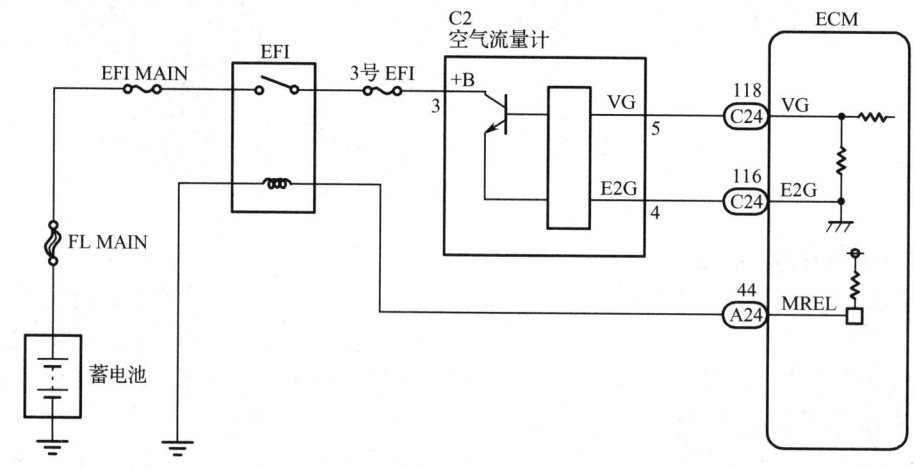

图 2-43　空气流量计电路图

3. 故障排除

（1）检查空气流量计（电源电压）

① 断开空气流量计（MAF）的连接器 C2。空气流量计的连接器 C2 如图 2-44 所示。

② 将点火开关转到"ON"（IG）位置。

③ 根据表 2-16 中的值测量电压。

表 2-16　测量电压参考数值

万用表连接	规 定 条 件
+B（C2/3）-车身接地	9～14V

如果测量所得结果不在规定条件之内，则进入步骤（5），否则进行下一步的检查。

（2）检查空气流量计（VG 电压）

① 断开空气流量计的连接器 C2，如图 2-45 所示。

② 在端子+B 和 E2G 之间施加蓄电池电压。

③ 将正极（+）万用表探头和端子 VG 连接起来，将负极（−）万用表探头与端子 E2G 连接起来。

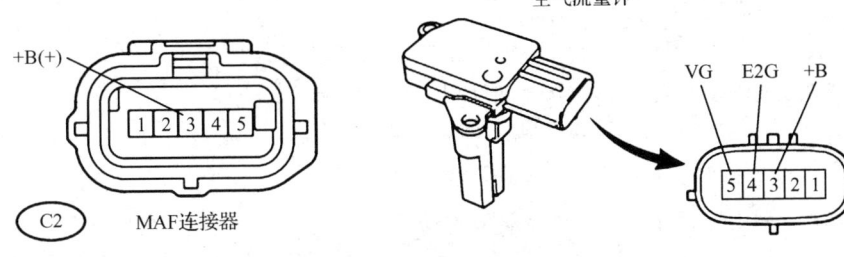

图 2-44　空气流量计的连接器 C2　　　　图 2-45　断开空气流量计的连接器 C2

④ 根据表 2-17 中的值测量电压。

表 2-17　测量电压参考数值

万用表连接	规定条件
VG（5）-E2G（4）	9～14V

⑤ 重新连接空气流量计连接器 C2。

如果测量所得结果不在规定条件之内，则更换空气流量计，否则进行下一步的检查。

（3）检查线束和连接器（空气流量计到 ECM 之间的线路）

① 断开空气流量计的连接器 C2 和 ECM 连接器 C24。连接器 C2 和 C24 如图 2-46 所示。

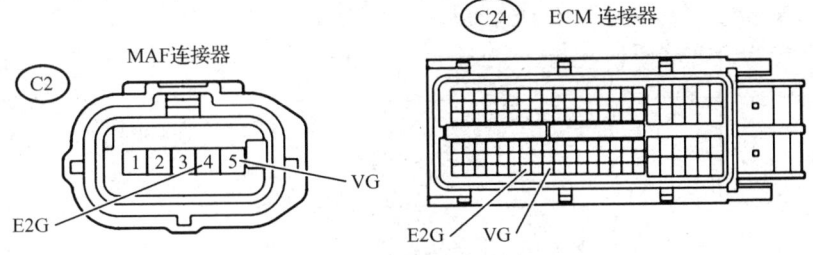

图 2-46　连接器 C2 和 C24

② 根据表 2-18 中的值测量相关线束的电阻。

表 2-18　测量电阻参考数值

检 查 项 目	万用表连接	规 定 条 件
检查是否存在开路	VG（C2/5）-VG（C24/118）； E2G（C2/4）-E2G（C24/116）	低于 1Ω
检查是否存在短路	VG（C2/5）-车身接地； VG（C24/118）-车身接地	10kΩ 或更高

③ 重新连接空气流量计连接器 C2 和 ECM 连接器 C24。

如果测量所得结果不在规定条件之内，则需修理或更换线束、连接器，否则需更换发动机 ECU。

（4）检查发动机室的接线盒 J/B（EFI 继电器、EFI MAIN 保险丝）

① 从发动机室继电器盒 R/B 上拆下 EFI MAIN 保险丝。

② 用万用表测量 EFI MAIN 保险丝的电阻，其阻值应低于 1Ω，否则更换保险丝。

③ 重新安装 EFI MAIN 保险丝。

④ 从发动机室的继电器盒 R/B 上拆下发动机室接线盒 J/B 上的 EFI 继电器（见图 2-47）。

⑤ 测量 EFI 继电器电阻，其标准电阻值如表 2-19 所示。

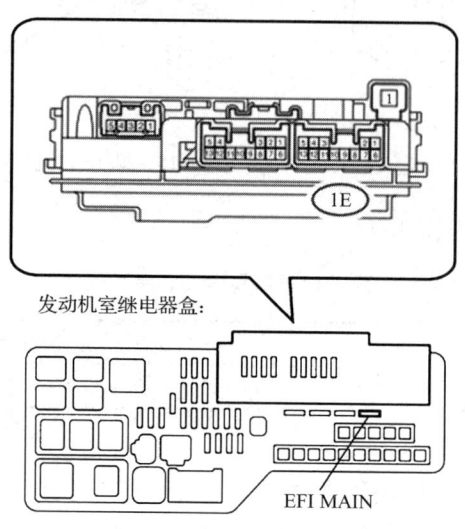

图 2-47　发动机室接线盒 J/B 上的 EFI 继电器

表 2-19　EFI 继电器标准电阻值

万用表连接	规定条件
1E/6-1E/12	10kΩ 或更高； 低于 1Ω（在端子 1E/9 和 1E/11 之间施加蓄电池电压）

⑥ 重新安装发动机室的 J/B 上的 EFI 继电器。

如果测量所得结果不在规定条件之内，则需更换发动机室接线盒 J/B 和（或）EFI MAIN 保险丝，否则进行下一步的检查。

（5）检查线束和连接器（空气流量计-发动机室的 J/B 上的连接器）

① 检查 3 号 EFI 保险丝。从发动机室的继电器盒 R/B 上拆下 3 号 EFI 保险丝，并测量该保险丝电阻，其阻值应小于 1Ω，重新安装 3 号 EFI 保险丝。

② 断开空气流量计连接器 C2。

③ 从发动机室继电器盒 R/B 上拆下发动机室接线盒 J/B。

④ 断开发动机室接线盒 J/B 的连接器 1E，如图 2-48 所示。

⑤ 根据表 2-20 中的值测量电阻。

线束侧：

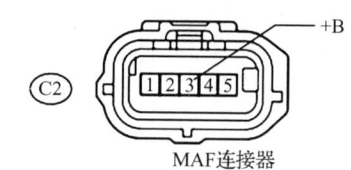

MAF 连接器

发动机室 J/B：

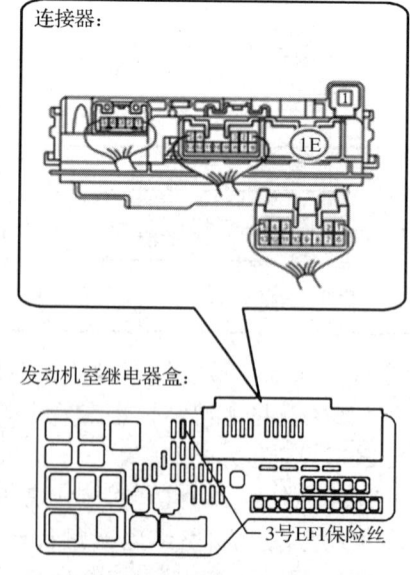

图 2-48　断开连接器 C2 和 1E

表 2-20　测量标准电阻值

检 查 项 目	万用表连接	规 定 条 件
检查是否存在开路	+B（C2/3）-发动机室 J/B 连接器（1E/6）	低于 1Ω
检查是否存在短路	+B（C2/3）或发动机室连接器 J/B（1E/6）-车身接地	10kΩ 或更高

⑥ 重新连接空气流量计连接器 C2。

⑦ 重新安装发动机室 J/B 的连接器 1E。

⑧ 重新安装发动机室 J/B。

如果测量所得结果不在规定条件之内，则需修理或更换线束或连接器，否则检查 ECM 电源电路。

（6）检查线束和连接器（传感器接地）

① 断开空气流量计连接器 C2，如图 2-49 所示。

② 根据表 2-21 中的值测量电阻。

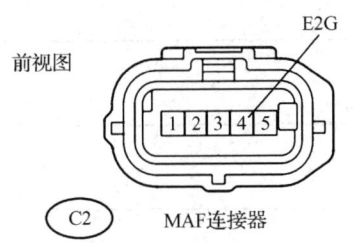

前视图

C2　MAF连接器

图 2-49　断开空气流量计连接器 C2

表 2-21　测量标准电阻值

万用表连接	规 定 条 件
E2G（C2/4）-车身接地	低于 1Ω

③ 重新连接空气流量计连接器 C2。

如果测量所得结果不在规定条件之内，则需更换空气流量计，否则进行下一步检查。

（7）检查线束和连接器（空气流量计-ECM）

① 断开空气流量计连接器 C2，如图 2-50 所示。

② 断开 ECM 连接器 C24，如图 2-50 所示。

③ 根据表 2-22 中的值测量电阻。

表 2-22　测量标准电阻值

检 查 项 目	万用表连接	规 定 条 件
检查是否存在开路	VG（C2/5）-VG（C24/118）	低于 1Ω
检查是否存在短路	VG（C2/5）或 VG（C24/118）-车身接地	10kΩ 或更高

线束侧：

MAF连接器

C2

E2G　VG

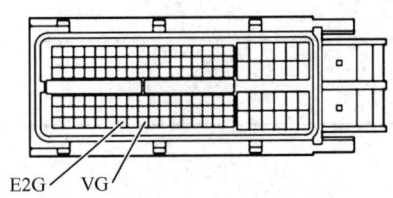

C24　ECM 连接器

E2G　VG

图 2-50　断开连接器 C2 与 C24

④ 重新连接空气流量计连接器 C2。

⑤ 重新连接 ECM 连接器 C24。

如果测量所得结果不在规定条件之内，则需修理或更换线束或连接器，否则更换发动机 ECM。

Note

2.2.2　进气系统故障的诊断与排除工作页

在汽油发动机实训台架或者实训车辆上，发动机出现启动的时候发颤、抖动较大的情况，请进行故障诊断与排除。

一、确认故障现象，推定可能的故障范围。
与本故障相关的故障现象：
根据故障现象，判断可能的故障原因：
二、根据电路图绘制控制原理图。
三、使用汽车解码器，读取相应故障码。
根据诊断结果，进一步缩小故障范围，并确定测试对象为：
四、基于以上诊断结论，选择测量点实施测量，确定故障点。

测试对象	

续表

测试条件		使用设备	

数据流、执行元器件诊断、电压、电流、电阻等测量结果，不用者不填。

测试参数					
标准描述					
测试结果					
是否正常					
测试参数					
标准描述					
测试结果					
是否正常					

波形测试结果，不用者不填。

波形名称	标准波形（注意单位）	实测波形（请圈出异常位置）

分析测试结果，必要时进行简单修复，并做进一步诊断（或验证），不用者不填。

五、基于以上分析及测试，将结果记录在表中，归纳总结核心步骤。

步　骤	对　象	结　果	结　论	下一步诊断对象
1				
2				
3				
4				
5				
6				

六、分析测试结果，结合故障机理，给出结论或维修建议。

任务三　电控点火系统故障的诊断与排除

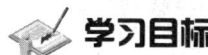 **学习目标**

1. 能描述电控点火系统的构造与工作原理
2. 掌握电控点火系统中各个零件的检测方法与标准数据
3. 掌握电控点火系统电路图和维修手册的使用方法
4. 掌握电控点火系统的故障诊断分析流程
5. 培养严格遵守安全操作规程的职业规范
6. 培养互帮互助、团队协作的能力

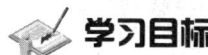 **任务接受**

某丰田 4S 店，一辆丰田卡罗拉汽车进厂维修，客户报修车辆在正常运转的过程中突然熄火，再次启动时无法打着火。

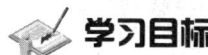 **任务准备**

教学设备、工具及仪器如表 2-23 所示。

表 2-23　教学设备、工具及仪器

名　称	数　量	名　称	数　量
普通维修工具	1 套/5 人	车辆	1 辆/5 人
万用表	1 套/5 人	工具车	1 辆/5 人
故障诊断仪	1 套/5 人		

 **任务实施**

2.3.1　电控点火系统常见故障的诊断与排除

一、确认故障

汽车机电维修技师通过实车验证，发现打开该车点火开关后，启动机旋转正常，但汽车无法打着，技师通过丰田"5W2H"故障询问方法，从客户那里获取故障产生的时间、地点等信息并参考维修手册中导致车辆出现该故障的可疑部位，对车辆进行初步的检查及诊断、分析，初步确定该车无法启动是由点火系统故障导致的。

二、排除故障

在进行故障排除时，必须对系统组件、电路、运行情况进行检查。点火系统的检查与测试包括火花塞跳火情况的检查、点火模块的检测及点火系统电路的检查等。

1. 火花塞跳火情况的检查

火花塞的跳火试验，可以按照以下步骤进行：

（1）断开蓄电池负极。用对应型号的扳手拆下蓄电池负极固定螺栓，并用绝缘胶布包好。

（2）拆下点火线圈连接器。用手解除点火线圈连接器闭锁装置，拆下连接器。

（3）拆下点火线圈固定螺栓。用对应型号的套筒扳手拆下固定螺栓。

（4）取出点火线圈。双手抓紧点火线圈头部，微微向上用力取出点火线圈。

（5）取出火花塞。用对应规格的专用工具取出火花塞，并测量火花塞间隙。

（6）进行火花塞跳火试验，如图 2-51 所示。将点火线圈的插接器连接好，并将火花塞连接到点火线圈上，将火花塞靠近发动机清洁的表面（金属部分）1～2mm 处，然后启动汽车，观察火花塞的跳火情况。逐个检查所有火花塞，如火花塞跳火情况良好，则说明高压电路部分工作正常；如果火花塞不跳火，则应检查并确认火花塞与点火线圈的连接是否牢固，以及点火线圈的线束连接是否牢固，再进行跳火试验；如果还是没有出现跳火现象，则说明火花塞两电极之间击穿，火花塞损坏。

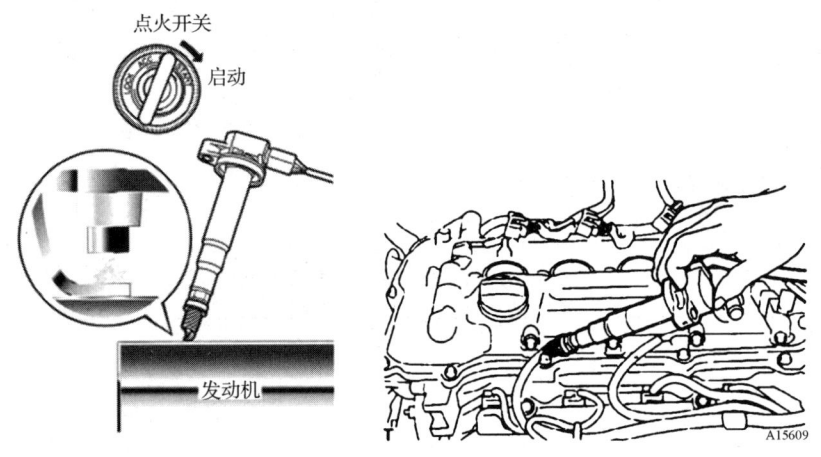

图 2-51　火花塞跳火测试

2. 点火模块的检测

（1）连接故障诊断仪。

关闭点火开关，将故障诊断仪连接到汽车的 OBD 接口上。

（2）读取故障码。

打开点火开关，进入故障诊断界面，选定检测"点火模块"，读取故障码。如果读出一个故障码，则检查点火线圈；如果读出两个或者两个以上的故障码，则检查电源电路或者搭铁电路，如图 2-52 所示为丰田卡罗拉汽车点火系统电路图。

（3）断开电源。拆下电源负极线，并用绝缘胶布包好。

（4）拔下点火线圈插接器。

（5）取下点火线圈。用开口扳手松开固定螺栓，取下点火线圈。

（6）检查点火线圈总成（电源）。断开点火线圈总成连接器，并将点火开关置于"ON"位置，查阅维修手册，可知规定的标准电压值如表 2-24 所示，用万用表检测对比数据，点火线圈线束端子如图 2-53 所示。如果测得的数值不在规定范围内，则检查点火线圈的总电源和搭铁电路；如果测得的数值在规定范围内，则继续检查点火线圈总成与 ECM 的电路。

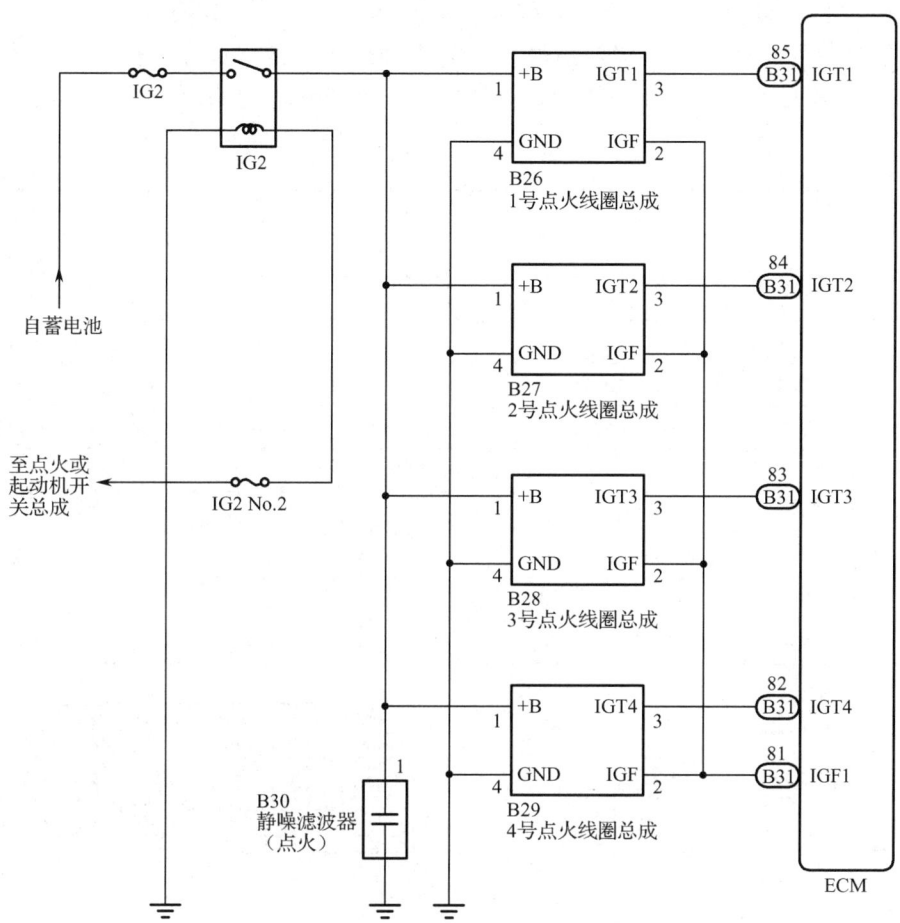

图 2-52　丰田卡罗拉汽车点火系统电路图

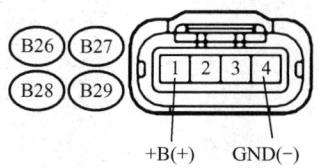

图 2-53　点火线圈线束端子

表 2-24　点火线圈线束端子标准电压值

检测仪连接	开 关 状 态	规 定 状 态
B26/1（+B）- B26/4（GND）	点火开关置于 "ON" 位置	9～14V
B27/1（+B）- B27/4（GND）	点火开关置于 "ON" 位置	9～14V
B28/1（+B）- B28/4（GND）	点火开关置于 "ON" 位置	9～14V
B29/1（+B）- B29/4（GND）	点火开关置于 "ON" 位置	9～14V

（7）检查点火线圈与发动机 ECM 之间的 IGF 信号。断开点火线圈总成连接器，断开 ECM 连接器，查阅维修手册，可知标准电阻值如表 2-25 所示，用万用表检测对比数据，如图 2-54 所示。如果测得的数值不在规定范围内，则需维修或者更换线束连接器（点火线圈总成与 ECM）；如果测得的数值在规定范围内，则继续检查 IGT 信号电路。

表 2-25　标准电阻值

标准电阻（断路检查）		
检测仪连接	条　件	规 定 状 态
B26/2（IGF）- B31/81（IGF1）	始终	小于 1Ω
B27/2（IGF）- B31/81（IGF1）	始终	小于 1Ω
B28/2（IGF）- B31/81（IGF1）	始终	小于 1Ω
B29/2（IGF）- B31/81（IGF1）	始终	小于 1Ω
标准电阻（短路检查）		
B26/2（IGF）或 B31/81（IGF1）- 车身搭铁	始终	10kΩ 或更大
B27/2（IGF）或 B31/81（IGF1）- 车身搭铁	始终	10kΩ 或更大
B28/2（IGF）或 B31/81（IGF1）- 车身搭铁	始终	10kΩ 或更大
B29/2（IGF）或 B31/81（IGF1）- 车身搭铁	始终	10kΩ 或更大

线束连接器前视图：（至点火线圈总成）

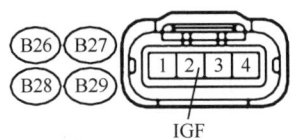

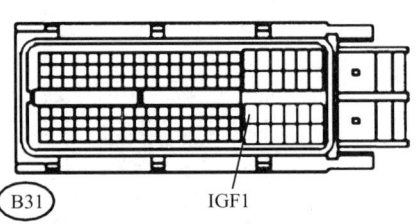

线束连接器前视图：（至 ECM）

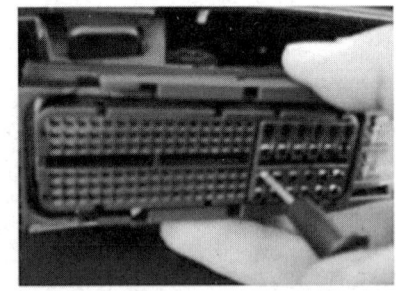

图 2-54　点火线圈与发动机 ECM 之间 IGF 信号的测量

（8）检查 IGT 信号。断开点火线圈总成连接器，断开 ECM 连接器，查阅维修手册，可知标准电阻值如表 2-26 所示，用万用表检测对比数据，如图 2-55 所示。如果测得的数值不在规定范围内，则需维修或者更换线束连接器（点火线圈总成与 ECM）；如果测得的数值在规定范围内，则继续检查点火线圈总成与车身搭铁。

表 2-26　标准电阻值

标准电阻（断路检查）		
检测仪连接	条　件	规 定 状 态
B26/3（IGT）-B31/81（IGT1）	始终	小于 1Ω
B27/3（IGT）-B31/81（IGT1）	始终	小于 1Ω
B28/3（IGT）-B31/81（IGT1）	始终	小于 1Ω
B29/3（IGT）-B31/81（IGT1）	始终	小于 1Ω
标准电阻（短路检查）		
B26/3（IGT）或 B31/81（IGT1）-车身搭铁	始终	10kΩ 或更大
B27/3（IGT）或 B31/81（IGT1）-车身搭铁	始终	10kΩ 或更大
B28/3（IGT）或 B31/81（IGT1）-车身搭铁	始终	10kΩ 或更大
B29/3（IGT）或 B31/81（IGT1）-车身搭铁	始终	10kΩ 或更大

线束连接器前视图：（至点火线圈总成）

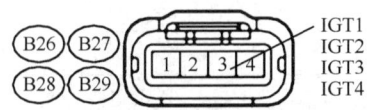

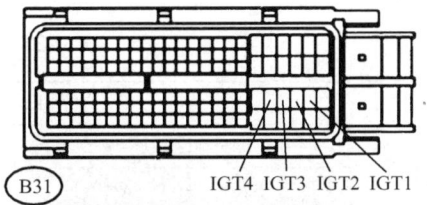

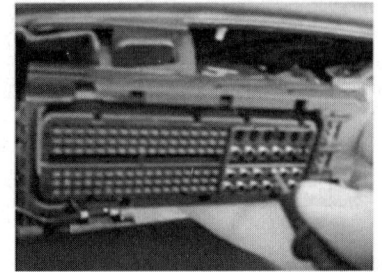

线束连接器前视图：（至ECM）

图 2-55　点火线圈与发动机 ECM 之间 IGT 信号的测量

（9）检查点火线圈总成与车身搭铁。查阅维修手册，可知标准电阻值如表 2-27 所示。

表 2-27　标准电阻值

检测仪连接	开 关 状 态	规 定 状 态
B26/4（GND）-车身搭铁	始终	小于 1Ω
B27/4（GND）-车身搭铁	始终	小于 1Ω
B28/4（GND）-车身搭铁	始终	小于 1Ω
B29/4（GND）-车身搭铁	始终	小于 1Ω

断开点火线圈总成连接器，用万用表检测对比数据，如图 2-56 所示。如果测得的数值不在规定范围内，则需维修或者更换线束连接器（点火线圈总成与车身搭铁）；如果测得的数值在规定范围内，则继续检查总电源电路。

线束连接器前视图：（至点火线圈总成）

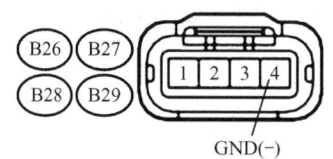

图 2-56　检查点火线圈总成与车身搭铁

（10）检查总电源电路（点火线圈总成与继电器 IG2）。查阅维修手册，可知规定的标准电阻值如表 2-28 所示。

表 2-28　标准电阻值

标准电阻（断路检查）		
检测仪连接	条　件	规 定 状 态
B26/1（+B）-1A/4	始终	小于 1Ω
B27/1（+B）-1A/4	始终	小于 1Ω
B28/1（+B）-1A/4	始终	小于 1Ω
B29/1（+B）-1A/4	始终	小于 1Ω
标准电阻（短路检查）		
B26/1（+B）或 1A/4-车身搭铁	始终	10kΩ 或更大
B27/1（+B）或 1A/4-车身搭铁	始终	10kΩ 或更大
B28/1（+B）或 1A/4-车身搭铁	始终	10kΩ 或更大
B29/1（+B）或 1A/4-车身搭铁	始终	10kΩ 或更大

断开点火线圈总成连接器，从继电器盒上拆下集成继电器，断开集成继电器连接器，用万用表检测对比数据，如图 2-57 所示。如果测得的数值不在规定范围内，则需维修或者更换线束连接器（点火线圈总成与继电器 IG2）；如果测得的数值在规定范围内，则继续检查 ECM 电源电路。

（11）检查 ECM 电源电路（检测点火器 IGT 信号波形）。查阅维修手册，连接示波器，依照表 2-29 的要求，检测 IGT 信号。

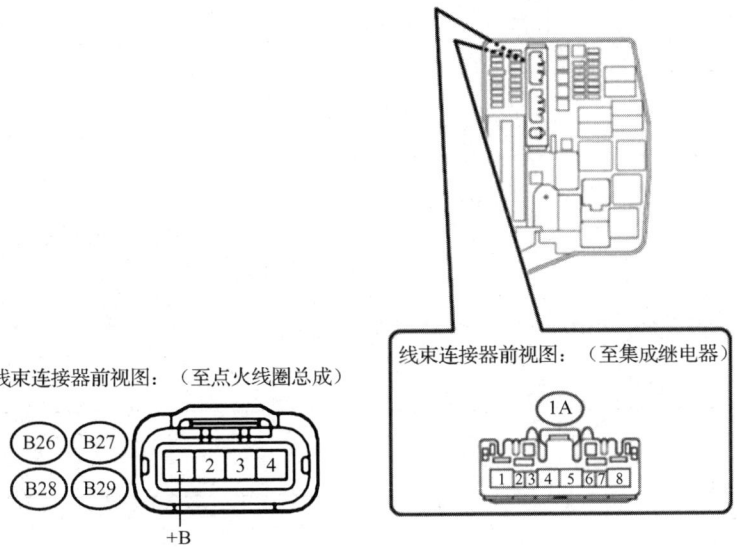

图 2-57 点火线圈与集成继电器（继电器 IG2）之间线束的检测

表 2-29 IGT 信号波形检测标准

ECM 端子名称	IGT1～IGT4 和 E1 之间、IGF1 和 E1 之间
检测仪量程	2 伏/格，20 毫秒/格
条件	怠速运转时

如果检测的波形如图 2-58 所示，波长随发动机转速的增加而变短，则说明电源电路正常；否则说明电源电路故障。

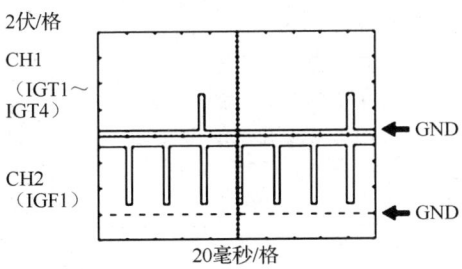

图 2-58 IGT 信号检测波形

Note

2.3.2　电控点火系统故障的诊断与排除工作页

在汽油发动机实训台架或者实训车辆上，发动机出现突然熄火的情况，请进行故障诊断与排除。

一、确认故障现象，推定可能的故障范围。
与本故障相关的故障现象：
根据故障现象，判断可能的故障原因：
二、根据电路图绘制控制原理图。
三、使用汽车解码器，读取相应故障码。
根据诊断结果，进一步缩小故障范围，并确定测试对象为：
四、基于以上诊断结论，选择测量点实施测量，确定故障点。

测试对象	

续表

测试条件			使用设备	

数据流、执行元器件诊断、电压、电流、电阻等测量结果，不用者不填。

测试参数					
标准描述					
测试结果					
是否正常					
测试参数					
标准描述					
测试结果					
是否正常					

波形测试结果，不用者不填。

波形名称	标准波形（注意单位）	实测波形（请圈出异常位置）

分析测试结果，必要时进行简单修复，并做进一步诊断（或验证），不用者不填。

_____

_____

_____

_____

_____

五、基于以上分析及测试，将结果记录在表中，归纳总结核心步骤。

步　骤	对　象	结　果	结　论	下一步诊断对象
1				
2				
3				
4				
5				
6				

六、分析测试结果，结合故障机理，给出结论或维修建议。

任务四　排气系统故障的诊断与排除

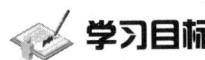 **学习目标**

1. 能描述排气系统的构造与工作原理
2. 掌握排气系统各个零件的检测方法与标准数据
3. 掌握排气系统电路图和维修手册的使用方法
4. 掌握排气系统的故障诊断分析流程
5. 培养严格遵守安全操作规程的职业规范
6. 培养互帮互助、团队协作的能力

任务接受

某丰田 4S 店，一辆丰田凯美瑞汽车进厂维修，客户报修车辆怠速不稳，经常熄火，最近油耗偏高，要求维修。

任务准备

教学设备、工具及仪器如表 2-30 所示。

表 2-30　教学设备、工具及仪器

名　　称	数　　量	名　　称	数　　量
普通维修工具	1 套/5 人	车辆	1 辆/5 人
万用表	1 套/5 人	排气背压表	1 套/5 人
故障诊断仪	1 套/5 人		

任务实施

2.4.1　排气系统常见故障的诊断与排除

一、确认故障

汽车机电维修技师通过实车验证，发现打开该车点火开关后，发动机怠速运转时有明显抖动，转速不稳，加速无力，提速困难。从客户那里获取故障产生的时间、地点等信息并参考维修手册中导致车辆出现该故障的可疑部位，对车辆进行初步的检查及诊断、分析，初步确定该车出现了排气管堵塞故障。

二、排除故障

排气管堵塞特别是三元催化器堵塞后，排气背压高，使进气管内空气流速减慢，压力升高，真空度下降。在进行故障排除时，必须对系统组件、电路、运行情况进行检查。如图 2-59

所示为三元催化器堵塞的实际情况。

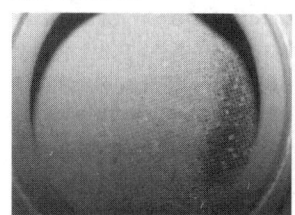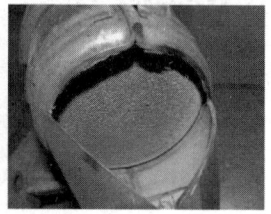

图 2-59　三元催化器堵塞的实际情况

三元催化器堵塞有以下三个方面的原因。

原因一：燃油，长期使用含铅或含锰抗爆剂、油质差、胶质多的汽油容易堵塞三元催化器。乙醇汽油在燃烧室中燃烧容易形成积炭，同时又对进气系统、燃烧系统胶质积炭有冲洗作用，冲洗下来的胶质积炭很容易堵塞三元催化器。

原因二：机油，长期使用含硫、磷抗氧剂的机油容易造成三元催化器堵塞。

原因三：道路，汽车在急加速、急刹车的情况下产生的不完全燃烧物最多，长期在拥堵道路上行驶也是造成三元催化器堵塞的原因之一（这种情况比较少）。

排气系统堵塞的故障排除可用以下几种方法来进行。

1. 数据流检测法

查看进气压力传感器或空气流量计的数据。正常情况下怠速时节气门后压力应为 42kPa 左右，如果进气受阻，压力升高很快，甚至会达到大气压力。此刻观察数据流，如图 2-60 所示，会发现进气量很小或者压力传感器的电压很高，远远超过正常值，且数值很不稳定。

2. 真空表检测法

在正常情况下，发动机高速运转时，若拔掉进气管上的真空管，会感觉吸力很大，若吸力很小，则排气系统可能存在堵塞。因为发动机加速时，废气量和气流速度都快速增加，堵塞的排气管路无法满足排气的需求，使废气受到阻挡，被迫反冲至进气管路中，从而出现加速时进气歧管真空度下降的现象。若排气管时堵时通，则排气时的反压力增大，会使进气管的真空度降低。将真空表（如图 2-61 所示）软管连接到进气管的检测口处，启动发动机，观察真空表的读数，正常情况下怠速时的真空度一般为 57～71kPa，且非常稳定。迅速开启节气门，真空表读数应为 6～84kPa，然后缓慢降速，若发动机转速达到 2000～2500r/min 时突然关闭节气门，真空表读数从 83kPa 跌至 0，说明排气系统有阻流现象，可以拆下氧传感器或排气管再进行试验，若真空度恢复正常，即可确定排气管堵塞。

3. 排气背压检测法

需要注意的是，利用真空表测试排气系统堵塞的方法一般仅适用于自然吸气的汽油发动机，涡轮增压发动机和柴油发动机要进行排气系统堵塞检测必须采用排气背压检测法。排气背压检测法是针对排气管路是否存在堵塞所进行的一种常用检测方法，用来检测排气时的阻力。如果排气背压过高，则说明测量点的后端排气管存在堵塞。通常，发动机在怠速时，排气背压不高于 8kPa；在转速为 2500r/min 时，排气背压一般不高于 13.8kPa。

在汽车的排气管路中，能造成排气堵塞（导致排气背压过高）的最主要部件就是三元催化器，因此，在测量排气背压时，通常在三元催化器之前的排气管路上安装排气背压表。对于装有两个或两个以上三元催化器的排气管路，可以根据前期的判断确定在哪个三元催化器之前测量排气背压，或者按照由前至后的顺序依次进行测量。测量排气背压的方法如下：

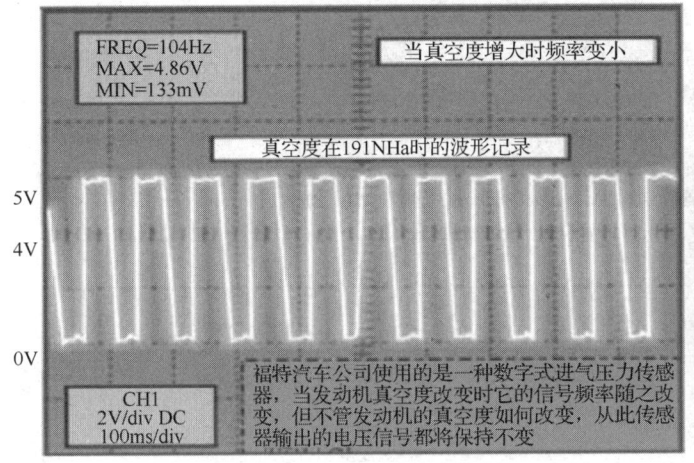

图 2-60　进气压力传感器动态测试数据

图 2-61　真空表

（1）拆下三元催化器前端的氧传感器，如图 2-62 所示。

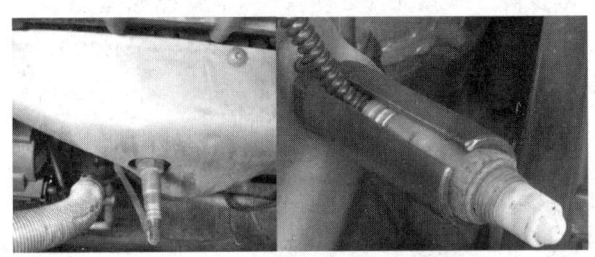

图 2-62　拆下三元催化器前端的氧传感器

（2）在氧传感器的安装座孔（如图 2-63 所示）处接上排气背压表，要注意控制扭力的大小，扭力过大会损坏螺栓，扭力不足会导致漏气。对于装有二次空气喷射系统的车辆，也可以从二次空气喷射管路上脱开空气泵止回阀的接头，在二次空气喷射管路中接入排气背压表进行测量。

（3）启动发动机，使发动机达到 85℃以上的正常工作温度，如图 2-64 所示。

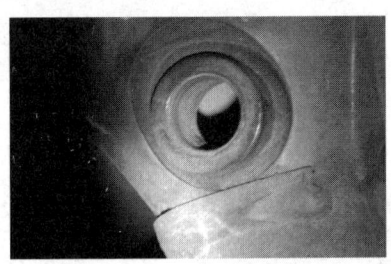

图 2-63　氧传感器安装座孔

图 2-64　正常工作温度

（4）读取怠速时指示的排气背压值，如不超过 8kPa，可以将发动机转速提高到 2500r/min，检查排气背压值应不超过 13.8kPa，如图 2-65 所示。如果超过了标准值，说明排气系统存在堵塞。

图 2-65　排气背压测量值

注意：由于排气温度较高，测试时间应尽量缩短，避免用于连接仪器的橡胶软管由于长时间的高温而被损坏。

（5）拆下排气背压表后，应采用自然冷却的方式降温，不能强行降低温度，待接头温度和室外温度一致时，方可将仪器放入盒内。

4．红外测温仪检测法

利用红外测温仪测量三元催化器进、出口的温度，如图 2-66 所示。根据其温差的大小可以判断三元催化器是否发生堵塞。正常工作的三元催化器中进行氧化反应会产生大量的热量，其出口温度比进口温度至少高 38℃，在怠速时，其温度也相差 10%。如果出口与进口的温度没有差别或出口温度低于进口温度，则说明三元催化器中没有进行氧化反应，三元催化器工作不正常。堵塞越严重，其出口的温度越低。

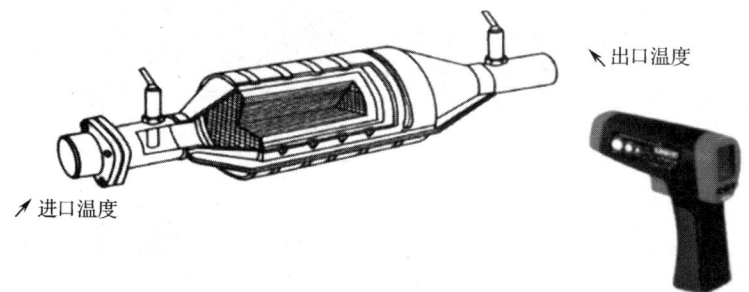

图 2-66　利用红外测温仪测量三元催化器进、出口的温度

5．风速计检测法

风速计是用来测量空气流速的仪器，在进行故障排除时，需要找到同一配置、规格的车辆，启动发动机后，将风速计放置于排气管的尾部出风口处，在发动机怠速和转速为1000r/min、2000r/min、3000r/min 时测试废气排出的速度，将所测得的两辆车的数据进行对比，从而对排气系统进行故障判断。如图 2-67 所示为风速计。

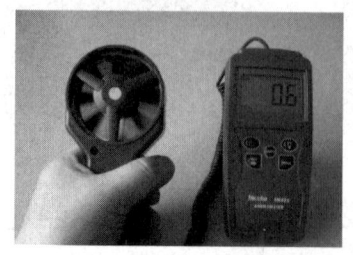

图 2-67　风速计

2.4.2　排气系统故障的诊断与排除工作页

1．请利用排气背压检测法对相应的发动机台架或者车辆进行排气背压测试，并记录作业步骤。

_____

_____

_____

_____

2．故障诊断与排除。

在汽油发动机实训台架或者实训车辆上，发动机出现加速无力、声音沉闷的情况，请进行故障诊断与排除。

一、确认故障现象，推定可能的故障范围。
与本故障相关的故障现象：
二、根据故障现象，判断可能的故障原因：
三、诊断与排除故障的方法。

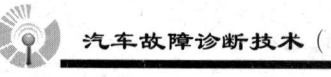

Note

任务五　润滑系统故障的诊断与排除

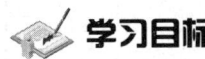 学习目标

1. 能描述润滑系统的构造与工作原理
2. 掌握润滑系统各个零件的检测方法与标准数据
3. 掌握润滑系统电路图和维修手册的使用方法
4. 掌握润滑系统的故障诊断分析流程
5. 培养严格遵守安全操作规程的职业规范
6. 培养互帮互助、团队协作的能力

任务接受

某丰田 4S 店，一辆丰田凯美瑞汽车进厂维修，客户反映汽车仪表液晶显示屏上有提示信息"发动机油压不足"，同时伴随着黄色危险警示灯的闪烁。

任务准备

教学设备、工具及仪器如表 2-31 所示。

表 2-31　教学设备、工具及仪器

名　称	数　量	名　称	数　量
普通维修工具	1 套/5 人	车辆	1 辆/5 人
万用表	1 套/5 人	故障诊断仪	1 套/5 人

任务实施

2.5.1　润滑系统常见故障的诊断与排除

一、润滑系统的故障类型

润滑系统的主要故障现象、原因及解决措施，如表 2-32 所示。

表 2-32　润滑系统的主要故障现象、原因及解决措施

故障现象	故障原因	故障解决措施
打开点火开关后机油指示灯不亮	指示灯损坏	更换指示灯
	机油压力开关损坏	更换开关
	电缆连接中断	检查导线
	插接件腐蚀	
热态发动机启动后指示灯不熄灭	机油温度高	如果踩下加速踏板后指示灯熄灭，则不必担心

续表

故 障 现 象	故 障 原 因	故障解决措施
机油指示灯在踩下加速踏板后不熄灭且行驶期间点亮	发动机中机油量过低	添加机油
	油底壳中的机油集滤器堵塞	拆卸油底壳，清洁集滤器
	机油压力过低	检查机油油位和机油压力
	连接机油压力开关的导线接地	检查导线
机油消耗量过高	机油压力开关损坏	更换开关
	汽缸、活塞、活塞环磨损	查找机油泄漏位置，进行维修
	气门导管、气门导管密封圈不密封	
低转速范围内机油压力过低，转速超过2000r/min时机油压力过高	曲轴密封圈、凸轮轴密封圈不密封	更换曲轴密封圈、凸轮轴密封圈
	过压阀由于其中存在异物而在打开状态下卡住	拆卸过压阀并进行检查，必要时更换
	过压阀中由于存在异物而不能打开	

二、确认故障

汽车机电维修技师通过实车验证，当启动发动机后，汽车仪表液晶显示屏上出现提示信息"发动机油压不足"，如图2-68所示，同时伴随着黄色危险警示灯的闪烁，故障真实存在。技师通过丰田"5W2H"故障询问方法，从客户那里获取故障产生的时间、地点等信息并参考维修手册中导致机油压力过低的故障可疑部位，对车辆进行初步的检查及分析、诊断。

图2-68 提示信息

三、排除故障

1. 故障分析

根据润滑系统的工作过程并结合机油压力传感器的工作原理，对故障车辆进行分析。当发动机运转时，润滑系统在机油泵的作用下建立油压，机油压力作用在传感器上，使得机油压力传感器的回路断开，机油压力指示灯就会熄灭，系统正常运转，如图2-69所示为机油压力传感器的结构图。该车辆的故障，有可能是机油压力传感器线路出现对地短路而导致机油压力过低或者机油压力传感器本身损坏导致传感器处于接地状态引起的。

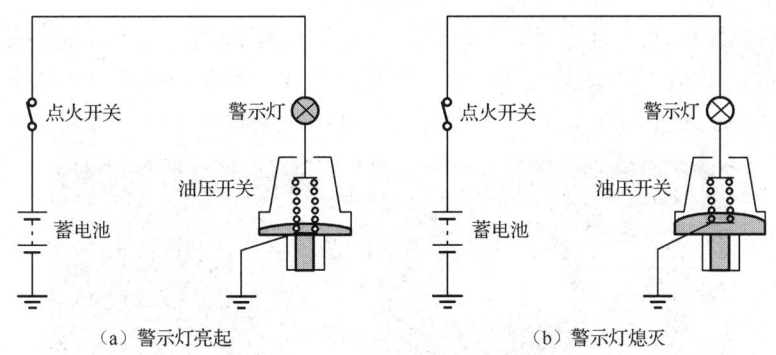

（a）警示灯亮起　　　　　　（b）警示灯熄灭

图 2-69　机油压力传感器的结构图

2．故障排除

（1）读取车辆故障码。

利用故障诊断仪读取车辆故障码，当前存在有关机油压力传感器的故障，但无故障码。

（2）外观检查。

查看连接器及部件，无损坏或者腐蚀现象，连接器连接情况良好，无松动现象。

（3）查找电路图。

如图 2-70 所示为机油压力传感器的电路图。

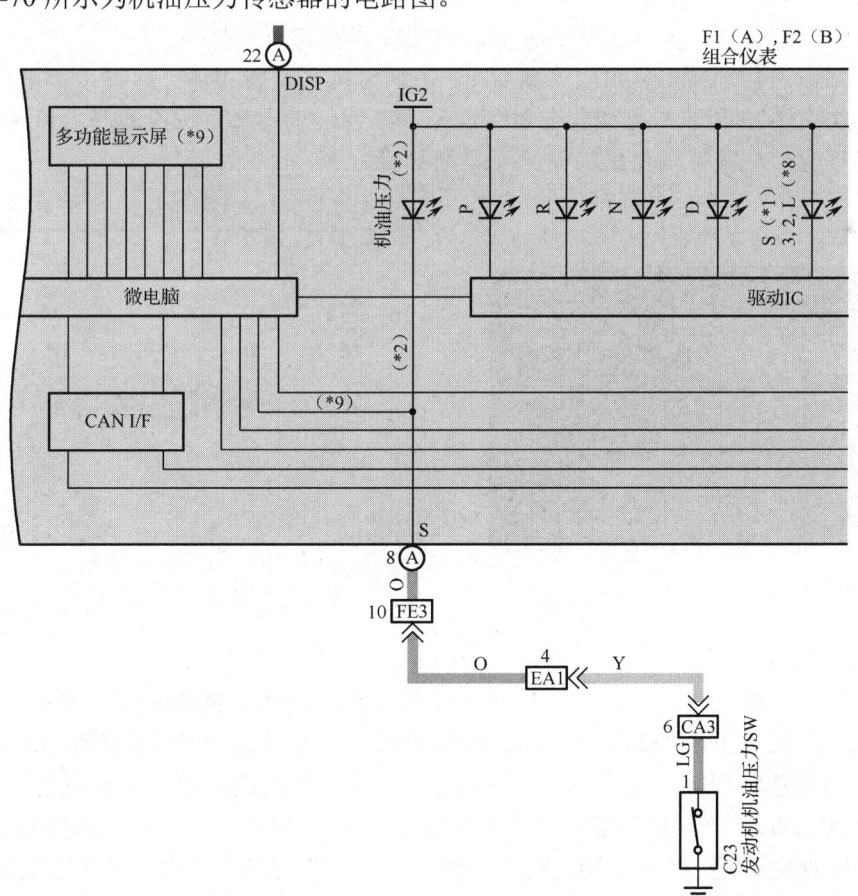

图 2-70　机油压力传感器电路图

根据电路图查找机油压力传感器的位置，在发动机停机的状态下，等待足够的时间（等到机油压力下降后），拔下传感器的连接器，利用万用表检查传感器端子与接地之间的导通情况，如图2-71所示，检测得到阻值为36.1Ω，可以判断机油压力传感器对地导通。

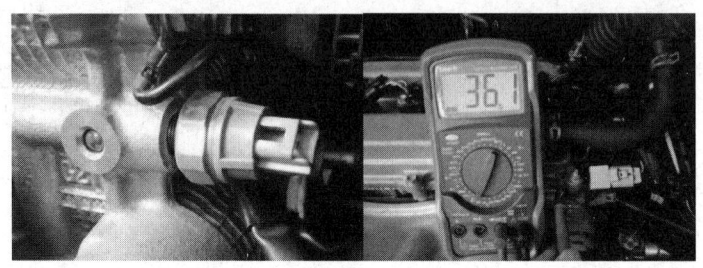

图2-71　传感器对地导通

启动发动机，再次用万用表检查传感器对地导通情况，经检查在发动机运转时，传感器对地不导通，如图2-72所示。

在保持发动机运转的情况下再次查看仪表的故障提示信息，"发动机油压不足"的提示信息依然存在，故障依然存在。根据电路图进行分析，如果机油压力传感器的连接器断开的话，机油压力的回路就处于开路状态，这和机油压力足够的情况下的回路状态是一样的，此时仪表不应有故障提示信息，但现在依然存在，说明线路存在短路故障。

根据电路图进行分析，从仪表连接器F1的8号端子到传感器连接器C23的1号端子之间的线路（如图2-73所示）可能存在短路现象，或者仪表内部有关机油压力传感器的线路可能出现短路现象，导致了发动机机油压不足的故障。

图2-72　传感器对地不导通

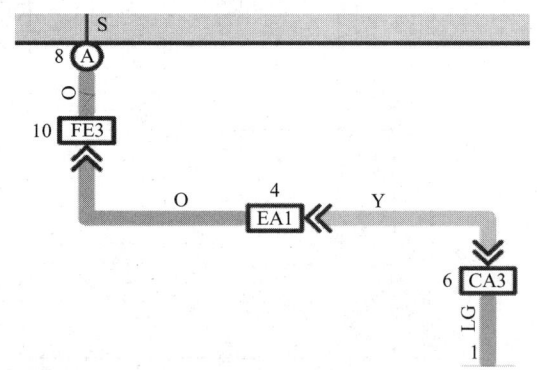

图2-73　线路图

（4）检查线路

查找电路图，找到连接器CA3，拔下连接器，测量传感器连接器C23的1号端子到连接器CA3的6号端子之间的线路导通情况，经检查该段线路导通，无断路现象，如图2-74所示。

检查其对地短路状况，结果显示该段线路不存在对地短路现象，故障位置不在此段线路上，那么继续检查连接器CA3的6号端子到连接器EA1的4号端子这一段线路。

利用万用表的蜂鸣挡检查该段线路的导通情况，结果显示该段线路处于导通状态，无断路现象；检查该段线路的对地短路状况，如图2-75所示，万用表发出响声，线路处于对地导通状态。

连接器CA3

连接器CA3

图 2-74　线路导通性检查　　　　　　　　　图 2-75　对地短路检查

　　那么，就可以确认该车机油压力不足的故障是该段线路对地短路而导致的。对该段线路进行修复，试车确认故障排除。

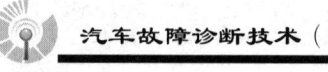

Note

2.5.2　润滑系统故障的诊断与排除工作页

一、故障诊断与排除的知识

故障现象	故障原因	故障解决措施
打开点火开关后机油指示灯不亮		
热态发动机启动后指示灯不熄灭		
机油指示灯在踩下加速踏板后不熄灭且行驶期间点亮		
机油消耗量过高		
低转速范围内机油压力过低，转速超过 2000r/min 时机油压力过高		

二、故障诊断与排除

在汽油发动机实训台架或者实训车辆上，出现发动机机油灯亮起的故障，请进行故障诊断与排除。

一、确认故障现象，推定可能的故障范围。
与本故障相关的故障现象：
根据故障现象，判断可能的故障原因：
二、根据电路图绘制控制原理图。

续表

三、使用汽车解码器，读取相应故障码。

根据诊断结果，进一步缩小故障范围，并确定测试对象为：

四、基于以上诊断结论，选择测量点实施测量，确定故障点。

测试对象					
测试条件			使用设备		

数据流、执行元器件诊断、电压、电流、电阻等测量结果，不用者不填。

测试参数					
标准描述					
测试结果					
是否正常					
测试参数					
标准描述					
测试结果					
是否正常					

波形测试结果，不用者不填。

波形名称	标准波形（注意单位）	实测波形（请圈出异常位置）

分析测试结果，必要时进行简单修复，并做进一步诊断（或验证），不用者不填。

续表

五、基于以上分析及测试，将结果记录在表中，归纳总结核心步骤。

步　骤	对　象	结　果	结　论	下一步 诊断对象
1				
2				
3				
4				
5				
6				

六、分析测试结果，结合故障机理，给出结论或维修建议。

任务六　冷却系统故障的诊断与排除

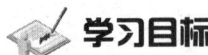 **学习目标**

1. 能描述冷却系统的构造与工作原理
2. 掌握冷却系统各个零件的检测方法与标准数据
3. 掌握冷却系统电路图和维修手册的使用方法
4. 掌握冷却系统的故障诊断分析流程
5. 培养严格遵守安全操作规程的职业规范
6. 培养互帮互助、团队协作的能力

 **任务接受**

某丰田 4S 店，一辆丰田凯美瑞汽车进厂维修，客户反映汽车在点火开关位于"ON"位时冷却风扇高速旋转，噪声很大，而且发动机故障指示灯点亮，水温表工作不正常。

 **任务准备**

教学设备、工具及仪器如表 2-33 所示。

表 2-33　教学设备、工具及仪器

名　　称	数　　量	名　　称	数　　量
普通维修工具	1 套/5 人	车辆	1 辆/5 人
万用表	1 套/5 人	燃油压力表	1 套/5 人
故障诊断仪	1 套/5 人		

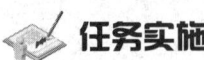 **任务实施**

2.6.1　冷却系统常见故障的诊断与排除

一、冷却系统故障类型

冷却系统的主要故障现象、原因及解决措施，如表 2-34 所示。

表 2-34　冷却系统的主要故障现象、原因及解决措施

故　障　现　象	故　障　原　因	故障解决措施
温度显示处于警告区域	驱动皮带过于松弛或断裂	检查皮带的张力
	冷却系统中冷却液过少	向补液罐中添加冷却液至标记处,检查系统的密封性

续表

故障现象	故障原因	故障解决措施
温度显示处于警告区域	节温器未打开，冷却液只能通过小循环流动	检查冷却液上软管是否很热，必要时更换节温器
	散热器片堵塞	从发动机侧用压缩空气吹散热器
	散热器被沉淀的钙、铁锈、水垢等堵塞	更换散热器
	补液罐的密封盖损坏	进行压力检查，必要时更换
	冷却风扇不能启动	检查节温开关插头和冷却风扇插头是否牢固连接
		检查节温开关的功能是否正常
		检查风扇电源是否正常工作
	温度传感器短路	检查温度传感器，必要时更换
	温度传感器电缆接地	检查电缆的敷设情况，拔掉温度传感器上的电缆，如果显示不正常，则是接地故障，必要时更换温度传感器
发动机只能缓慢达到运行温度，加热功率很小	由于在打开位置受到沉淀物的阻碍，节温器不能完全关闭。散热器大循环始终保持开启状态	更换节温器
虽然冷却液液位正常但温度显示仍然亮起，散热器和下软管保持冷态	节温器卡在关闭位置上	如节温器损坏，有严重烧坏发动机的危险，必要时更换节温器
冷却液损耗	散热器泄漏	修理或者更换散热器
噪声	软管有细孔	更换软管
	软管接头泄漏	拧紧软管接头
	冷却液泵泄漏	更换冷却液泵
	汽缸盖密封垫损坏	更换汽缸盖密封垫
	冷却液泵磨损或者损坏	更换冷却液泵

二、确认故障

汽车机电维修技师通过实车验证，当点火开关在"ON"位时，冷却风扇高速旋转，发动机故障指示灯亮起，水温表工作不正常，故障真实存在。技师通过丰田"5W2H"故障询问方法，从客户那里获取故障产生的时间、地点等信息并参考维修手册中导致车辆无法启动的故障可疑部位，通过对车辆进行初步的检查及诊断、分析，基本确定该车无法启动是由冷却系统故障导致的。

三、排除故障

1. 故障分析

结合冷却系统的工作原理，对故障车辆进行分析，有可能是冷却液温度传感器出现了短路或者断路而导致了冷却风扇的高速旋转，伴随发动机故障指示灯亮起，可以先查看故障码，如果故障码指示的是冷却系统相关的故障，可以先排除。

2．故障排除作业

（1）读取车辆故障码

利用故障诊断仪读取车辆故障码，系统显示当前存在有关冷却液温度传感器的故障码，故障码为"P0118"，如图 2-76 所示。注意：发动机系统中还有一个"P0113"故障码，在本书中不做讲解。

将故障码记录下来，然后进行清除故障码的操作，发现该故障无法清除，可以初步判断冷却液温度传感器线路存在短路或者断路现象，而非偶发故障。

查看维修手册，找到故障码"P0118"的产生条件和故障可疑部位，如表 2-35 所示。

表 2-35　故障码"P0118"的产生条件与故障可疑部位

DTC	检 测 条 件	故障可疑部位
P0118	传感器电路中存在开路约 0.5s	1．ECT 传感器电路中存在开路； 2．ECT 传感器； 3．ECM

（2）外观检查

查看连接器及部件，无损坏或者腐蚀现象，连接器连接情况良好，无松动现象。

（3）读取数据流

根据该车型的控制原理，当冷却液温度传感器存在开路时，数据流显示温度为-40℃；当冷却液温度传感器存在短路时，数据流显示温度为 140℃。从故障诊断仪中调取冷却液温度传感器的数据流，如图 2-77 所示，温度显示为-40℃，说明传感器线路存在开路故障。

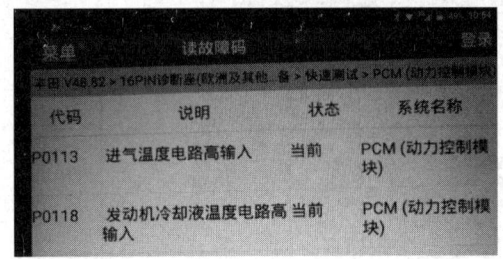

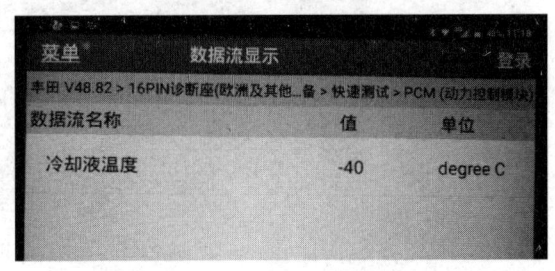

图 2-76　故障码　　　　　　　　　　图 2-77　冷却液温度传感器的数据流

（4）检验冷却液温度数据

查看冷却液温度传感器的电路，如图 2-78 所示，找到相应的连接。

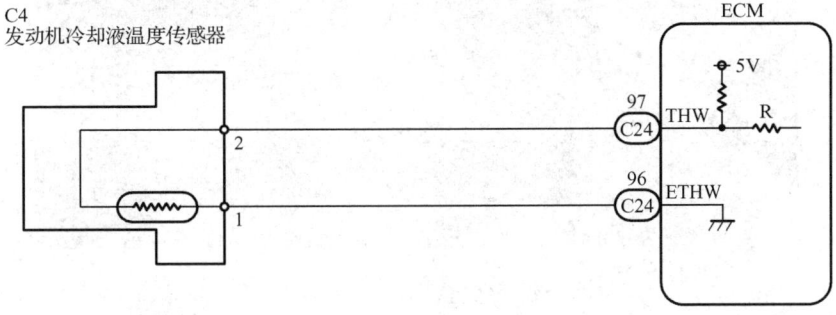

图 2-78　冷却液温度传感器电路图

断开冷却液温度传感器的连接器，利用导线将连接器的两个端子短接，如图 2-79 所示，利用故障诊断仪再次读取数据流，发现数据流显示温度只有 60℃，标准温度是 140℃。

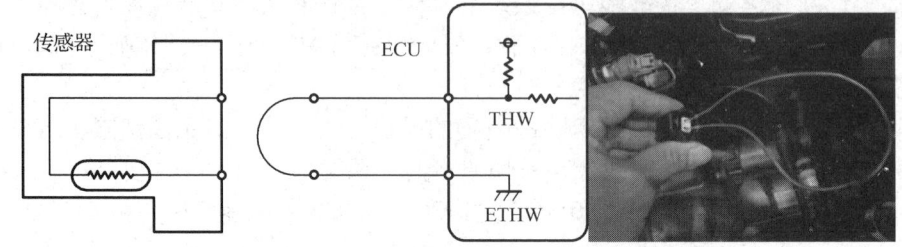

图 2-79　短接连接器两个端子

（5）检查线束

关闭点火开关，断开蓄电池负极，如图 2-80 所示。

利用万用表测量冷却液温度传感器与发动机 ECM 之间的线路的导通状况，如图 2-81 所示，利用万用表检查冷却液温度传感器连接器 C4 的 1 号端子与 ECM 连接器 C24 的 96 号端子的导通状况。检查结果显示该线束导通，无断路现象。

图 2-80　断开蓄电池负极

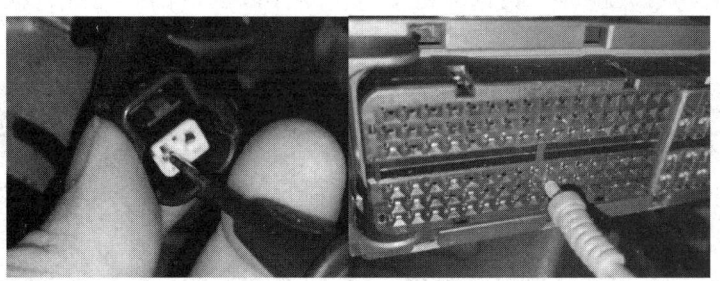

图 2-81　检查线束导通状况（1）

如图 2-82 所示，用同样的方法检查传感器连接器 C4 的 2 号端子与 ECM 连接器 C24 的 97 号端子的导通状况。检查结果显示该线束导通，无断路现象。

图 2-82　检查线束导通状况（2）

根据以上的检查结果，更换发动机 ECM 后故障排除。

2.6.2 冷却系统故障的诊断与排除工作页

在汽油发动机实训台架或者实训车辆上，出现发动机冷却风扇高速旋转的故障，请进行故障诊断与排除。

一、确认故障现象，推定可能的故障范围。
与本故障相关的故障现象：
根据故障现象，判断可能的故障原因：
二、根据电路图绘制控制原理图。
三、使用汽车解码器，读取相应故障码。
根据诊断结果，进一步缩小故障范围，并确定测试对象为：
四、基于以上诊断结论，选择测量点实施测量，确定故障点。

测试对象	

续表

测试条件			使用设备			

数据流、执行元器件诊断、电压、电流、电阻等测量结果，不用者不填。

测试参数						
标准描述						
测试结果						
是否正常						
测试参数						
标准描述						
测试结果						
是否正常						

波形测试结果，不用者不填。

波形名称	标准波形（注意单位）	实测波形（请圈出异常位置）

分析测试结果，必要时进行简单修复，并做进一步诊断（或验证），不用者不填。

_____

五、基于以上分析及测试，将结果记录在表中，归纳总结核心步骤。

步　　骤	对　　象	结　　果	结　　论	下一步诊断对象
1				
2				
3				
4				
5				
6				

六、分析测试结果，结合故障机理，给出结论或维修建议。

任务七　启动系统故障的诊断与排除

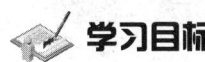 **学习目标**

1. 能描述启动系统的组成与工作原理
2. 掌握启动系统各个零件的检测方法与标准数据
3. 掌握启动系统电路图和维修手册的使用方法
4. 掌握启动系统的故障诊断分析流程
5. 培养严格遵守安全操作规程的职业规范
6. 培养互帮互助、团队协作的能力

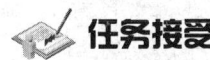 **任务接受**

某丰田 4S 店，一辆丰田凯美瑞汽车进厂维修，客户反映车辆停放一夜后无法启动。

 **任务准备**

教学设备、工具及仪器如表 2-36 所示。

表 2-36　教学设备、工具及仪器

名　　称	数　　量	名　　称	数　　量
普通维修工具	1 套/5 人	车辆	1 辆/5 人
万用表	1 套/5 人	燃油压力表	1 套/5 人
故障诊断仪	1 套/5 人		

任务实施

2.7.1　启动系统常见故障的诊断与排除

一、启动机的检查

1. 检查吸拉线圈

利用万用表检查吸拉线圈的电阻，其阻值为 1.6Ω，如图 2-83 所示。

2. 检查保持线圈

利用万用表检查保持线圈的电阻，其阻值为 2.8Ω，如图 2-84 所示。

3. 检查定子线圈

（1）定子线圈的接地检查

利用万用表检查定子线圈的接地情况，其阻值应趋于无穷大，如图 2-85 所示。

（2）定子线圈的导通检查

利用万用表检查定子线圈的导通情况，定子线圈应处于导通的状态，如图 2-86 所示。

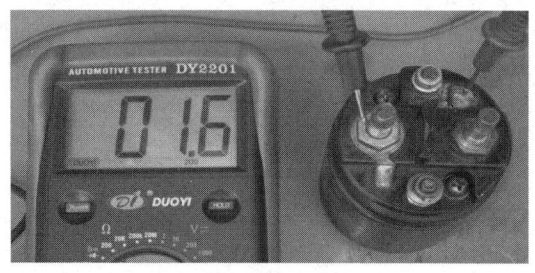

图 2-83　检查吸拉线圈的电阻

图 2-84　检查保持线圈的电阻

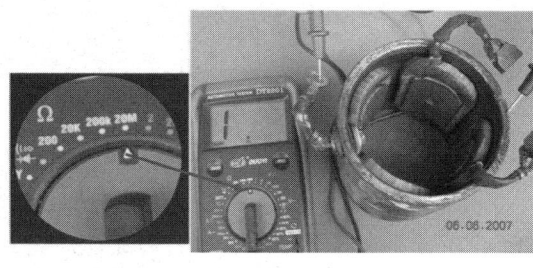

图 2-85　定子线圈的接地检查

图 2-86　定子线圈的导通检查

4．转子的检查

（1）检查换向器

利用万用表检查换向器的绝缘性能，换向器与搭铁应不导通，如图 2-87 所示。

利用游标卡尺测量换向器的直径，以确定磨损量不超过规定范围，并确认换向器各个方向、位置磨损均匀，平整光滑，圆度不超过标准值，如图 2-88 所示。

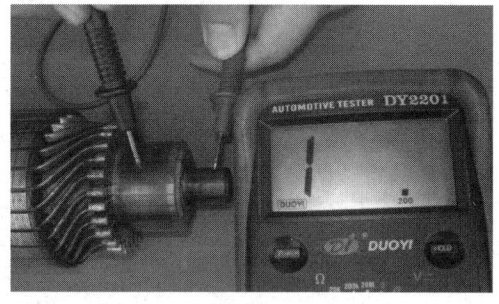

图 2-87　换向器与搭铁的检查

图 2-88　换向器磨损状况的检查

利用百分表检查换向器的圆跳动量，其圆跳动量应小于或等于 0.05mm，如图 2-89 所示。

（2）转子线圈的检查

利用万用表检查转子线圈的通断，每相邻两个换向片应处于导通状态，如图 2-90 所示。

5．单向离合器的检查

用手握紧转子，左右转动单向离合器，应沿一个方向打滑，沿另一个方向与转子一起转动，如图 2-91 所示。

6．碳刷的检查

利用游标卡尺检查碳刷磨损量，碳刷高度应不小于其规定极限值，如图 2-92 所示。

图 2-89 换向器圆跳动量的检查

图 2-90 转子线圈的检查

图 2-91 单向离合器的检查

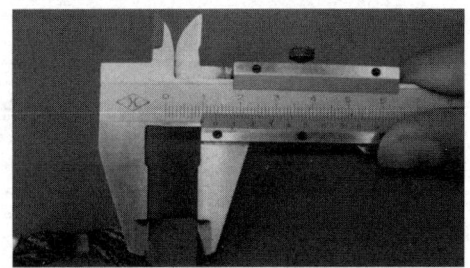

图 2-92 碳刷磨损量的检查

利用万用表检查正极碳刷架与搭铁的状况，其绝缘应良好，不搭铁，如图 2-93 所示。利用万用表导通挡进行检测，负极碳刷架与搭铁应导通，如图 2-94 所示。

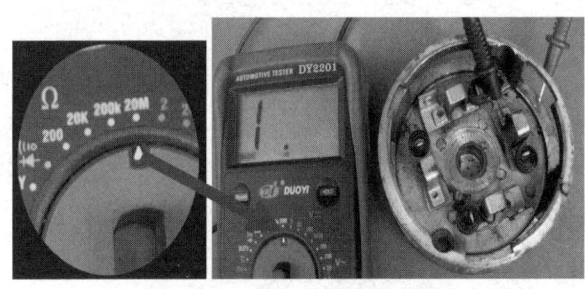

图 2-93 正极碳刷架与搭铁的检查

图 2-94 负极碳刷架与搭铁的检查

二、启动系统故障类型

启动系统的主要故障现象、原因及解决措施，如表 2-37 所示。

表 2-37 启动系统的主要故障现象、原因及解决措施

故障现象	故障原因	故障解决措施
启动机不转动	蓄电池放电	为蓄电池充电
	正极导线或接地导线断路	检查和维修导线
	接口松动或严重氧化造成接触电阻	拧紧接口，进行清洁

续表

故 障 现 象	故 障 原 因	故障解决措施
启动机不转动	连接点火开关的端子50断路，点火开关损坏	排除断路故障
	总线端子50上无电压	检查点火开关
启动机转速过低，启动机不能带动发动机转动	蓄电池放电	为蓄电池充电
	接口松动或严重氧化造成接触电阻	清洁蓄电池极柱、启动机上的接口，拧紧接口
	电刷与集电极不完全接触	更换电刷，清洁电刷导轨
	集电极上出现沟槽、烧伤或污物	更换转子或启动机
	总线端子50上电压过低或无电压	检查点火开关和继电器
	电磁开关（继电器）损坏	更换电磁开关（继电器）
启动机啮合且转动，启动机不转动或短时转动	小齿轮传动装置损坏	更换启动机
	飞轮齿圈损坏	更换飞轮
小齿轮不脱开	小齿轮传动装置损坏	更换启动机
	电磁开关损坏	更换电磁开关
	复位弹簧断裂	更换复位弹簧
松开点火钥匙后启动机继续转动	电磁开关卡住且不能关闭（立即关闭点火开关）	更换电磁开关
	点火开关不能关闭	立即断开蓄电池导线，更换点火开关

三、确认故障

汽车机电维修技师通过实车验证，当点火开关在"START"位置时，启动机未发出响声、不转。技师通过丰田"5W2H"故障询问方法，从客户那里获取故障产生的时间、地点等信息并参考维修手册中导致车辆无法启动的故障可疑部位，通过对车辆进行初步的检查及诊断、分析，基本确定该车无法启动是由启动系统电路故障导致的。

四、故障排除

根据表2-38，逐一进行线路检查。

表2-38　发动机可能故障部位

症　　状	可能故障部位
发动机不转动（不能启动）	1. 蓄电池； 2. 启动机； 3. 点火开关； 4. 驻车/空挡启动开关； 5. 锁定器系统

1. 检查蓄电池

检查蓄电池正、负极接线柱的安装状况，确认其无松动现象，如图2-95所示。

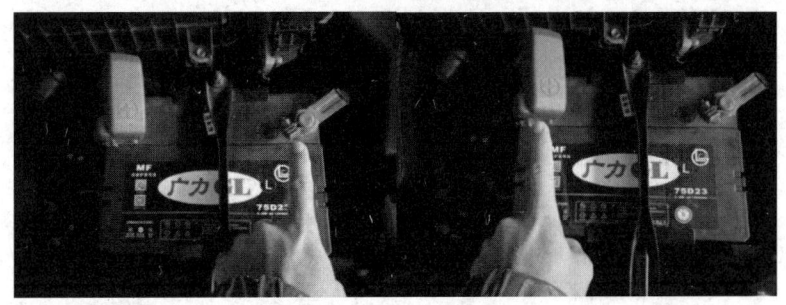

图 2-95　检查蓄电池正、负极接线柱安装状况

利用万用表检查蓄电池的电压，测得其电压值为 12.11V，结果正常，如图 2-96 所示。

利用高率放电计对蓄电池进行放电测试，高率放电计指针指向绿色区域，结果正常，如图 2-97 所示。

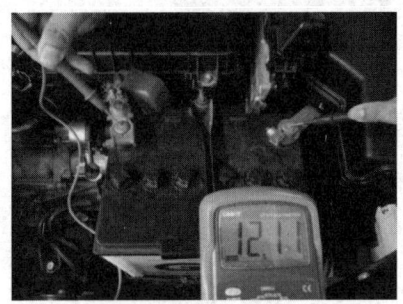 

图 2-96　检查蓄电池电压　　　　图 2-97　利用高率放电计对蓄电池进行放电测试

根据以上检查结果，确认蓄电池不存在故障，接下来对线路进行检查。

2．线路检查

通过查找车型，确认该车为不带智能进入与启动系统配置的车辆，如图 2-98 所示为该车型启动系统的电路图。

根据启动机工作原理，励磁线圈必须通电，也就是电路图中的连接器 C3 的 1 号端子（50 端子）上要有电，从蓄电池输出的供电电压才能通过连接器 D1 的 1 号端子（30 端子）进入到启动机中，启动机才能工作。

结合启动系统的电路图，可以按以下步骤进行线路的检查。

（1）检查保险丝

查找电路图，并在实车的继电器盒上找到相应保险丝，如图 2-99 所示。

利用万用表检查保险丝两端的电压，结果显示保险丝两端的电压正常，如图 2-100 所示。如有必要可拆下保险丝，检查保险丝的外观并利用万用表电阻挡检查保险丝的通断状况。

（2）检查连接器 C3 的 1 号端子供电情况

拔下启动机的连接器 C3，在启动发动机的同时，利用万用表检查连接器 C3 的 1 号端子的供电电压，电压值为 0.46V，如图 2-101 所示。根据电路图进行分析，当启动发动机时，1 号端子应该为蓄电池电压，检查结果显示该电压值不正常。

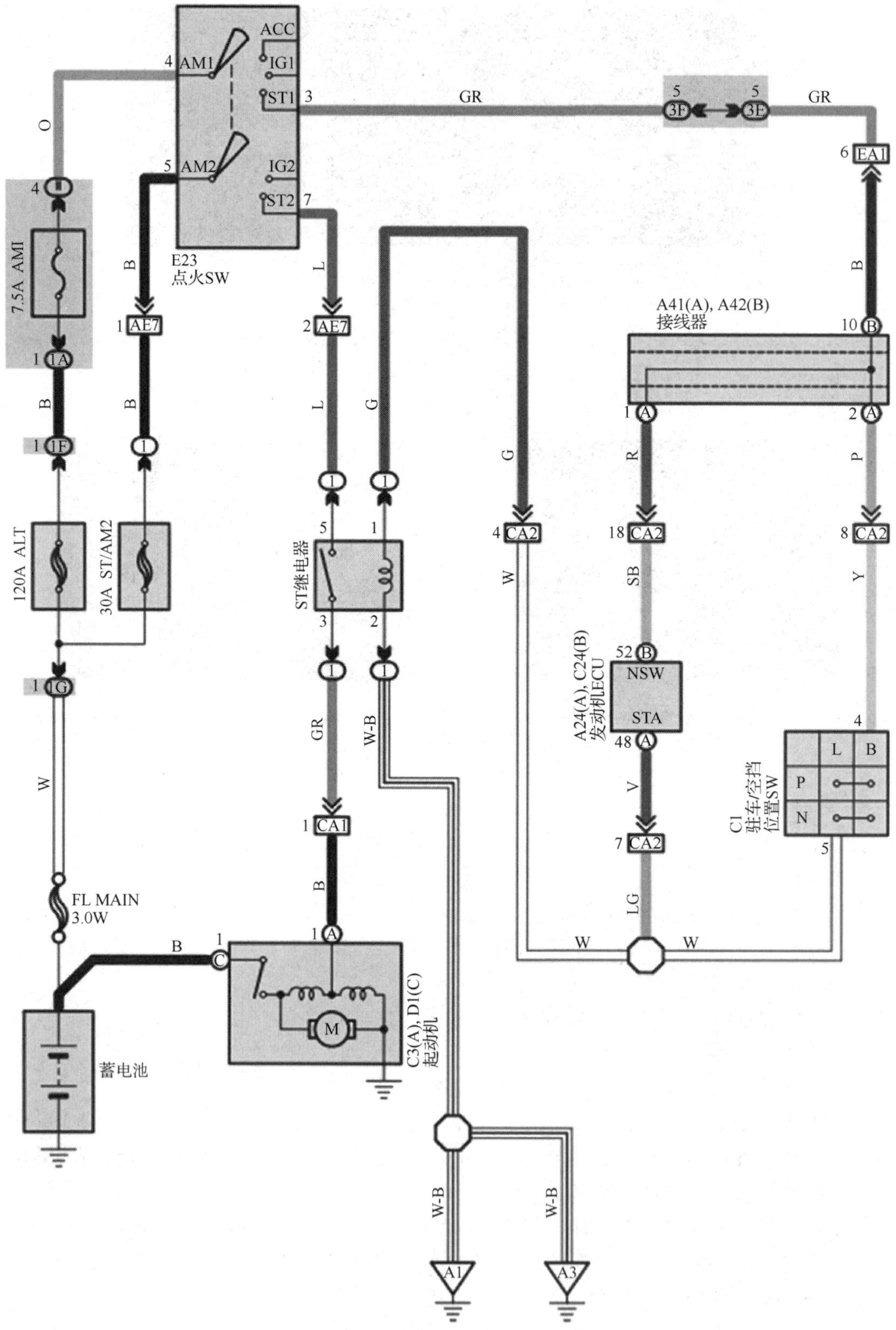

图 2-98　该车型启动系统电路图

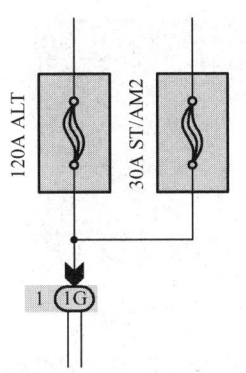
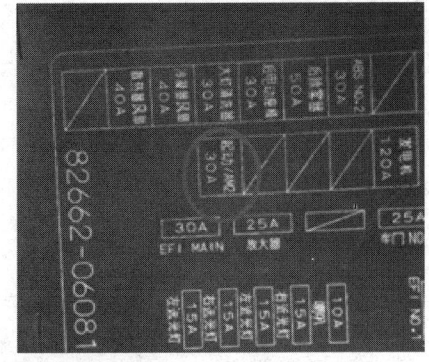

图 2-99　保险丝位置

图 2-100　检查保险丝两端电压

连接器 C3 的 1 号端子没有电，可初步推断从 30A 保险丝到连接器 C3 的 1 号端子之间的线路出现故障，或者 ST 继电器的线圈端线路出现故障导致继电器开关未能正常接合。

（3）检查继电器供电端

根据电路图查找继电器 ST 的位置，拔下继电器，利用万用表检查继电器 ST 的 1 号端子和 5 号端子的供电情况，如图 2-102 所示为继电器。

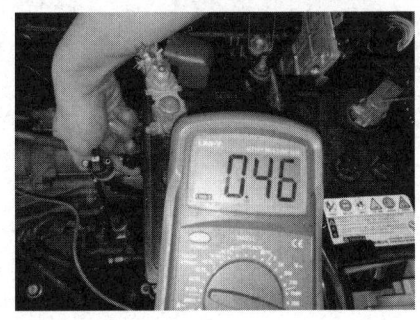

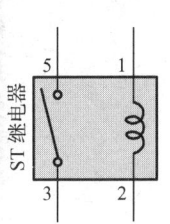

图 2-101　检查连接器 C3 的 1 号端子的供电电压　　　　图 2-102　继电器

确认车辆的换挡杆位于 P 挡或者 N 挡，启动发动机，利用万用表检查 1 号端子的供电情况，其供电电压为 11.51V，根据检查结果可以初步判断 1 号端子的供电正常，如图 2-103 所示。

在同样的条件下检查 5 号端子的供电，其供电电压为 11.5V，根据检查结果可以初步判断 5 号端子的供电正常，如图 2-104 所示。

图 2-103　检查继电器 ST 1 号端子供电情况

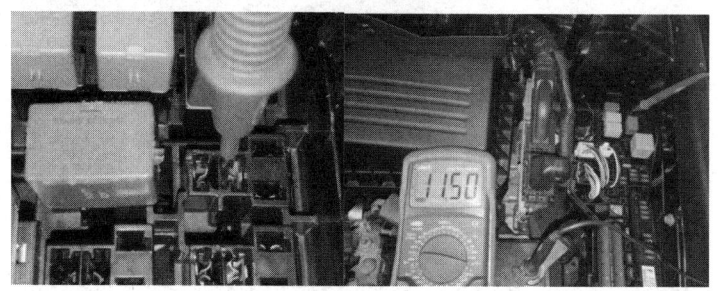

图 2-104　检查继电器 ST 5 号端子供电情况

（4）检查继电器的搭铁端

利用万用表检查继电器搭铁端 2 号端子的搭铁情况，检查结果为搭铁正常。如图 2-105 所示为继电器的搭铁端。

（5）检查线路导通

利用万用表检查继电器 ST 3 号端子到启动机连接器 C3 的 1 号端子之间的导线导通情况，将万用表转到电阻挡或者蜂鸣挡，检查该线路的导通情况，结果显示该线路正常导通，无断路现象，如图 2-106 所示。

图 2-105　继电器搭铁端

图 2-106　检查线路导通情况

3. 部件检查

结合以上的检查结果，可以判断继电器 ST 可能存在故障，接下来对继电器 ST 进行检查。

（1）检查线圈端

利用万用表检查继电器线圈是否存在断路，如图 2-107 所示，线圈电阻值为 170Ω，查看维修手册，与标准值进行对比，检查结果正常，无断路现象。

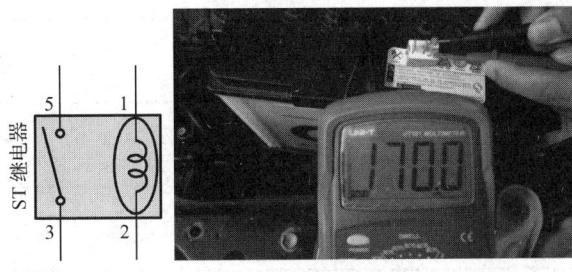

图 2-107 检查继电器线圈是否存在断路

（2）检查开关端

利用万用表检查继电器开关的状态，如图 2-108 所示，开关处于断开位置。

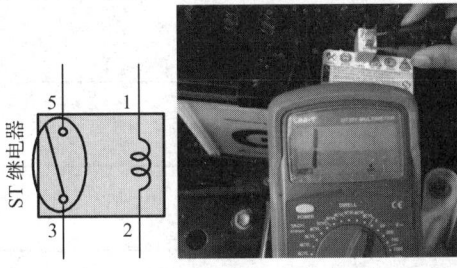

图 2-108 检查继电器开关的状态

将车辆蓄电池电压施加到继电器的线圈端，使开关能够在线圈磁场的作用下吸合，进而检查继电器开关的导通情况，如图 2-109 所示。检查结果显示继电器开关未导通，处于断路状态。

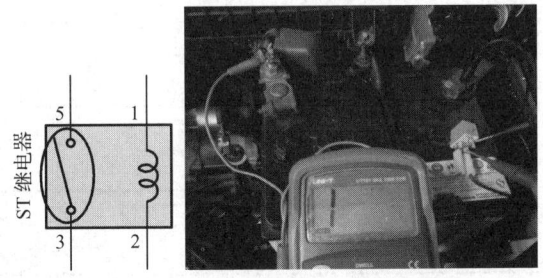

图 2-109 检查继电器开关的导通情况

从以上检查流程及结果可以判断继电器 ST 损坏，更换继电器后车辆能够正常启动，故障排除。

知识拓展：

	扫描二维码
柴油发动机故障诊断知识	

Note

2.7.2 启动系统故障的诊断与排除工作页

一、部件检查

请列出要检查启动机的项目。

_____

_____

_____

_____

_____

_____

_____

_____

_____

电磁开关（继电器） 励磁线圈

电刷

拨叉

驱动机构外壳

电刷弹簧

外壳

电枢

驱动齿轮 起动机离合器

二、故障诊断与排除

在汽油发动机实训台架或者实训车辆上，出现发动机无法启动的情况，请进行故障诊断与排除。

一、确认故障现象，推定可能的故障范围。
与本故障相关的故障现象：
根据故障现象，判断可能的故障原因：
二、根据电路图绘制控制原理图。

续表

三、使用汽车解码器，读取相应故障码。
根据诊断结果，进一步缩小故障范围，并确定测试对象为：

四、基于以上诊断结论，选择测量点实施测量，确定故障点。

测试对象	
测试条件		使用设备	

数据流、执行元器件诊断、电压、电流、电阻等测量结果，不用者不填。

测试参数					
标准描述					
测试结果					
是否正常					
测试参数					
标准描述					
测试结果					
是否正常					

波形测试结果，不用者不填。

波形名称	标准波形（注意单位）	实测波形（请圈出异常位置）

分析测试结果，必要时进行简单修复，并做进一步诊断（或验证），不用者不填。

续表

五、基于以上分析及测试，将结果记录在表中，归纳总结核心步骤。

步　骤	对　象	结　果	结　论	下一步诊断对象
1				
2				
3				
4				
5				
6				

六、分析测试结果，结合故障机理，给出结论或维修建议。

Note

学习情境三　汽车底盘故障的诊断与排除

任务一　传动系统故障的诊断与排除

学习目标

1. 能描述传动系统的构造与工作原理
2. 掌握传动系统的检测方法与标准数据
3. 掌握传动系统的故障形式及类型
4. 掌握传动系统的故障诊断分析流程
5. 培养严格遵守安全操作规程的职业规范
6. 培养互帮互助、团队协作的能力

任务接受

一辆配备电动助力转向系统的 NISSAN 汽车来厂维修，车主反映，该车在连续行驶到 80km/h 左右的时速时就会出现沉闷的声音。

任务准备

教学设备、工具及仪器如表 3-1 所示。

表 3-1　教学设备、工具及仪器

名　称	数　量	名　称	数　量
普通维修工具	1 套/5 人	车辆	1 辆/5 人
万用表	1 套/5 人	转向系统台架	1 辆/5 人
故障诊断仪	1 套/5 人		

任务实施

汽车底盘作为汽车构造的重要组成部分，其技术性能的好坏关系到汽车的使用性能、燃料的消耗，甚至影响汽车的安全性，有些技术故障特别是转向、制动系出现问题，极有可能造成重大交通事故。因此，要对底盘进行及时的维护、修理和润滑，从而确保汽车使用性能，减轻驾驶员疲劳强度，延长汽车使用寿命。

汽车底盘由传动系统、行驶系统、转向系统和制动系统组成，其功能为接受发动机的动力，使汽车运动并保证汽车能够按照驾驶员的操纵正常行驶。常用的汽车底盘检测设备有离合器打滑频闪测定仪、传动系游动角度检测仪、车轮定位仪、四轮定位仪、车轮动平衡仪、悬架和转向系检测仪、悬架装置检测台等。随着科学技术的发展，这些检测设备已大量采用光、机、电一体化技术，并采用微机控制，有些还具有智能化功能或专家诊断系统。正确地使用这些检测设备，可以保证在汽车底盘的维修中获得可靠的技术数据，从而保证底盘有效工作。

3.1.1　离合器系统故障的诊断与排除

一、离合器故障的诊断概述

汽车离合器位于发动机和变速箱之间的飞轮壳内，用螺栓将离合器总成固定在飞轮的后平面上，离合器的输出轴就是变速箱的输入轴。在汽车行驶过程中，驾驶员可根据需要踩下或松开离合器踏板，使发动机与变速箱暂时分离或逐渐接合，以切断或传递发动机向变速器输入的动力。其功能主要包括：保证汽车平稳起步，保证变速器换挡时工作平顺和防止传动系统过载。

目前，汽车离合器大多采用膜片弹簧式离合器。膜片弹簧式离合器的组成如图 3-1 所示，它主要由主动部分（飞轮、压盘、离合器盖）、从动部分（从动盘、从动轴）、压紧机构（膜片弹簧）、分离机构（分离轴承与套筒、分离叉等）、操纵部分（踏板、离合器总泵、离合器分泵）等组成。

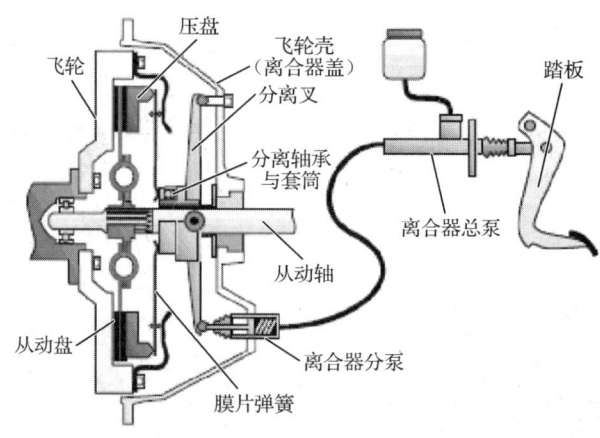

图 3-1　膜片弹簧式离合器的组成

离合器常见故障有打滑、分离不彻底、发抖和异响等。

二、离合器打滑

1. 故障现象

（1）汽车起步时，完全放松离合器踏板后，汽车不能起步或起步困难。

（2）汽车在行驶中加速时，发动机转速升高，但车速不能同步增加，行驶无力。

（3）汽车重载、上坡时打滑明显，严重时可以嗅到离合器摩擦片发出的焦臭味。

2. 故障原因

（1）离合器踏板没有自由行程或自由行程过小，分离杠杆调整不当，使压盘处于半分离状态。

（2）从动盘摩擦片、压盘或飞轮工作面磨损严重，如图 3-2 所示，或离合器盖与飞轮的连接松动，使压紧力减弱。

图 3-2　压盘与从动盘摩擦片磨损

（3）压紧弹簧或膜片弹簧损坏，如图 3-3 所示为膜片弹簧损坏情况。

（4）分离轴承套筒与导管间油污严重，使分离轴承不能回位，如图 3-4 所示。

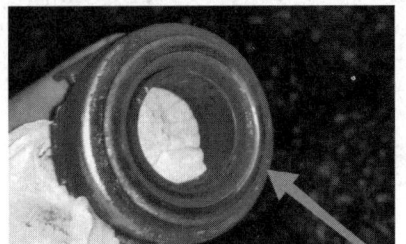

图 3-3　膜片弹簧损坏情况　　　　　　　图 3-4　分离轴承不能回位

3. 故障诊断与排除

离合器打滑故障的诊断与排除流程图如图 3-5 所示。

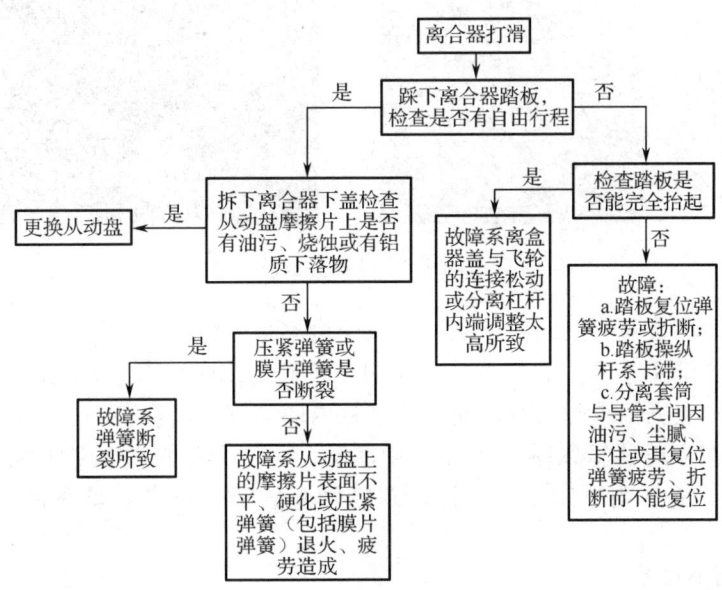

图 3-5　离合器打滑故障的诊断与排除流程图

三、离合器分离不彻底

1. 故障现象

汽车起步时，将离合器踩到底，仍然感到挂挡困难（有齿轮撞击声），如勉强挂挡，汽车就会快速向前冲或造成发动机熄火。

2. 故障原因

（1）离合器踏板自由行程过大。如图 3-6 所示为离合器踏板自由行程。

（2）新换的摩擦片太厚或从动盘正反面装错。如图 3-7 所示为从动盘朝向变速器安装的一面，此面较长。

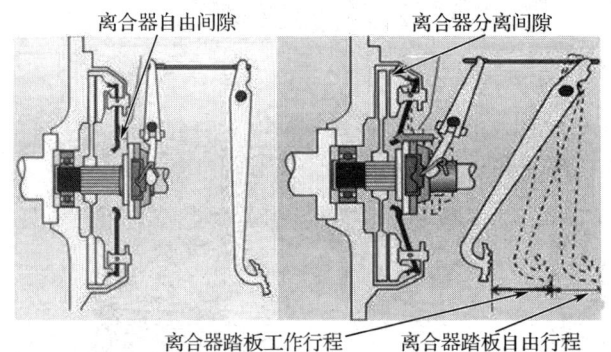

图 3-6　离合器踏板自由行程　　　　　　图 3-7　从动盘朝向变速器安装的一面

（3）从动盘钢片翘曲变形、摩擦片破裂（见图 3-8）或铆钉松动。

图 3-8　摩擦片破裂

（4）液压传动离合器的液压系统漏油造成油量不足，如图 3-9 所示，或有空气侵入。

（5）分离杠杆调整不当，使其内端不在同一平面内或内端高度太低，或因分离杠杆弯曲变形，支座松动，支座轴销脱出等，使分离杠杆内端高度难以调整。

（6）从动盘在变速器输入轴上不能自由滑动。离合器摩擦片始终与飞轮摩擦面保持接触，在启动阶段，能够明显感受到抖振，花键轴套磨损，形成金属毛刺，如图 3-10 所示，导致振动。

3. 故障诊断与排除

离合器分离不彻底故障的诊断与排除流程图如图 3-11 所示。

图 3-9　液压系统漏油

图 3-10　花键轴套磨损，形成金属毛刺

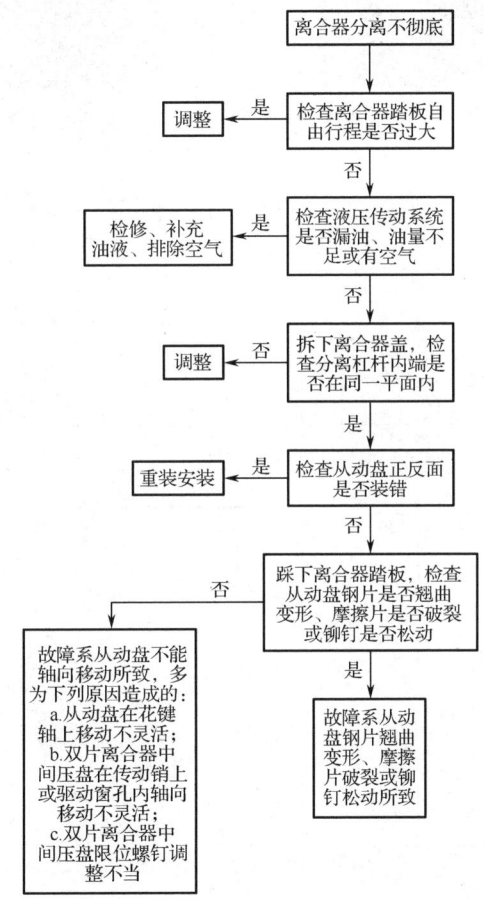

图 3-11　离合器分离不彻底故障的诊断与排除流程图

四、离合器异响

1. 故障现象

发动机运转时，踩下离合器踏板时有异响，放松踏板后异响消失；或无论踩下或放松离合器踏板时均有异响。

2. 故障原因

（1）离合器踏板无自由行程或操纵机构连接部位松动。

（2）离合器分离拨叉或传动部位卡滞，分离轴承润滑不良、脏污、磨损松旷或卡滞。如

图 3-12 所示为花键轴套因安装不当造成的损坏。

（3）从动盘摩擦片破裂、铆钉松动，花键毂铆钉松动，钢片破裂或减振弹簧折断。如图 3-13 所示为从动盘摩擦片弹簧和驱动片破裂损坏。

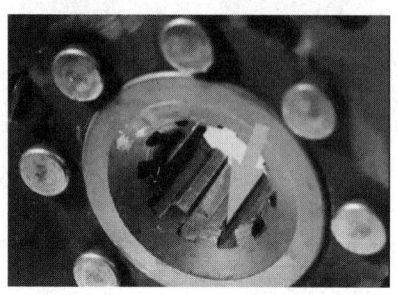

图 3-12　花键轴套因安装不当造成的损坏　　　　图 3-13　从动盘摩擦片弹簧和驱动片破裂损坏

3. 故障诊断与排除

离合器异响故障的诊断与排除流程图如图 3-14 所示。

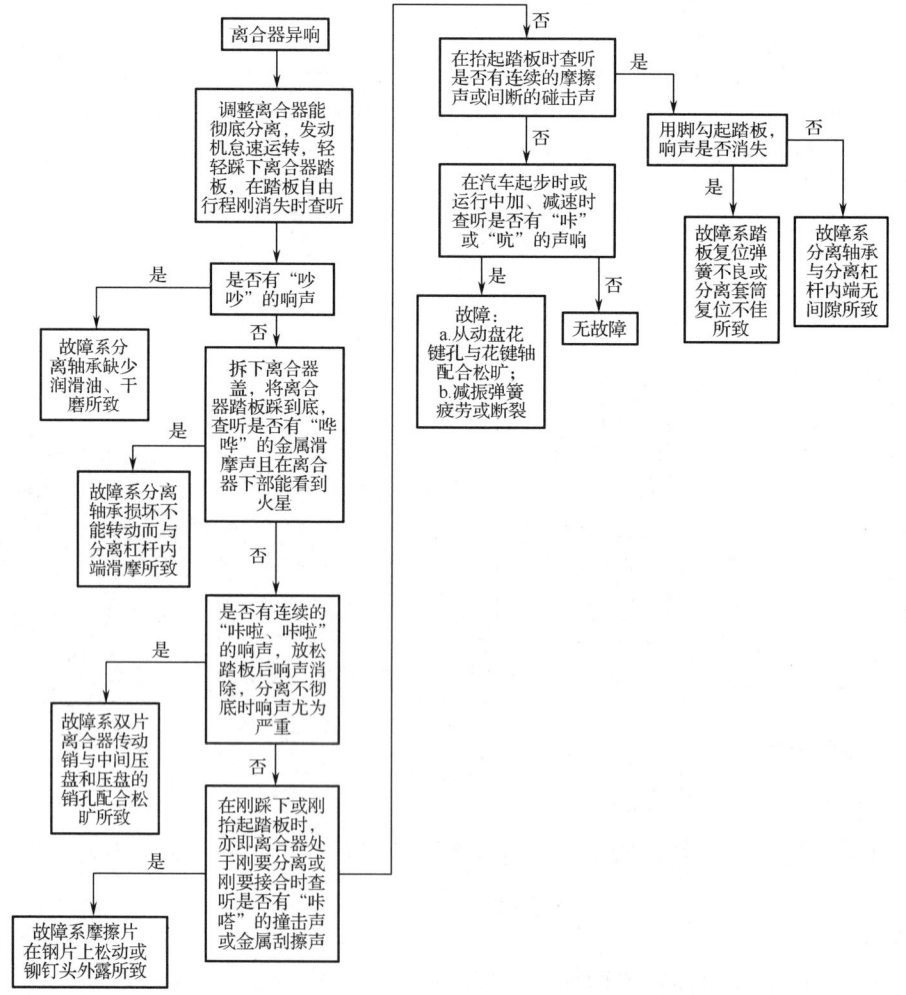

图 3-14　离合器异响故障的诊断与排除流程图

五、车辆起步时离合器发抖

1. 故障现象

车辆起步时，离合器不能平稳结合，使车身产生抖动。

2. 故障原因

（1）离合器分离轴承与导管之间因油污或锈蚀卡滞，如图 3-15 所示。

（2）变速器与飞轮壳之间或者离合器盖与飞轮之间固定螺栓松动，如图 3-16 所示。

图 3-15　分离轴承卡滞

图 3-16　固定螺栓松动

（3）分离杠杆（或膜片弹簧）内端不在同一平面内。

（4）离合器压盘弹簧弹力不均或个别弹簧折断。

（5）从动盘发生翘曲变形，铆钉松动或减振弹簧损坏，如图 3-17 所示为损坏的从动盘。

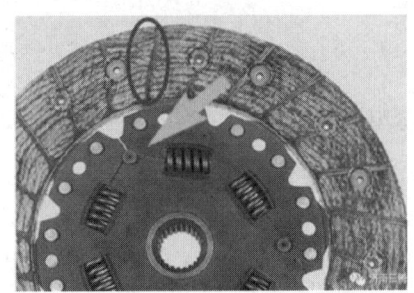

图 3-17　损坏的从动盘

（6）发动机飞轮表面翘曲或者磨损严重导致振动过大，如图 3-18 所示为严重磨损的飞轮。

图 3-18　严重磨损的飞轮

3. 故障诊断与排除

起步时离合器发抖故障的诊断与排除流程图如图 3-19 所示。

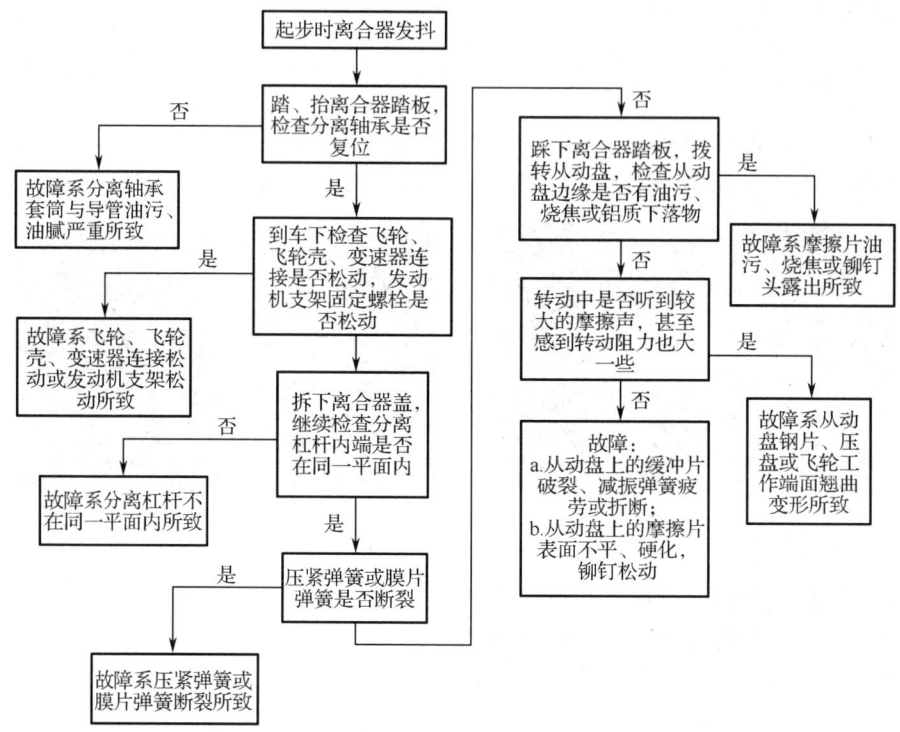

图 3-19　离合器发抖故障的诊断与排除流程图

3.1.2　手动变速器故障的诊断与排除

手动变速器常见故障包括跳挡、乱挡、异响、漏油等。

一、手动变速器跳挡

1. 故障现象

跳挡故障表现为汽车在加速、减速、爬坡或剧烈振动时，变速杆自动跳回空挡位置。

2. 故障原因

（1）自锁装置的凹槽、钢球磨损严重，自锁弹簧疲劳或折断；自锁装置的钢球未进入凹槽中或挂挡后齿轮未达到全齿长啮合。如图 3-20 所示为自锁装置的结构图。

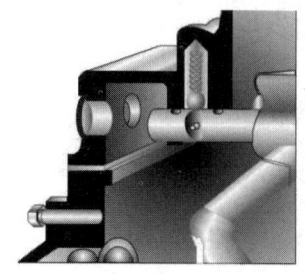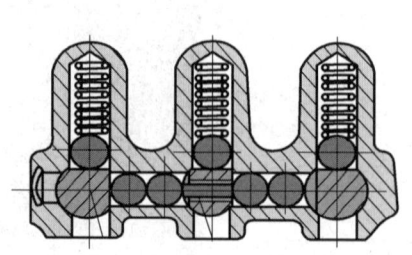

图 3-20　自锁装置的结构图

（2）齿轮沿齿长方向磨损成锥形。如图 3-21 所示为磨损的齿轮。

（3）轴或轴承磨损严重，使相啮合的齿轮或齿圈不同心。

（4）齿轮与轴的花键磨损严重，使配合间隙过大。如图 3-22 所示为损坏的齿轮。

图 3-21　磨损的齿轮

图 3-22　损坏的齿轮

（5）操纵杆系磨损松旷或变速器内拨叉弯曲变形。如图 3-23 所示为某车型的手动变速器的操纵杆系。

3. 故障诊断与排除

变速器跳挡故障的诊断与排除流程图如图 3-24 所示。

二、手动变速器乱档

1. 故障现象

汽车在起步挂挡或行驶过程中换挡时，可能同时挂上了两个挡；或挂不上所需的挡位；或挂挡后不能退回空挡。

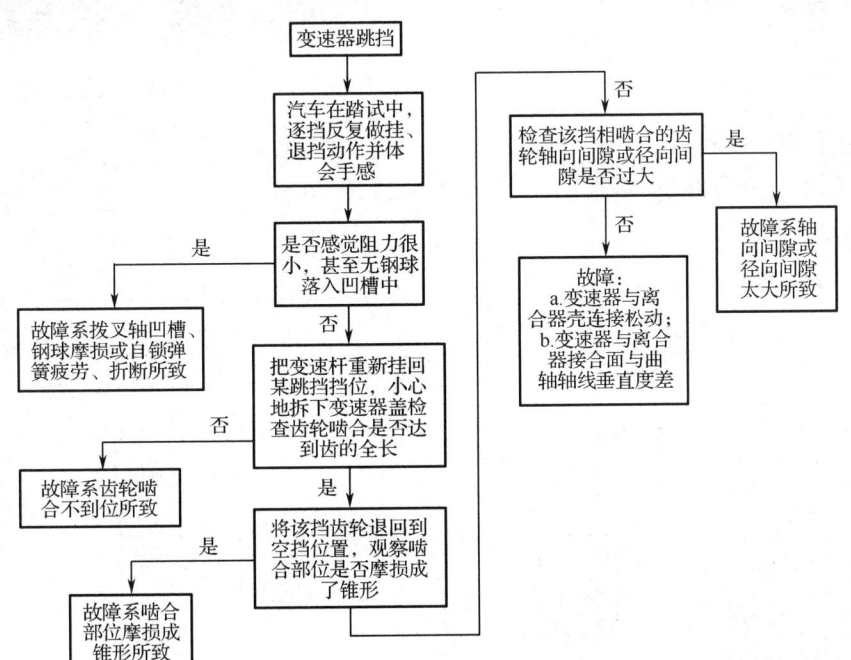

图 3-24　变速器跳挡故障的诊断与排除流程图

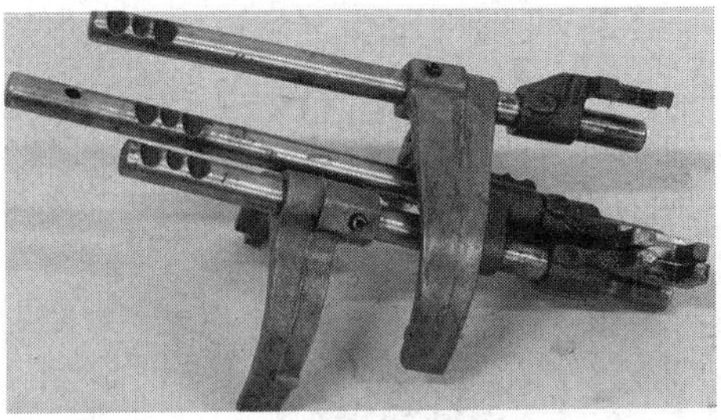

图 3-23　某车型的手动变速器的操纵杆系

2. 故障原因

（1）互锁装置的凹槽、锁销或钢球磨损严重。如图 3-25 所示为某一车型的互锁装置结构图。

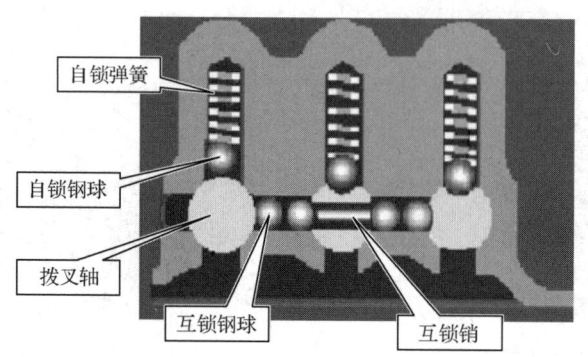

自锁弹簧
自锁钢球
拨叉轴
互锁钢球
互锁销

图 3-25　某一车型的互锁装置结构图

（2）变速杆球头定位销磨损松旷、折断或球头、球孔磨损过大，如图 3-26 所示为变速杆球头。

（3）变速杆下端弧形工作面磨损过大或拨叉上拨块的凹槽磨损过大，如图 3-27 所示为手动变速器的变速杆拨块。

图 3-26　变速杆球头　　　　　　　图 3-27　手动变速器的变速杆拨块

3. 故障诊断与排除

变速器乱挡故障的诊断与排除流程图如图 3-28 所示。

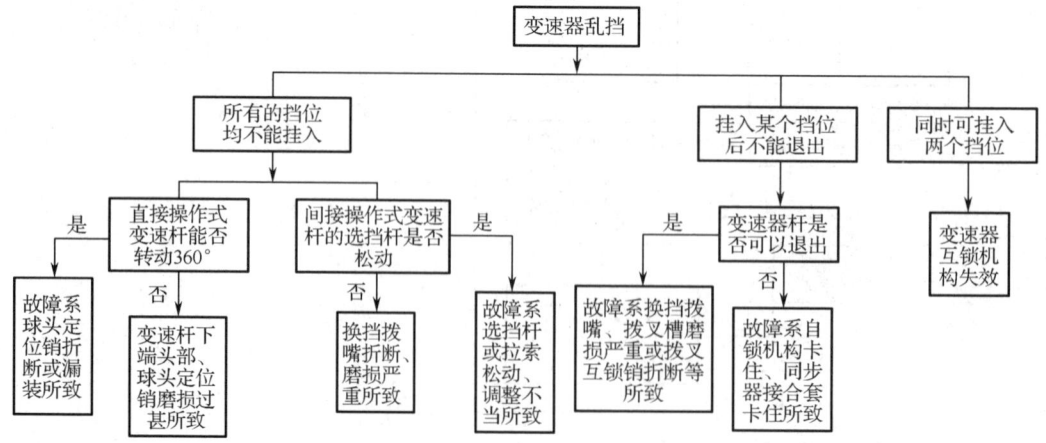

图 3-28　变速器乱挡故障的诊断与排除流程图

三、手动变速器异响

1. 故障现象

变速器异响是指变速器工作时发出不正常的响声。

2. 故障原因

（1）齿轮异响

① 齿轮磨损过甚变薄，间隙过大，运转中有冲击。如图 3-29 所示为已经磨损变薄的齿轮。

② 齿面啮合不良，如修理时没有成对更换齿轮，新、旧齿轮不搭配，齿轮不能正确啮合，如图 3-30 所示为齿轮啮合面。

图 3-29　已经磨损变薄的齿轮

图 3-30　齿轮啮合面

③ 齿面有金属疲劳剥落或个别齿损坏折断（如图 3-31 所示）。

④ 齿轮与轴上的花键配合松旷，或齿轮的轴向间隙过大。

⑤ 轴弯曲（此种故障较少出现）或轴承松旷引起齿轮啮合间隙改变。

⑥ 同步器损坏，在进行换挡操作时，变速器发出响声甚至无法进行换挡操作，如图 3-32 所示为损坏的同步器。

图 3-31　个别齿损坏折断

图 3-32　损坏的同步器

（2）轴承异响

如轴承磨损严重，轴承内（外）座圈与轴颈（孔）配合松动，轴承滚珠碎裂或有烧蚀麻点等。如图 3-33 所示为损坏的变速器轴承。

（3）其他原因导致的异响

① 如变速器内缺油，润滑油过稀、过稠或变坏，如图 3-34 所示。

② 变速器内掉入异物。

图 3-33　损坏的变速器轴承

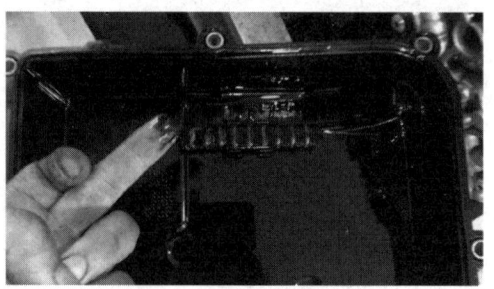

图 3-34　变质的齿轮润滑油

③ 某些紧固螺栓松动。

④ 里程表软轴或里程表齿轮异响等。

3．故障诊断与排除

变速器异响故障的诊断与排除流程图如图 3-35 所示。

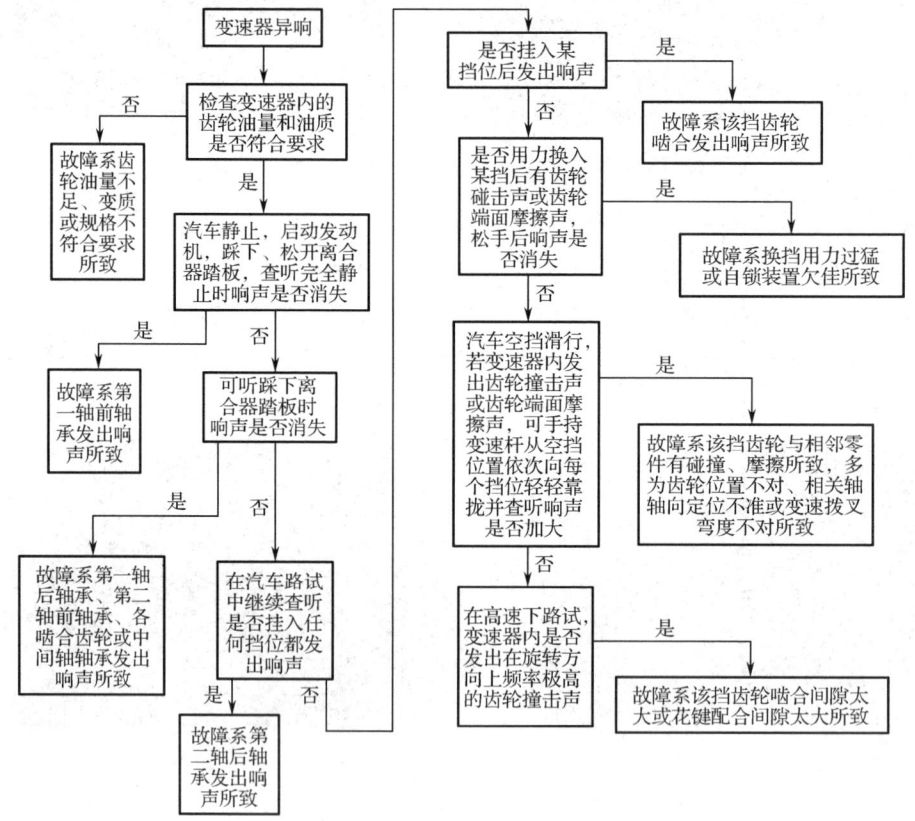

图 3-35　变速器异响故障的诊断与排除流程图

四、手动变速器漏油

1．故障现象

变速器内的润滑油从变速器盖、前后轴承盖等处渗漏出来，如图 3-36 所示。

图 3-36　变速器漏油

2.　故障原因

（1）变速器中润滑油过多，工作时搅动使内压过大，可能从各接合部位处漏油。

（2）油封损坏，如图 3-37 所示。

（3）变速器壳体破损，如图 3-38 所示。

图 3-37　油封损坏

图 3-38　变速器壳体破损

3.　故障诊断与排除

变速器漏油故障的诊断与排除流程图如图 3-39 所示。

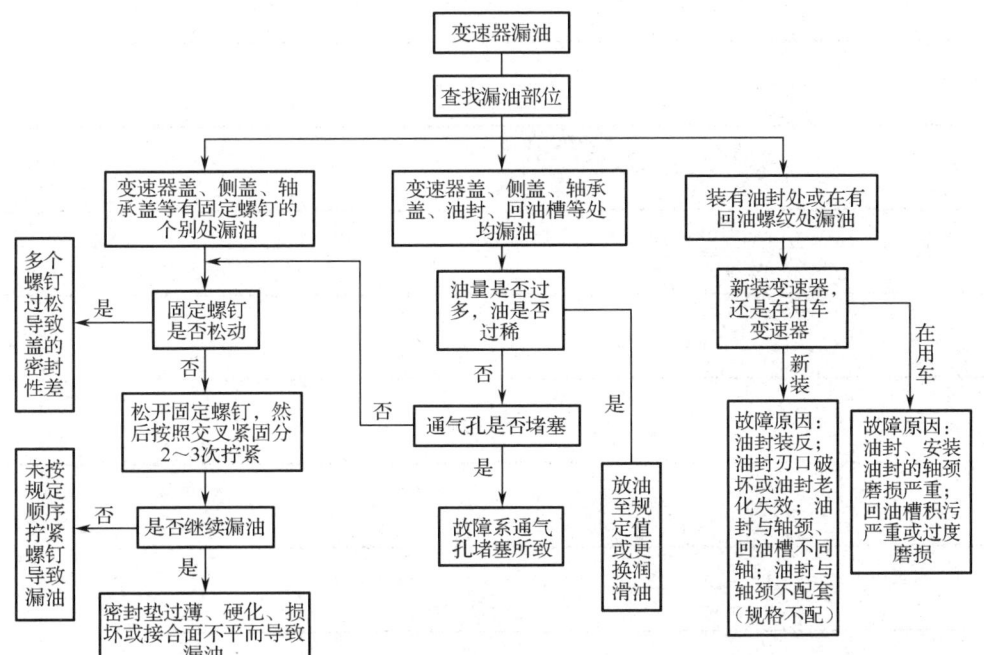

图 3-39　变速器漏油故障的诊断与排除流程图

Note

3.1.3　传动系统故障的诊断与排除工作页

一、离合器

1．请列出离合器打滑的故障原因。

_____

_____

_____

_____

_____

2．请列出汽车起步时离合器发抖的故障原因。

_____

_____

_____

_____

_____

_____

_____

_____

3．请列出离合器分离不彻底的故障诊断流程。

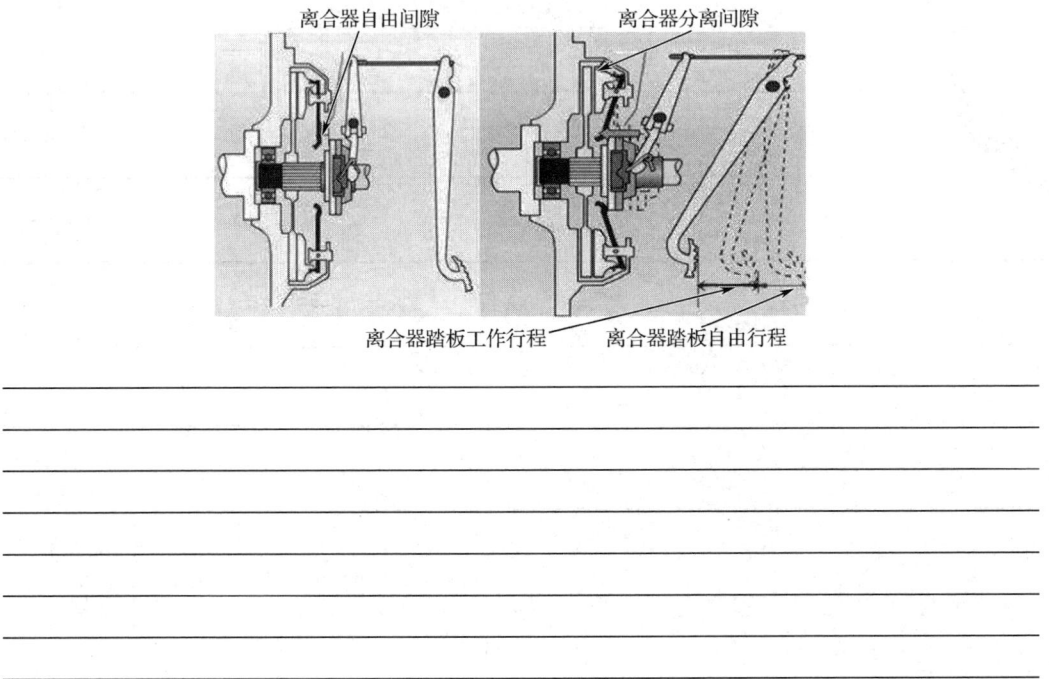

_____

_____

_____

_____

_____

_____

_____

_____

二、手动变速器

1. 请列出手动变速器的功能。

_____

_____

_____

_____

_____

_____

_____

2. 请列出手动变速器异响的故障原因。

_____

_____

_____

_____

_____

_____

_____

_____

_____

_____

_____

_____

_____

_____

_____

_____

_____

_____

Note

任务二　转向系统故障的诊断与排除

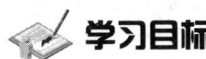 学习目标

1. 能描述各类转向系统的构造与工作原理
2. 掌握转向系统的检测方法与标准数据
3. 掌握转向系统的故障形式及类型
4. 掌握转向系统的故障诊断分析流程
5. 培养严格遵守安全操作规程的职业规范
6. 培养互帮互助、团队协作的能力

任务接受

一辆配备电动助力转向系统的 NISSAN 汽车来厂维修，车主反映，该车在连续行驶半小时左右就会出现转向沉重的现象。经试验，该车冷车并无故障，行驶约半小时后助力转向系统无助力输出，造成转向沉重。

任务准备

教学设备、工具及仪器如表 3-2 所示。

表 3-2　教学设备、工具及仪器

名　　称	数　　量	名　　称	数　　量
普通维修工具	1 套/5 人	车辆	1 辆/5 人
万用表	1 套/5 人	转向系统台架	1 辆/5 人
故障诊断仪	1 套/5 人		

3.2.1　机械转向系统常见故障的诊断与排除

一、转向盘自由行程过大

1. 故障现象

汽车转向轮位于直行位置时，转向盘左右转动的游动角度过大。根据 GB 7258—2017《机动车运行安全技术条件》的规定，最大设计车速大于或等于 100km/h 的机动车，其转向盘的最大转动量不得大于 10°；最大设计车速小于 100km/h 的机动车，其转向盘的最大转动量不得大于 15°。

方向盘在空转阶段的角行程称为方向盘自由行程。它是指转动方向盘但是不会引起或者改变车辆行驶方向的一小段行程，如慢慢地轻轻地转动方向盘会感觉到有一段未曾受力的行程，这段行程也就是方向盘的自由行程。

自由行程过大或过小都容易导致交通事故，自由行程过小，驾驶员在操作时，随便拨动

一下方向盘就会改变汽车原来的行驶方向，此时就非常容易导致交通事故的发生；自由行程过大，就会导致车辆在进行转向动作时反应过慢，而且在汽车行驶过程中，可能会伴随转向系统发出的响声，当方向盘的自由行程超过 30°时，行驶中会感觉到方向发"飘"。

2. 故障原因

（1）转向系统的齿轮啮合间隙调整不当，如图 3-40 所示为齿轮啮合结构。

（2）转向系统齿轮磨损严重。

（3）转向轴万向节磨损严重，如图 3-41 所示。

图 3-40　齿轮啮合结构　　　　　　　图 3-41　转向轴的万向节磨损严重

（4）左、右横拉杆连接处磨损严重，如图 3-42 所示为转向系统的横拉杆球头。

（5）转向轮轮毂轴承松旷。

3. 故障诊断与排除

在方向盘自由行程过大的故障诊断过程中，重点应判断故障是由转向器还是由拉杆轴节磨损造成的。

检查故障时，架起汽车使转向轮悬空，左右转动方向盘。当用力转动时，拉杆不同步运动，说明拉杆连接处因磨损而松旷量过大；若拉杆不动，则说明转向器的齿轮磨损严重。另外，还可以借助专用的检测仪器对方向盘的自由行程进行检测，如图 3-43 所示为专用的检测仪器。

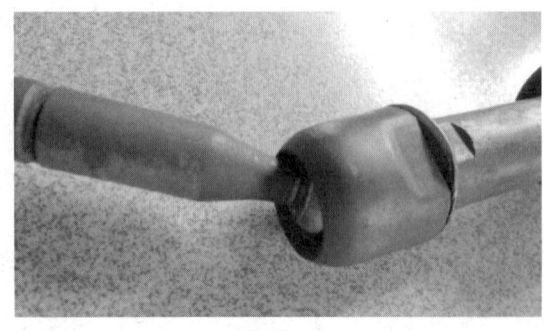
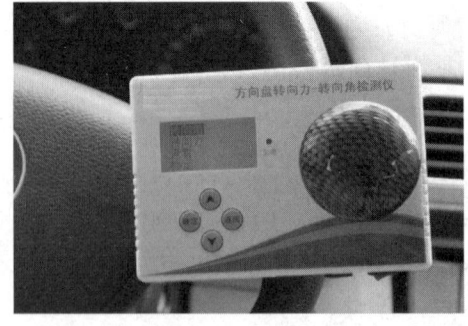

图 3-42　转向系统的横拉杆球头　　　　　图 3-43　专用检测仪器

方向盘自由间隙的检查应采取分段式检查的方法，逐一进行分析，可参考以下步骤进行。

（1）由一人抓紧转向垂臂，另一人转动方向盘，若自由转角大，则表明转向器松旷，应予调整，否则继续检查。

（2）由一人转动方向盘，另一人观察转向传动机构各球头销是否松旷，如松旷应进行调整或拆除，更换磨损件，否则继续检查。

（3）用千斤顶或汽车提升机使前轮离开地面。在垂直方向摇动转向轮，如松旷则主销与衬套间隙过大，应予修复；横向摇动转向轮，如松旷则轮毂轴承间隙过大，应予调整。

二、转向沉重

1. 故障现象

汽车转弯时，转动方向盘感到吃力，且无回正感。根据 GB 7258—2017《机动车运行安全技术条件》的规定，机动车在平坦、硬实、干燥和清洁的道路上行驶，以 10km/h 的速度在 5s 之内沿螺旋线从直线行驶过渡到直径为 24m 的圆周行驶时，施加于转向盘外缘的最大切向力不得大于 254N。

2. 故障原因

转向沉重与轮胎气压不足及悬架、车轴、转向轮定位等所存在的故障有关，与转向系统有关的故障有如下几种。

（1）轮胎气压过低，如图 3-44 所示。

（2）转向传动机械配合过紧。

① 转向器齿轮啮合间隙过小，如图 3-45 所示为转向器齿轮啮合间隙的调速螺栓。

图 3-44　轮胎气压过低　　　　　图 3-45　转向器齿轮啮合间隙的调速螺栓

② 转向轴的轴承过紧或损坏，如图 3-46 所示为转向轴的轴承。

③ 转向拉杆的球头销与球头座配合过紧或损坏，如图 3-47 所示为转向器的外横拉杆球头。

图 3-46　转向轴的轴承　　　　　图 3-47　转向器的外横拉杆球头

④ 转向轴万向节十字轴缺油、配合过紧。如图 3-48 所示为损坏的转向轴万向节十字轴。

⑤ 转向轮本身定位不准或车轴、车架变形造成转向轮定位失准，应校正车轴和车架，并重新调整转向轮定位。

3. 故障诊断与排除

转向沉重故障的诊断与排除流程图如图 3-49 所示。

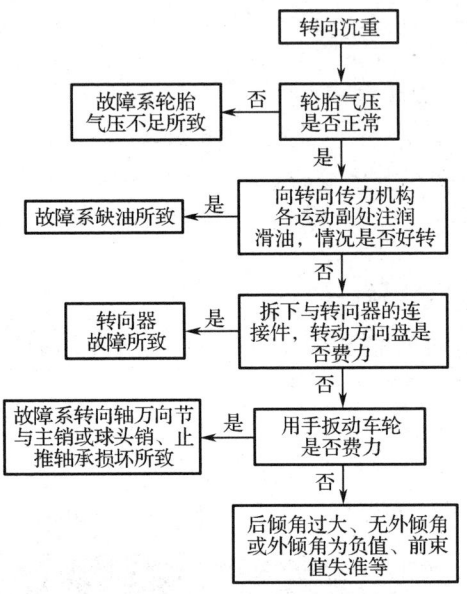

图 3-48　损坏的转向轴万向节十字轴　　　　图 3-49　转向沉重故障的诊断与排除流程图

三、转向轮摆振

1. 故障现象

汽车在某一速度范围内行驶时，转向轮围绕主销发生角振动。

2. 故障原因

（1）前轮磨损不均匀，如图 3-50 所示。

（2）车轮动不平衡，轮辋变形（如图 3-51 所示），或平衡块丢失。

图 3-50　前轮磨损不均匀　　　　　　　　图 3-51　轮辋变形

（3）独立悬架汽车摆臂衬套或球头销间隙过大。如图 3-52 所示为损坏的衬套。

（4）悬架减振器失效或左右两边减振器效能不一。如图 3-53 所示为漏油的减振器。

图 3-52　损坏的衬套

图 3-53　漏油的减振器

（5）前轮轮胎轴承松动，导致轮胎摆动。

（6）前轮定位失准，如图 3-54 所示为前轮定位参数失准。

3. 故障诊断与排除

转向轮摆振故障的诊断与排除流程图如图 3-55 所示。

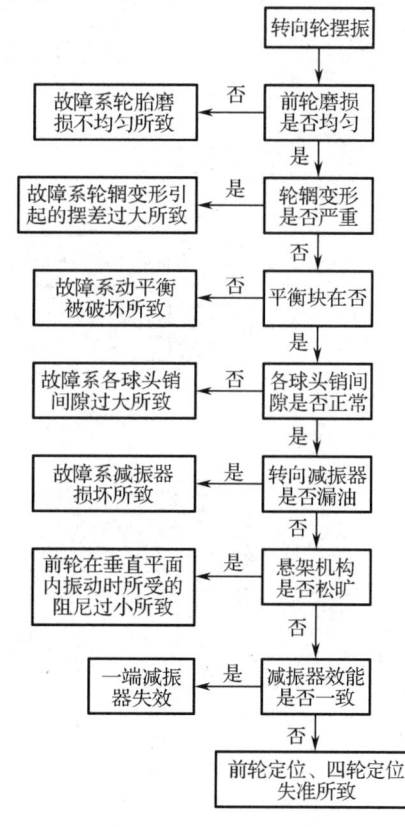

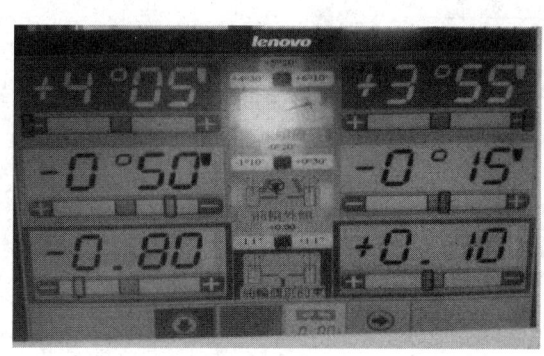

图 3-54　前轮定位参数失准

图 3-55　转向轮摆振故障的诊断与排除流程图

3.2.2　动力转向系统故障的诊断与排除

目前汽车上所使用的动力转向系统有液压动力转向系统、电控-液压动力转向系统和电控-电动动力转向系统，下面主要介绍后两种。

一、电控-液压动力转向系统检测与诊断

电控-液压动力转向系统通常由液压动力转向系统、电磁阀、车速传感器的电子控制单元（ECU）组成，电子控制单元根据车速信号控制电磁阀以调节系统压力，使转向助力放大倍率连续可调，从而满足高、低速时的转向助力要求。

电控-液压动力转向系统机械及油路故障可参照液压动力转向系统故障的诊断与排除，在此不再赘述，本节主要介绍电路部分故障的诊断与排除。

下面以丰田皇冠汽车电子控制动力转向系统为例介绍液压式电子控制动力转向系统的故障检测与诊断方法。如图 3-56 所示为该车型的结构布置和控制电路图，如图 3-57 所示为该车型控制电路图。

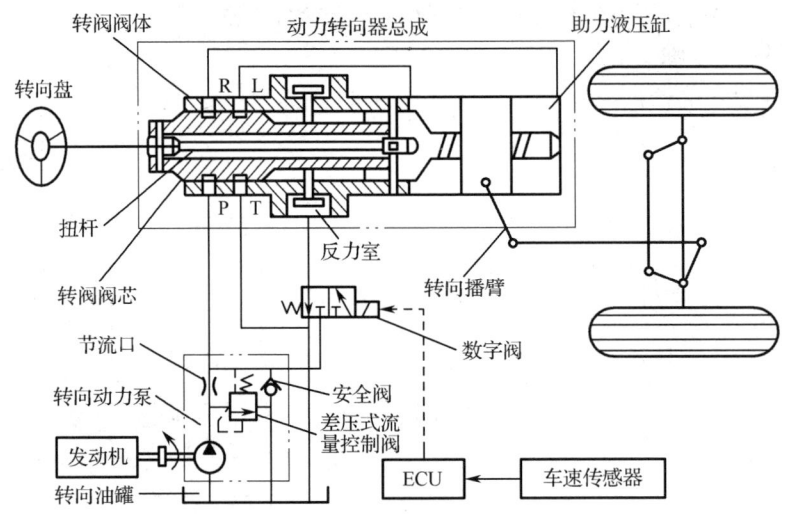

图 3-56　丰田皇冠汽车结构布置和控制电路图

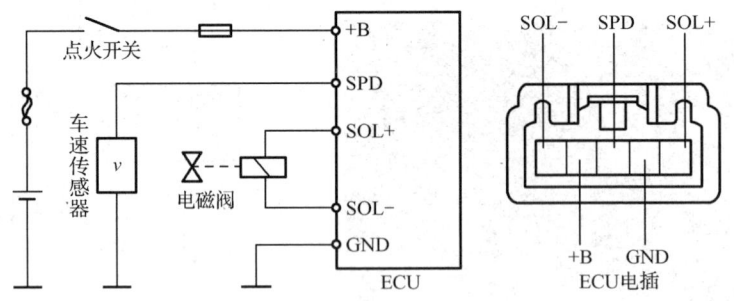

图 3-57　丰田皇冠汽车控制电路图

1. 转向助力液液面高度检查

（1）保持车身为水平状态，使车轮处于直行位置。

（2）启动发动机，使其怠速运转。

（3）左右打几次方向盘，使动力转向油温达到 80℃ 左右。

（4）关闭发动机，拧下油尺（注意：转向助力液油尺一般与油壶盖做成一体，还有的将

液位高度在油壶上进行标识），检查液面是否在油尺的热液面范围内；如果油是冷的，检查液面是否在冷液面范围内，如图 3-58 所示。

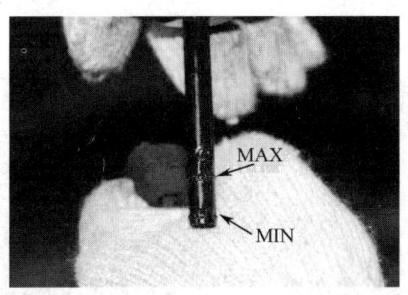

图 3-58　转向助力液液位检查

（5）如果液面过低，则在最大刻度范围内添加转向油。

（6）添加完转向油后，启动发动机，并左右反复打几次方向盘，对系统进行排气，并再次检查液面高度。

2. 皮带张紧力的检查

可以用以下方法检查皮带张紧力。

（1）将汽车停在干燥路面上，运转发动机使转向助力液上升到正常温度，左右转动方向盘，此时驱动皮带的负荷最大，如果皮带打滑，说明皮带张紧力不够。

（2）在发动机不运转的情况下，用手施以大约 100N 的力，从皮带的中间位置按下，皮带应有大约 10mm 挠度的变形量，如图 3-59 所示。

（3）用皮带张紧度测量表或声波张力计测量皮带在产生标准变形量时所需力的大小，新皮带约为 450～550N，旧皮带约为 200～350N。如图 3-60 所示为使用声波张力计检查皮带的张紧力。

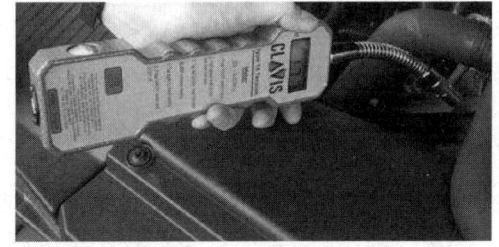

图 3-59　手动检查皮带张紧力　　　图 3-60　使用声波张力计检查皮带的张紧力

3. 系统压力的检查

如图 3-61 所示，接好压力表和节流阀，将节流阀打开，启动发动机并以怠速运转；将方向盘向左、右方向旋转到极限位置；读出压力表上的压力值，正常值为 6.8～8.2MPa；如果压力达不到要求，需要修理或更换总成。

4. 电控系统的故障诊断

（1）打开点火开关，此时汽车仪表灯应亮起，如图 3-62 所示。

（2）检查 ECU-IG 熔断器是否完好，若熔断器损坏则更换熔断器后重新检查；若熔断器又被烧毁，则表明此熔断器与动力转向 ECU 的+B 端子之间的电路有搭铁故障；若熔断器完好，则进行下一步检查。

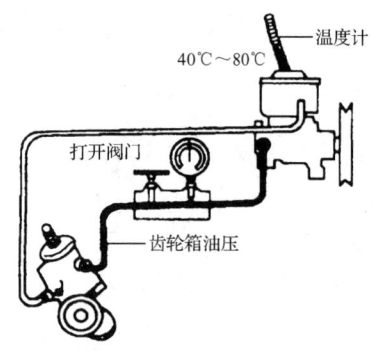

图 3-61　转向系统压力检查

图 3-62　汽车仪表灯亮起

（3）拔下 ECU 插接器，检查插头端的+B 端子与车身搭铁之间的电压，应有蓄电池电压（10～14V）。否则，表明熔断器与 ECU 的+B 端子之间线束开路。若电压正常，则进行下一步检查。

（4）检查 ECU 的 GND 端子与车身搭铁之间的导通情况，若不导通，则 ECU 的 GND 端子与车身搭铁之间存在线束开路或车身搭铁故障；若导通，则进行下一步检查。

（5）将一侧前轮顶起并使之转动，用万用表测量 ECU 插接器插头端的 SPD 端子和 GND 端子之间的电阻。在车轮转动时，其正常的电阻值应在 0～∞交替变化，否则说明 ECU 的 SPD 端子与车速传感器之间的线束存在开路或短路故障，或车速传感器存在故障。若电阻值变化正常，则进行下一步检查。

（6）分别检查 ECU 插接器插头端的 SOL+端子、SOL-端子与 GND 端子之间是否导通。若导通，则表明 SOL+端子或 SOL-端子与 GND 端子之间的线路存在短路或电磁阀故障。若不导通，则进行下一步检查。

（7）用万用表检查 ECU 插接器插头端的 SOL+端子与 SOL-端子之间的电阻，其正常电阻值应为 6～11Ω。若电阻值不正常，则表明 SOL+端子与 SOL-端子之间线路存在断路或电磁阀故障；若电阻值正常，则可能是动力转向 ECU 故障，必要时进行换件检查。

5. 电控部件的检查

（1）电磁阀的检查。

① 脱开线束插接器，用万用表检测 ECU 插接器插头端的 SOL+ 端子与 SOL-端子之间的电阻，其正常电阻值应为 6～11Ω，否则电磁阀存在故障，应予以更换。

② 如图 3-63 所示，拆下电磁阀，将蓄电池正极接电磁阀 SOL+端子，负极接 SOL-端子，此时应能听到电磁阀动作的"咔哒"声，同时确认针阀是否缩进大约 2mm，否则，应更换电磁阀。

（2）ECU 的检查。

① 顶起汽车并稳定支撑，拆下杂物箱（注意不要拔出 ECU 的插接器），启动发动机。

② 在不拔下 ECU 插接器、发动机怠速运转的情况下，测量 ECU 的 SOL-端子与 GND 端子之间的电压，如图 3-64 所示。挂挡使车轮以 60km/h 的车速转动，再次测量 SOL-端子与 GND 端子之间的电压，所测得电压值应比原来增加 0.07～0.22V。若上述测量无结果，则应更换 ECU 重试。

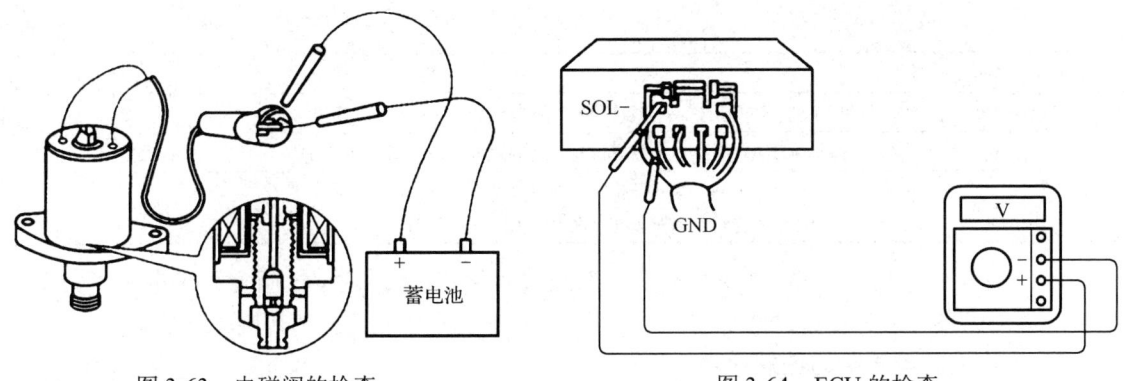

图 3-63 电磁阀的检查　　　　　　　　　图 3-64 ECU 的检查

二、电控-电动动力转向系统检测与诊断

以任务中提到的 NISSAN 汽车的故障现象，进行电控-电动动力转向系统的检测与诊断。

1. NISSAN 电控转向系统认识

NISSAN 电控转向系统结构原理图如图 3-65 所示。

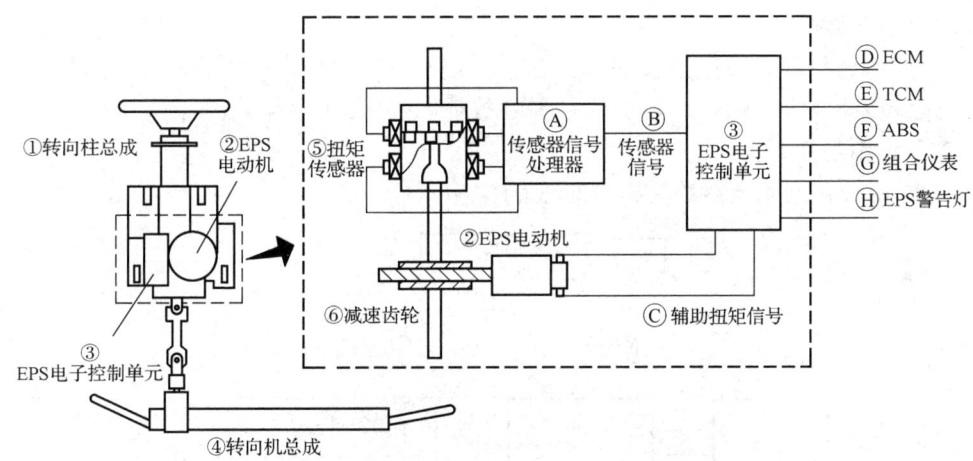

图 3-65 NISSAN 电控转向系统结构原理图

NISSAN 电控转向系统各个部件的功能介绍如表 3-3 所示。

表 3-3 NISSAN 电控转向系统各个部件的功能介绍

零部件名称	作　用
电动助力转向（EPS）电子控制单元	1. 接收扭矩传感器发出的转向扭矩信号及 CAN 通信网络传递的车速信号等，并对电动机发出输出辅助扭矩信号； 2. 如果持续过度地使用电动转向，电子控制单元输出信号便会减少，以保护电动机与 EPS 电子控制单元； 3. 电气系统在故障条件下，"安全－失效"模式便会启动，关闭对电动机的输出，转为手动转向，EPS 警告灯便会点亮，显示系统出错； 4. 通过 CAN 通信系统，可以控制、协调与不同单元之间的通信； 5. 允许使用 CONSULT-II 进行系统诊断
EPS 电动机	通过 EPS 电子控制单元发出的控制信号产生辅助扭矩，是转向助力的动力源

续表

零部件名称	作　　用
扭矩传感器	监测方向盘转向力的大小和发送给 EPS 电子控制单元的传感器转向扭矩信号
减速齿轮	通过涡轮减速增扭，增加电动机产生的辅助扭矩，并传递到转向柱上
EPS 警告灯	1. 在"安全－失效"模式下打开，同时显示手动转向操作状态； 2. 在用钥匙打开检查值时点亮，在发动机启动后关闭

如果 EPS 系统出现故障，"安全－失效"模式将终止 EPS 控制，同时系统进入"安全－失效"模式状态。EPS 警告灯将点亮以显示异常状态，同时进入手动转向操作状态。

2．故障诊断与排除的注意事项

根据该车的故障现象进行故障诊断与排除时应注意以下事项：

（1）进行故障诊断，最重要的是要透彻地了解 EPS 各个系统的组成和工作原理。

（2）检查前了解客户的反馈是非常重要的，有必要时同客户一起驾驶车辆来检查症状。

（3）对于间歇性故障，根据客户的反馈及过去的案例来再现症状是非常重要的。请勿根据一些特殊情况进行检查，大多数间歇性故障是由于接触不良引起的。在此情况下，用手晃动可疑的线束或接头是有效的方法。如果修理后不进行任何症状检查，没有人可以判断症状是否已经真正被排除。

（4）测量时切勿用力拉伸接头端子。

（5）完成诊断修理之后，一定要执行清除故障码操作。

3．故障诊断与排除

NISSAN 电控转向系统线路如图 3-66 所示。

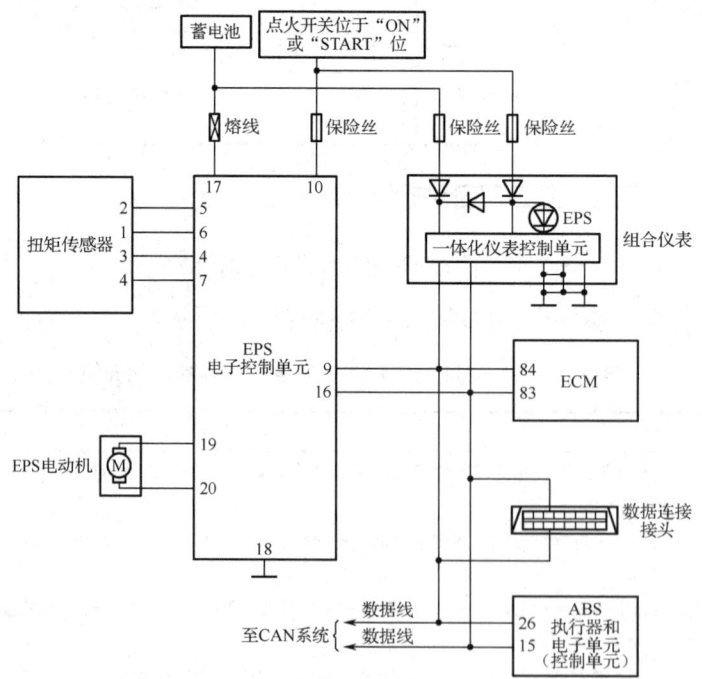

图 3-66　NISSAN 电控转向系统线路

系统电路连接如图 3-67 所示。

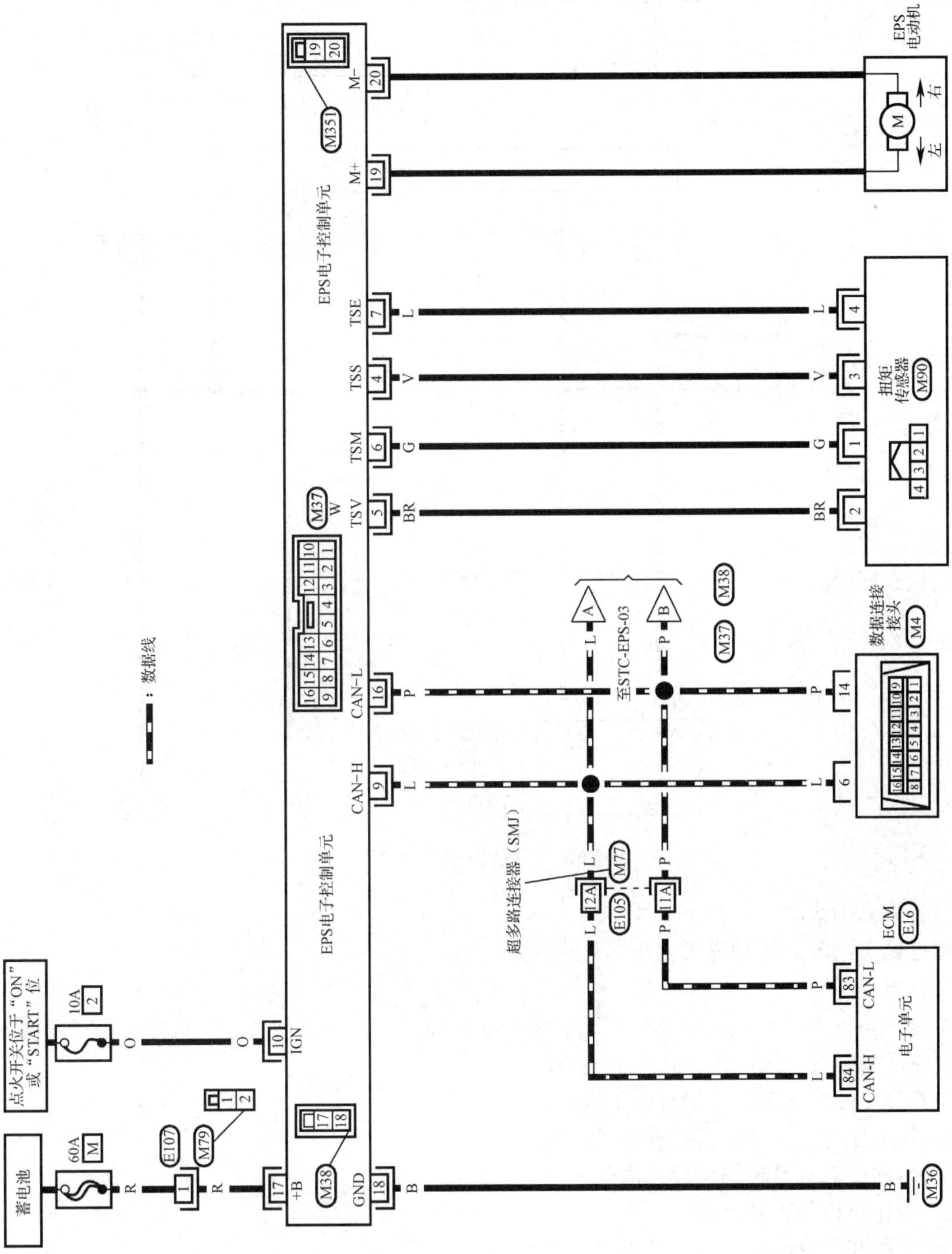

EPS电动机

EPS电子控制单元

M351

M37 W

EPS电子控制单元

数据线

扭矩传感器 M90

数据连接接头 M4

M37 M38

至STC-EPS-03

超多路连接器（SMJ）

M77 E105

ECM E16

电子单元

点火开关位于"ON"位

点火开关位于"START"位或"ON"位

蓄电池

10A

60A

E107 M79

M38

M36

图3-67 系统电路连接

系统仪表电路连接如图 3-68 所示。

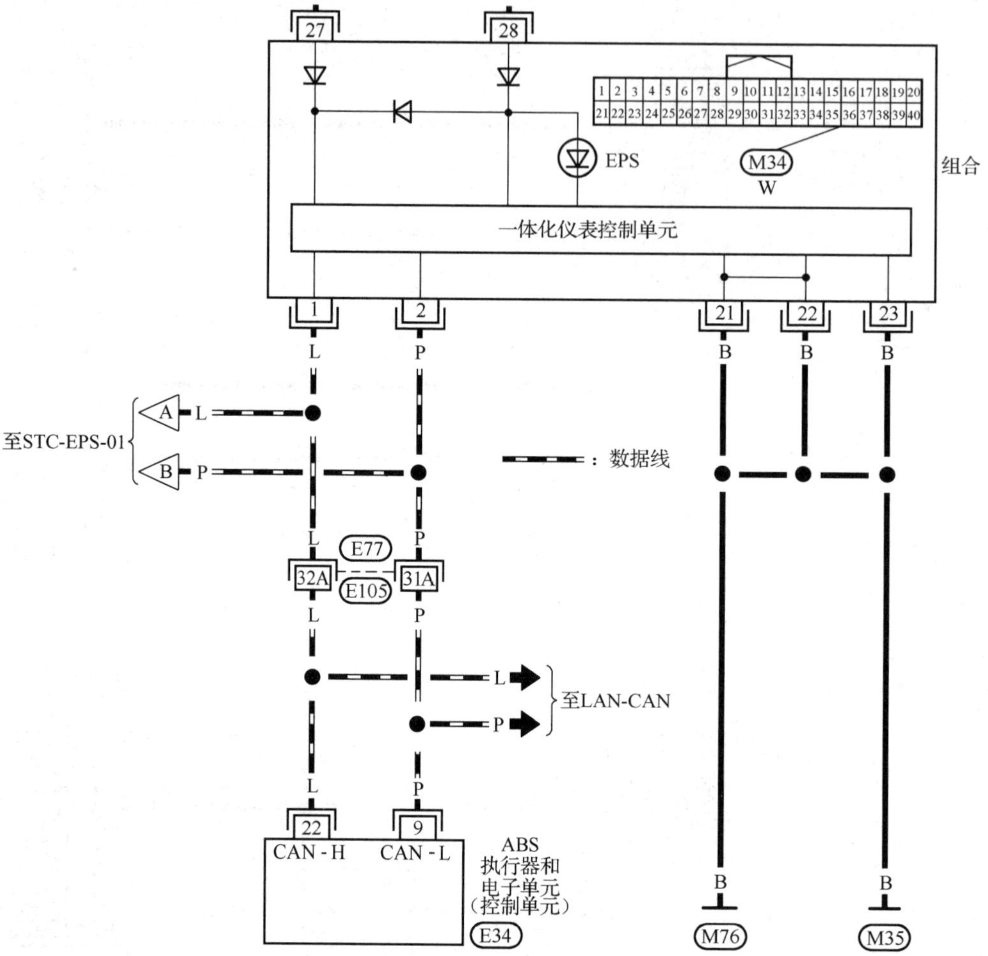

图 3-68　系统仪表电路连接

（1）故障确认。

通过试车，确认该车确实存在客户反映的故障。

（2）外观检查。

检查转向系统的相关机械部件有无碰撞、变形等现象；检查相关电子部件的连接器有无松动现象，如果发现则应进行相应的检修。

车辆停止的情况下，应检查以下内容。

① 轮胎压力与尺寸是否符合要求。

② 转向柱总成及转向齿轮总成的连接安装是否牢固。

③ 车轮定位是否符合要求。

④ 车桥和悬架的连接安装是否符合要求。

⑤ 蓄电池电压是否正常。

⑥ 发动机和其他系统工作是否正常。

（3）进行整车扫描及测试。

利用 NISSAN 专用故障诊断仪对整车进行扫描并读取车辆故障码，具体步骤如下。

① 使点火开关在"OFF"位。

② 将 CONSULT-II 诊断仪和 CONSULT-II 转换器连接到数据接口上。

③ 将点火开关转至"ON"位。

④ 选择"START（NISSAN BASED VHCL）"→"EPS"→"SELF-DIAG RESULTS"。

⑤ 显示自诊断结果，调出故障代码，故障代码如表 3-4 所示。如果显示"NO FAILURE"，检查 EPS 警告灯。

表 3-4　故障代码

DTC 代码	检 查 项 目	检 查 项 目
C1601	BATTERY_VOLT	EPS 电源故障
C1604	TORQUE_SENSOR	转向柱总成中的扭矩传感器故障
C1606	EPS_MOTOR	电动机驱动器故障或 EPS 电子控制单元故障
C1607	EEPROM	EPS 电子控制单元的 EEPROM 故障
C1608	CONTROL_UNIT	EPS 电子控制单元内部故障
C1609	CAN_VHCL_SPEED	通过 CAN 通信系统接收的车速信号故障
C1610	CAN_ENG_PRM	通过 CAN 通信系统接收的发动机信号故障
U1000	CAN_COMM_CIRCUIT	在 CAN 通信电路中检测到故障

注：如果在几个系统中发现故障，包括"CAN COMM [U1000]"，应检查 CAN 通信系统。

⑥ 从显示项目列表中执行适当的检测，修复或更换故障部件，各模式及相应的功能如表 3-5 所示。

表 3-5　各模式及相应的功能

模　式	功　能
SELF-DIAG RESULTS	从 EPS 电子控制单元接收自诊断结果并显示故障代码
DATA MONITOR	从 EPS 电子控制单元接收输入/输出信号，显示并储存这些信号，以方便确定故障原因
ECU PART NUMBER	显示 EPS 电子控制单元零部件编号
CAN DIAG SUPPORT MNTR	监控 CAN 通信系统的发送/接收状态

⑦ 数据监控。

数据监控的操作步骤如下：

a. 选择"START（NISSAN BASED VHCL）"→"EPS"→"DATA MONITOR"。

b. 返回监视项目选择屏幕，选择"ALL SIGNALS""SELECTION FROM MENU"中的任意一个。

c. 选择"START"。

d. 屏幕显示"DATA MONITOR"。数据监控项目及对应的故障部位如表 3-6 所示。

表 3-6　数据监控项目及对应故障部位

监控项目	数据监控		故障部位
	监控条件	显示内容和正常参考值	
MOTOR VOL（V）	点火开关在"ON"位置或者发动机运转	蓄电池电压（约为12V）	蓄电池电压故障
TORQUE SENSOR（N·m）	点火开关在"ON"位置或在发动机运转的情况下，顺时针或逆时针转动方向盘	中置（转向力为零，车轮正前）位置时转向力约为0，测量值会根据左右转向变化	扭矩传感器故障
MOTOR SIG（A）			1. 扭矩传感器故障；
MOTOR CURRENT（A）			2. 电动机故障； 3. 电子控制单元故障
VEHICLE SPEED（km/h）	点火开关在"ON"位置或者发动机运转	与车速表显示的值基本一致	车辆速度信号故障
WARNING LAMP（ON/OFF）		EPS 警告灯开启：ON； EPS 警告灯关闭：OFF	警告灯电路故障
DERATING STAT（ON/OFF）		通常关闭，如果固定转向操作过度，就会打开；如果暂时不操作，恢复到关闭状态	正常
ENGINE STATUS（stop，stall，run，crank）		显示发动机状态	发动机信号故障

（4）电子控制系统线路检查。

根据系统电路连接（见图 3-67）使用车用万用表进行电压测量，将测量结果和标准值进行对照，电子控制单元输入与输出检测标准值如表 3-7 所示。

表 3-7　电子控制单元输入与输出检测标准值

测量端口	测量部位		测量状态	标　准
4（V）	接地	扭矩传感器（辅助）	点火开关在"ON"位置，方向盘位于中置位置	约为 2.5V
5（BR）		扭矩传感器	电源点火开关处于"ON"位置	约为 8V
6（G）		扭矩传感器（主）	点火开关在"ON"位置，方向盘位于中置位置	约为 2.5V
7（L）		扭矩传感器接地		导通
9（L）	—	CAN-H		
10（O）	接地	点火电源	点火开关处于"ON"位置	蓄电池电压约为 12V
			点火开关关闭	约为 0V
16（P）	—	CAN-L	—	
17（R）	接地	蓄电池电源	点火开关在"ON"或"OFF"位置	蓄电池电压约为 12V
18（B）	接地	接地		导通
19（M+）	—	电动机（+）	—	
20（M−）	—	电动机（−）	—	

① 电源电路端口和蓄电池的检查。

检查蓄电池正极/负极端及接地端是否松动，同时确认蓄电池电压正常。

② EPS 警告灯的检查。

a．在点火开关打开的情况下，确保 EPS 警告灯点亮。如果未点亮，检查 CAN 通信电路；如果 CAN 通信正常，检查组合仪表。

b．将点火开关转动到"ON"位置且发动机启动之后，确保 EPS 警告灯关闭。如果没有关闭，执行自诊断。

c．完成故障诊断之后，一定要清除 DTC 记忆，清除故障码。

③ EPS 电子控制单元供电与接地电路的检查。

a．检查 EPS 电子控制单元接头。

将点火开关转到"OFF"位置，断开 EPS 电子控制单元线束接头，检查连接端口有无变形、断开、松弛等异常现象。如果接头端口出现松动、损坏、开路或短路，则应进行相应的修理，更换端口或连接器，否则进入下一步检查。

b．检查 EPS 电子控制单元接地电路。

如图 3-69 所示，断开 EPS 电子控制单元线束接头 M38，然后检查 EPS 电子控制单元线束接头 M38 与接地之间的导通性，测量结果应为导通。

c．检查 EPS 电子控制单元电源电路。

如图 3-70 所示，将点火开关转至"ON"位置，检查 EPS 电子控制单元线束接头 M37、M38 的端口和接地之间的电压。测量结果应为蓄电池电压（约为 12V），如果异常则说明电源电路开路或短路，应进行修理或更换故障零部件。

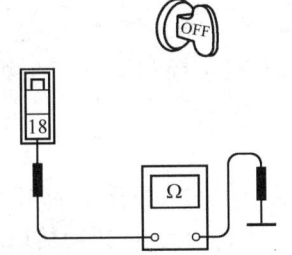

图 3-69　检查 EPS 电子控制单元接地电路

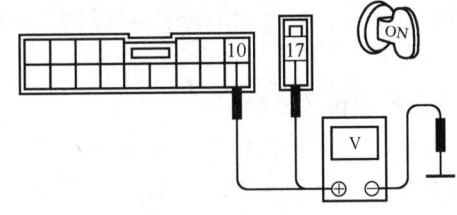

图 3-70　检查 EPS 电子控制单元电源电路

d．检查 EPS 电子控制单元。

将点火开关转到"OFF"位置，断开 EPS 电子控制单元线束接头，启动发动机。在 CONSULT-II 诊断仪数据监控中检查"MOTOR VOL"，电压值应为 10～16V。如果异常则说明 EPS 电子控制单元故障，应更换 EPS 电子控制单元。

（5）电子控制系统部件检查。

① 扭矩传感器的检查。

a．检查扭矩传感器接头。

检查连接端口有无变形、断开、松弛等异常现象，重新牢固地安装接头并执行自诊断，观察在自诊断中是否显示"TORQUE SENSOR"。

b．检查扭矩传感器线束。

将点火开关转到"OFF"位置，断开 EPS 电子控制单元线束接头和扭矩传感器线束接头，利用万用表检查 EPS 电子控制单元线束接头 M37 与扭矩传感器线束接头 M90 之间的导通性，如图 3-71 所示。测量结果应为导通，标准值如表 3-8 所示，否则说明 EPS 电子控制单元与扭矩传感器之间线束出现开路或短路，应更换线路连接线。

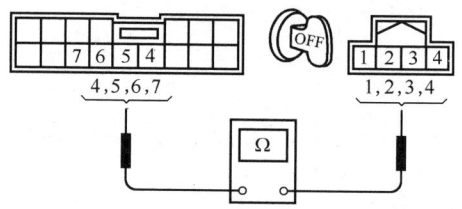

图 3-71　检查扭矩传感器线束

表 3-8　标准值

M37 端口	M90 端口	测 量 状 态	标 准 值
端口 4	端口 3		
端口 5	端口 2	点火开关位于"OFF"位	导通
端口 6	端口 1		
端口 7	端口 4		

c．检查扭矩传感器电源。

连接 EPS 电子控制单元与扭矩传感器线束接头，将点火开关转至"ON"位置，将方向盘转到中置位置（转向力=0），然后检查 EPS 电子控制单元线束接头 M37 的电压，如图 3-72 所示，测得端口 5、7 之间的电压值应约为 8V。否则说明 EPS 电子控制单元存在故障，需要更换。

d．检查扭矩传感器信号。

将方向盘转到中置位置（转向力=0），然后检查 EPS 电子控制单元线束接头 M37 的电压，如图 3-73 所示。扭矩传感器（辅助）端口 4、7 之间的电压值应约为 2.5V，扭矩传感器（主）端口 6、7 之间的电压应约为 2.5V。结果正常，说明 EPS 电子控制单元存在故障，应进行更换。否则说明扭矩传感器存在故障，应更换转向柱总成。

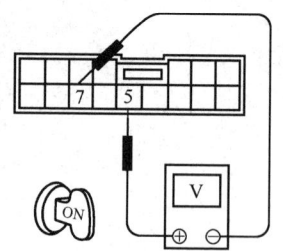

图 3-72　检查扭矩传感器电源

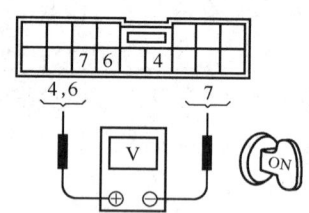

图 3-73　检查扭矩传感器信号

② 电动机的检查。

a．检查 EPS 电子控制单元接头。

将点火开关转到"OFF"位置，断开 EPS 电子控制单元线束接头，检查端口有无变形、断开、松弛等异常现象。重新安装接头并执行自诊断，观察在自诊断中是否显示"EPS_

MOTOR"。如果接头端口出现松动、损坏、开路或短路，则应进行修理或更换端口。

b．检查电动机电阻。

如图 3-74 所示，将点火开关转到"OFF"位置，从 EPS 电子控制单元上断开电动机线束接头 M351。利用万用表检查电动机线束接头 M351 之间的电阻，端口 19、20 之间的电阻应约为 0.1Ω 或更小。结果正常说明 EPS 电子控制单元存在故障，更换 EPS 电子控制单元；否则说明电动机存在故障，应更换转向柱总成。

③ 电子控制单元的检查。

a．检查 EPS 电子控制单元接头。

将点火开关转到"OFF"位置，断开 EPS 电子控制单元线束接头，检查连接端口有无变形、断开、松弛等异常现象。如果接头端口出现松动、损坏、开路或短路，应修理、更换端口或连接器。

b．检查 EPS 电子控制单元接地电路。

如图 3-75 所示，断开 EPS 电子控制单元线束接头 M38，然后检查 EPS 电子控制单元线束接头 M38 与接地之间的导通性，测量所得结果应为导通。

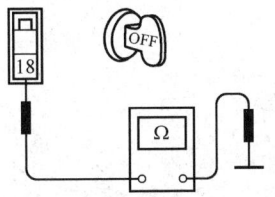

图 3-74　检查电动机电阻

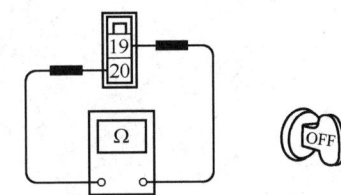

图 3-75　检查 EPS 电子控制单元接地电路

c．检查 EPS 电子控制单元电源电路。

如图 3-76 所示，将点火开关转至"ON"位置，检查 EPS 电子控制单元线束接头 M37、M38 的端口和接地之间的电压，测量所得结果应为蓄电池电压（约为 12V）；否则说明电源电路开路或短路，应修理或更换故障零部件。

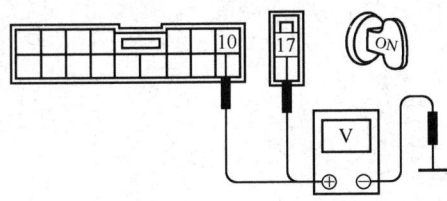

图 3-76　检查 EPS 电子控制单元电源电路

d．检查 EPS 电子控制单元。

牢固地连接 EPS 电子控制单元线束接头并执行自诊断，观察在自诊断中是否显示"CONTROL_UNIT"。如果有则说明 EPS 电子控制单元存在故障，应更换 EPS 电子控制单元。

④ 车辆速度信号故障。

a．检查 ABS 执行器和电子控制单元地线电路，执行 ABS 执行器和电子控制单元自诊断，如有异常则修理或更换故障零部件。

b．检查车速表。

执行组合仪表（车速表）自诊断，如有异常则修理或更换故障零部件。

c．检查 EPS 电子控制单元接头。

将点火开关转到"OFF"位置，断开 EPS 电子控制单元线束接头，检查连接端口有无变形、断开、松弛等异常现象。

重新安装接头并执行自诊断，并观察"CAN_VHCL_SPEED""CAN_COMM_CIRCUIT"是否显示在自诊断信息中。如果显示在自诊断信息中，则 EPS 电子控制单元存在故障，应更换 EPS 电子控制单元。如果只显示"CAN_COMM_CIRCUIT"，则应检查 CAN 通信电路。否则的话说明接头端口出现松动、损坏、开路或短路，应进行修理或更换端口。

3.2.3　转向系统故障的诊断与排除工作页

一、请列出机械转向系统转向沉重的故障原因

_____

_____

_____

_____

_____

_____

_____

二、动力转向系统故障诊断与排除

一辆 2015 年日产轩逸电动转向系统故障指示灯点亮，请对车辆进行故障诊断与排除。

一、确认故障现象，推定可能的故障范围。
与本故障相关的故障现象：
根据故障现象，判断可能的故障原因：
二、根据电路图绘制控制原理图。
三、使用汽车解码器，读取相应故障码。
根据诊断结果，进一步缩小故障范围，并确定测试对象为：
四、基于以上诊断结论，选择测量点实施测量，确定故障点。

测试对象	

测试条件			使用设备		

数据流、执行元器件诊断、电压、电流、电阻等测量结果，不用者不填。

测试参数					
标准描述					
测试结果					
是否正常					
测试参数					
标准描述					
测试结果					
是否正常					

波形测试结果，不用者不填。

波形名称	标准波形（注意单位）	实测波形（请圈出异常位置）

分析测试结果，必要时进行简单修复，并做进一步诊断（或验证），不用者不填。

五、基于以上分析及测试，将结果记录在表中，归纳总结核心步骤。

步　骤	对　象	结　果	结　论	下一步诊断对象
1				
2				
3				
4				
5				
6				

六、分析测试结果，结合故障机理，给出结论或维修建议。

任务三 行驶系统故障的诊断与排除

 **学习目标**

1. 能描述行驶系统的构造与工作原理
2. 掌握行驶系统的检测方法与标准数据
3. 掌握行驶系统的故障形式及类型
4. 掌握行驶系统的故障诊断分析流程
5. 培养严格遵守安全操作规程的职业规范
6. 培养互帮互助、团队协作的能力

 **任务接受**

某天，一大众 CC 车主到 4S 店，向维修服务顾问（SA）反映，其车辆出现行驶系统故障，SA 接车后，将该车辆交付进行维修作业。

 **任务准备**

教学设备、工具及仪器如表 3-9 所示。

表 3-9　教学设备、工具及仪器

名　　称	数　　量	名　　称	数　　量
普通维修工具	1 套/5 人	车辆	1 辆/5 人
万用表	1 套/5 人	故障诊断仪	1 套/5 人

3.3.1　行驶系统常见故障的诊断与排除

行驶系统的故障有行驶跑偏、轮胎异常磨损、行驶系统异响和舒适性不良等。

一、行驶跑偏

1. 故障现象

汽车行驶时偏向一侧，驾驶员要把住方向盘或给方向盘加力于一侧汽车才能正常行驶，否则车辆极易向一侧跑偏从而导致车辆偏离行驶方向，驾驶员需要不断修正方向才能正常行驶。

2. 故障原因

（1）安装了不合规格的轮胎，两侧轮胎大小不同；两侧轮胎气压不相等，或一侧轮胎磨损过甚或磨损程度不同。

（2）车辆装载不均衡。

（3）前后桥两侧的单边车轮制动拖滞或前轮轮毂轴承调整不当，过紧或过松。

（4）前后轴轴距差过大。

（5）横向稳定器工作不良，减振器失效或弹簧出现弹性衰减或弹簧折断。

（6）转向轮定位失准。

（7）车架一侧断裂，车架变形不正。

3. 故障诊断与排除

（1）轮胎换位，使轮胎气压一致。

（2）调整前轮轮毂轴承；校正前轴，恢复正确前轮定位角；调整汽车前束为正确值。

（3）检查、更换前钢板弹簧，更换两侧减振器。

（4）维修车架，校正变形。

（5）检查、更换后钢板弹簧，紧固固定螺栓。

（6）校正或更换后桥壳。

（7）检查与调整后轴（后桥）与车架的相对位置。

（8）注意是否偏载，行驶中载荷是否偏斜。

行驶跑偏故障的诊断与排除流程图如图3-77所示。

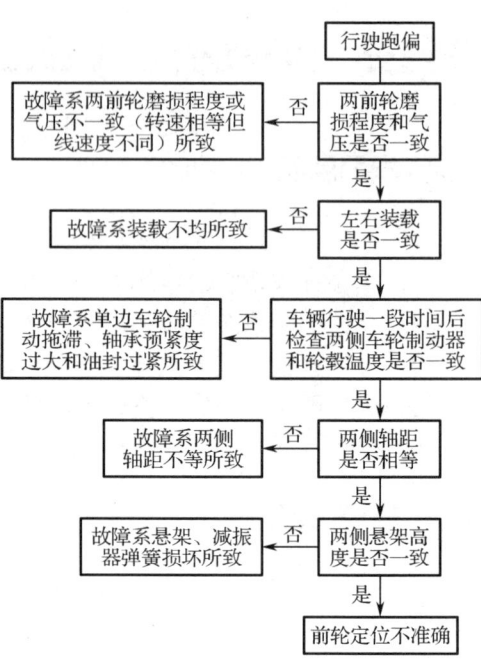

二、轮胎异常磨损

图3-77 行驶跑偏故障的诊断与排除流程图

1. 故障现象

轮胎花纹出现单边磨损、两侧磨损等现象，局部磨损严重，如图3-78所示。

（a）单边磨损

（b）锯齿状磨损

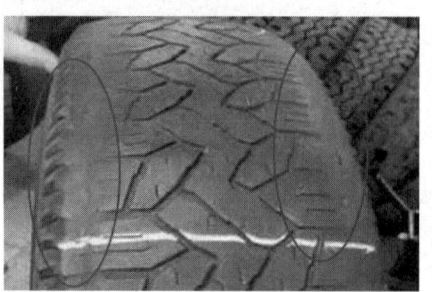

（c）两侧磨损

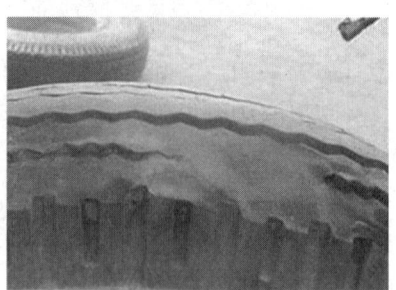

（d）块状磨损

图3-78 轮胎磨损

2．故障原因

（1）轮胎的气压不符合要求。

（2）前轮定位不准确。

（3）转向节与主销、纵横拉杆、轮毂轴承等处松旷。

（4）经常超载或偏载。

3．故障诊断与排除

在进行故障诊断时应根据轮胎的磨损状况初步判断故障的大概位置，如轮胎出现两侧磨损的现象，是机械部件出现问题而导致的，还是轮胎的充气压力不足而导致的。

轮胎异常磨损故障的诊断与排除流程图如图 3-79 所示。

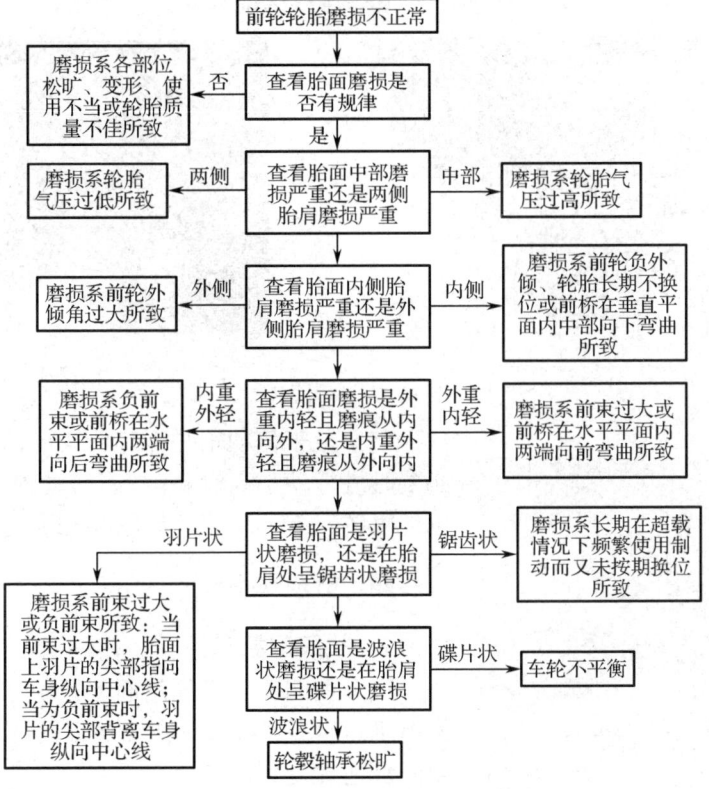

图 3-79　轮胎异常磨损故障的诊断与排除流程图

三、行驶系统异响

1．故障现象

汽车行驶时，行驶系统有异常响声，且行驶速度越快，响声越大。

2．故障原因

（1）悬架各部件连接松动、安装不当或损坏。

（2）减振器工作不良。

（3）前轮轴承因磨损而松动。

（4）转向节销、衬套磨损及连接杆件的球头磨损或安装不当。

（5）轮胎出现异常磨损或者轮胎的帘布层损坏。

（6）传动轴动不平衡或者十字万向节卡死。

3. 故障诊断与排除

（1）检查悬架各部件的连接状况，若其出现松动、安装不当或损坏，应将其紧固、修复或更换。如图3-80所示为摆臂衬套损坏。

（2）检查减振器，若其工作不良或损坏，应予以修复或更换。

（3）检查前轮轴承，若其松动或磨损，应予以调整或更换。

（4）检查转向节销和衬套，若转向节销或衬套及连接杆件的球头因漏油而磨损或安装不当，应将其修复或调整。如图3-81所示为上摆臂球头漏油。

图3-80　摆臂衬套损坏

图3-81　上摆臂球头漏油

图3-82　十字万向节生锈

（5）检查传动轴是否弯曲变形、平衡块有无脱落，必要时进行动平衡检验；检查传动轴的十字万向节是否出现生锈、卡死现象，如图3-82所示。

四、舒适性不良

1. 故障现象

汽车在凹凸不平的路面上行驶时，车身产生的振动不能迅速衰减；或汽车在高速行驶时车身振动严重，乘坐的舒适性受到破坏。

2. 故障原因

（1）轮胎气压不符合要求。

（2）轮胎磨损过甚或磨损不均。

（3）车轮动不平衡现象严重。

（4）减振器工作不良或损坏。

（5）悬架系统弹性零件损坏。

（6）传动轴动不平衡。

3. 故障诊断与排除

（1）检查轮胎的充气及磨损情况

若轮胎磨损严重且气压不符合要求，则轮胎会失去其应有的缓冲和减振性能而导致乘坐舒适性不良；若轮胎磨损不均，则可导致轮胎在高速下失去动平衡而引起振动，如轮胎表面出现橡胶脱落，如图3-83所示。

（2）检查减振器

悬架的减振器多为不可拆卸式一次性部件。目视检查时，若减振器存在弯曲变形或严重的凹陷或刺孔，说明减振器损坏。检查时，可让汽车运行一段时间后停车，迅速用手触摸减振器筒体。若感到筒体发热、烫手，说明减振器工作正常，不缺油；若感觉筒体不发热或温度变化不大，则说明减振器失效或缺油。如图3-84所示为减振器因漏油而失效。

图3-83 轮胎表面出现橡胶脱落

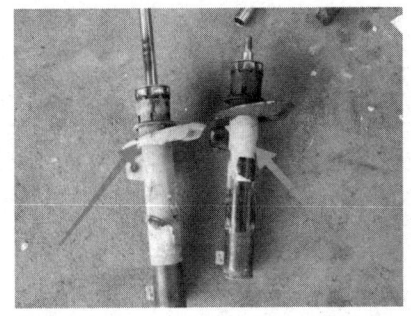

图3-84 减振器因漏油而失效

（3）检查悬架弹簧。目视检查弹簧是否折断或有损伤缺陷。

（4）检查悬架杆件连接处橡胶衬套是否老化或损坏，其连接部位是否间隙过大。如图3-85所示为橡胶衬套老化开裂。

（5）检查车轮是否有明显变形，然后检测轮辋的径向和端面圆跳动量，以确定轮辋变形是否超标，必要时对车轮进行动平衡检测以确定故障所在。如图3-86所示为轮辋变形。

图3-85 橡胶衬套老化开裂

图3-86 轮辋变形

（6）检查传动轴是否存在弯曲变形、平衡块有无脱落，必要时进行动平衡检验；检查传动轴的十字万向节是否出现生锈、卡死现象。

Note

3.3.2 行驶系统故障的诊断与排除工作页

1. 请列出行驶跑偏的故障诊断流程。

_____

_____

_____

_____

_____

_____

2. 请列出轮胎异常磨损的故障原因。

_____

_____

_____

_____

_____

_____

_____

_____

_____

_____

_____

_____

_____

_____

_____

Note

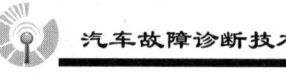

Note

任务四　制动系统故障的诊断与排除

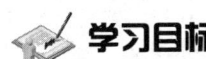 **学习目标**

1. 能描述制动系统的构造与工作原理
2. 掌握制动系统的检测方法与标准数据
3. 掌握制动防抱死系统（ABS）的组成及工作原理
4. 掌握制动系统的故障诊断分析流程
5. 培养严格遵守安全操作规程的职业规范
6. 培养互帮互助、团队协作的能力

任务接受

一客户打电话反映最近车辆的刹车偏软，踩下去和没有踩似的，软绵绵的，在用车过程中还差点造成事故。

任务准备

教学设备、工具及仪器如表 3-10 所示。

表 3-10　教学设备、工具及仪器

名　称	数　量	名　称	数　量
普通维修工具	1 套/5 人	车辆	1 辆/5 人
万用表	1 套/5 人	制动系统台架	1 辆/5 人
故障诊断仪	1 套/5 人		

任务实施

3.4.1　液压制动系统故障的诊断与排除

液压制动系统利用制动液作为传力的介质。常见的液压制动系统有人力液压制动系统、气液制动系统、全液压动力制动系统和液压伺服制动系统等。

现代汽车上较多采用液压伺服制动系统。液压伺服制动系统是为了减轻驾驶员的劳动强度，增强制动效果，在人力液压制动系统的基础上加装了一套加力装置，即兼用人力和发动机动力的制动系统。在正常情况下，制动的动力大部分由液压伺服系统供给，在系统失效时则全部由驾驶员供给。

液压制动系统的常见故障有制动失效、制动效能不良、制动跑偏、制动拖滞等。

一、制动失效

1. 故障现象

在行驶过程中，踩下制动踏板后，汽车不能减速或停车。

2. 故障原因

（1）制动液严重不足。可通过制动液储液罐上的液位标识进行检查，如图 3-87 所示。

（2）制动主缸皮碗损坏或紧急制动时将皮碗踩翻。如图 3-88 所示为损坏的制动主缸皮碗。

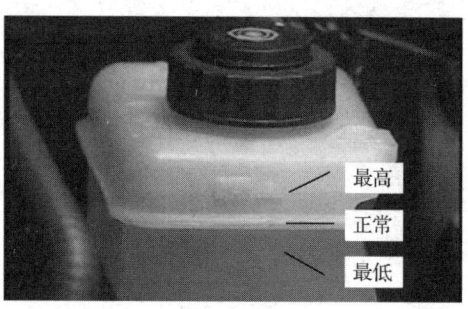

图 3-87　检查制动液液位

图 3-88　损坏的制动主缸皮碗

（3）制动管路破裂或接头漏油严重。如图 3-89 所示为已经严重漏油的制动软管。

（4）机械连接部位脱开，主要为传动装置部分的机械部件出现老化、磨损现象后未进行相应的维修而导致的，或者在维修过程中未安装牢固。

3. 故障诊断与排除

制动失效故障的诊断与排除流程图如图 3-90 所示。

图 3-89　已经严重漏油的制动软管

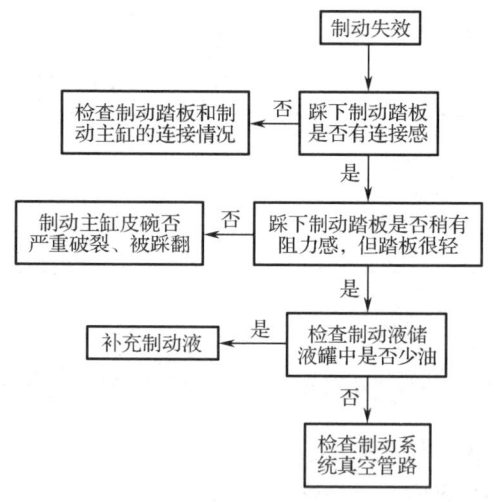

图 3-90　制动失效故障的诊断与排除流程图

二、制动效能不良

1. 故障现象

（1）行车时踏下制动踏板后，制动减速度小或反应迟缓。

（2）紧急制动时，制动距离过长。

2. 故障原因

（1）制动踏板自由行程过大。如图 3-91 所示为制动踏板自由行程示意图。

（2）制动系统内有空气。制动系统在检修、更换制动液之后，或拆卸并重新装配了制动主缸、制动轮缸和油管后，便会有空气渗入制动系统管路中，使制动效能明显降低，因此必须将制动系统内部渗入的空气排出制动管路。

（3）制动主缸缺油，皮碗老化、发胀或破损，如图 3-92 所示为损坏的制动主缸皮碗；主缸出油阀损坏，补偿孔、通气孔堵塞；主缸或轮缸皮碗变形损坏；活塞与缸壁磨损过度等。

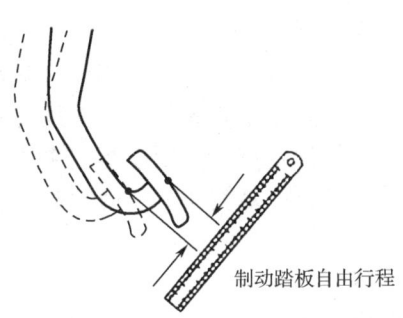

图 3-91　制动踏板自由行程示意图

图 3-92　损坏的制动主缸皮碗

（4）真空增压器（真空助力泵）有故障。真空管接头连接不紧密或管路损坏，如图 3-93 所示为接口处破裂的真空增压器软管。还有单向阀密封不严、控制阀膜片破裂、加力气室膜片破裂等。

（5）制动器有故障。鼓式制动器的制动蹄摩擦片与制动鼓的间隙过大、铆钉外露、制动鼓磨损过度等；盘式制动器的制动片或者制动盘磨损过度（如图 3-94 所示）、导向销卡死等。

图 3-93　接口处破裂的真空增压器软管

图 3-94　制动盘磨损过度

（6）制动分泵漏油，如图 3-95 所示。

图 3-95　制动分泵漏油

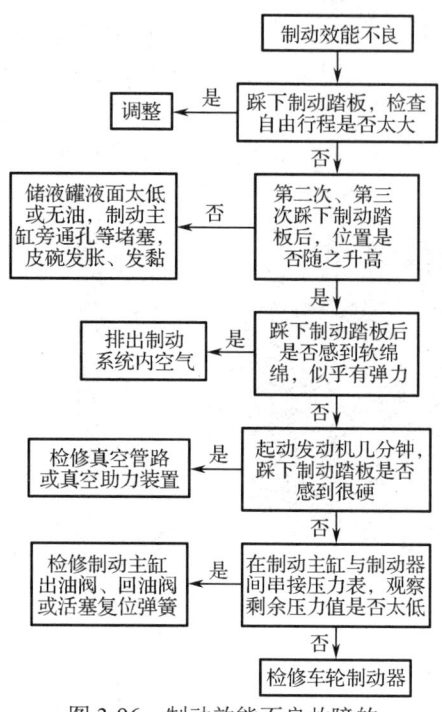

图 3-96　制动效能不良故障的
诊断与排除流程图

3. 故障诊断与排除

制动效能不良故障的诊断与排除流程图如图 3-96 所示。

本任务所涉及的故障，属于制动效能不良故障，于是根据故障诊断与排除流程进行作业。

（1）外观检查。

通过外观检查发现该车的制动液严重变质，油脂呈糊状。后经询问，该车已经有 5、6 年没有更换过制动液（正常更换周期为两年或者 4 万公里里程）。

对制动系统其他部件进行外观检查，未发现异常现象，初步判断故障可能是刹车总泵内部橡胶皮碗磨损严重造成的。

（2）作业准备。

将制动主缸内的制动液抽干，由于制动液具有一定的腐蚀性，需要将一块抹布放置于制动主缸下方，防止拆卸时制动液滴漏在汽车漆面上，损坏车身表面。

（3）拆卸制动主缸。

① 拆卸制动管路与制动主缸的连接螺栓，然后松开制动主缸的两颗固定螺栓，如图 3-97 所示。

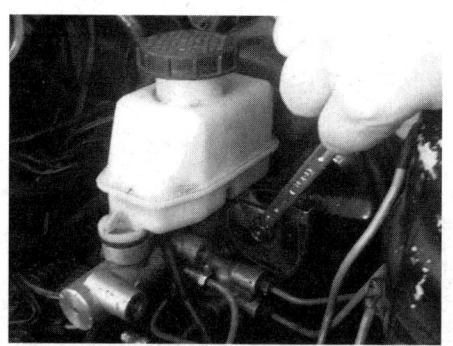

图 3-97　松开固定螺栓

② 取下制动主缸，如图 3-98 所示。

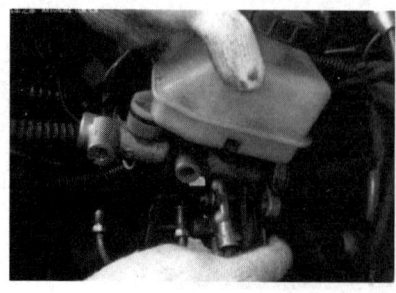

图 3-98　取下制动主缸

（4）分解清洗总泵。

① 利用卡簧钳拆卸制动主缸的卡簧，如图 3-99 所示。拆卸前观察到制动主缸前端位置有渗油现象。

 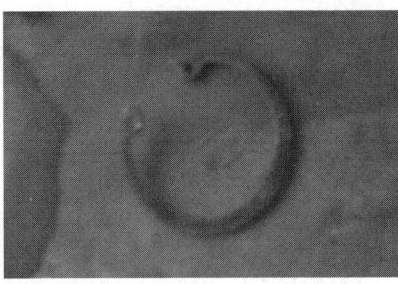

图 3-99　拆卸制动主缸的卡簧

② 拆卸储液罐。

如图 3-100 所示，拆卸储液罐和密封圈。

③ 取下活塞。

如图 3-101 所示，取下制动主缸的活塞。

 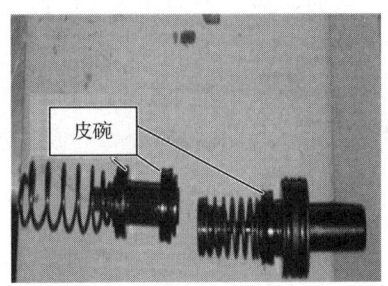

图 3-100　拆卸储液罐和密封圈　　　　　图 3-101　取下制动主缸的活塞

（5）查看真空助力泵。

查看真空助力泵，发现真空助力泵内侧有少许油液存在，推断是制动主缸前端所渗出的制动液流到真空助力泵上了，如图 3-102 所示。

对真空助力泵进行清洗，如图 3-103 所示为清洗后的真空助力泵。

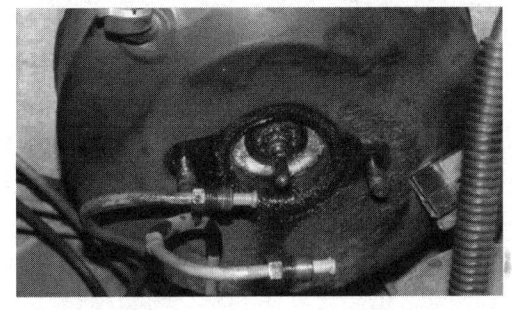 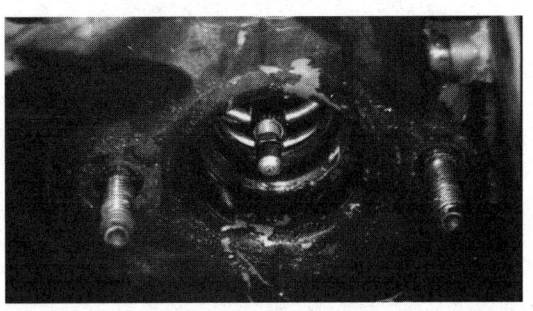

图 3-102　查看真空助力泵　　　　　　　图 3-103　清洗后的真空助力泵

图3-104　重新组装制动主缸

（2）紧急制动时出现偏头或甩尾现象。

（3）制动时车辆自动偏向一侧行驶。

2. 故障原因

（1）左、右车轮获得的制动器制动力不相等。

（2）左、右制动器蹄毂之间间隙大小不一致。

（3）左、右侧轮缸内活塞运动不灵活，皮碗发胀或油管堵塞。

（4）车架变形，前轴外移，前后轴不平行。

（5）车辆两侧装载不当。

（6）两前钢板弹簧弹力不相等。

（7）悬架导向杆和转向系拉杆在制动时运动不协调。

（8）路面两侧附着力不一致。

3. 故障诊断与排除

制动跑偏故障的诊断与排除流程图如图3-105所示。

四、制动拖滞

1. 故障现象

（1）汽车起步困难，行驶费力。

（2）在行驶中，抬起加速踏板，踩下离合器踏板，车速明显降低。

（3）汽车行驶一定里程后，制动鼓发热。

2. 故障原因

（1）个别车轮制动鼓出现过热，一般是因为制动鼓与摩擦片的间隙过小，制动蹄的回位弹簧过软，制动分泵的皮碗发胀或活塞卡滞，制动软管发胀、阻塞等。如图3-106所示，测量汽车制动器的温度，高达119℃。

（2）全部车轮制动鼓都发热的原因包括：制动主缸旁通孔或回油孔堵塞；制动液太脏或黏度过大，使回油困难；制动总泵或分泵的皮碗、皮圈老化、变形或卡滞；制动总泵回位弹簧过软或折断，或因磨损过度而卡滞。如图3-107所示为制动主缸内部的活塞过度磨损。

（6）更换皮碗。

更换新的制动主缸皮碗，将制动主缸重新组装，如图3-104所示。

（7）车上安装及试车。

将制动主缸安装到车辆上，添加制动液后将制动管路排空，然后试车，故障排除。

三、制动跑偏

1. 故障现象

（1）汽车在行驶中制动时，行驶方向发生偏斜。

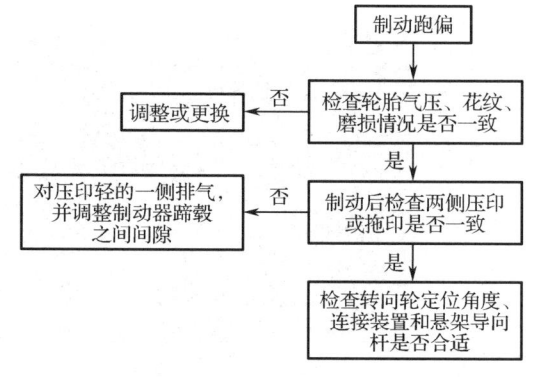

图3-105　制动跑偏故障的诊断与排除流程图

图 3-106　测量汽车制动器的温度

图 3-107　制动主缸内部的活塞过度磨损

（3）制动踏板没有自由行程或者自由行程过小，踏板回位弹簧脱落、过软、折断。

3．故障诊断与排除

制动拖滞故障的诊断与排除流程图如图 3-108 所示。

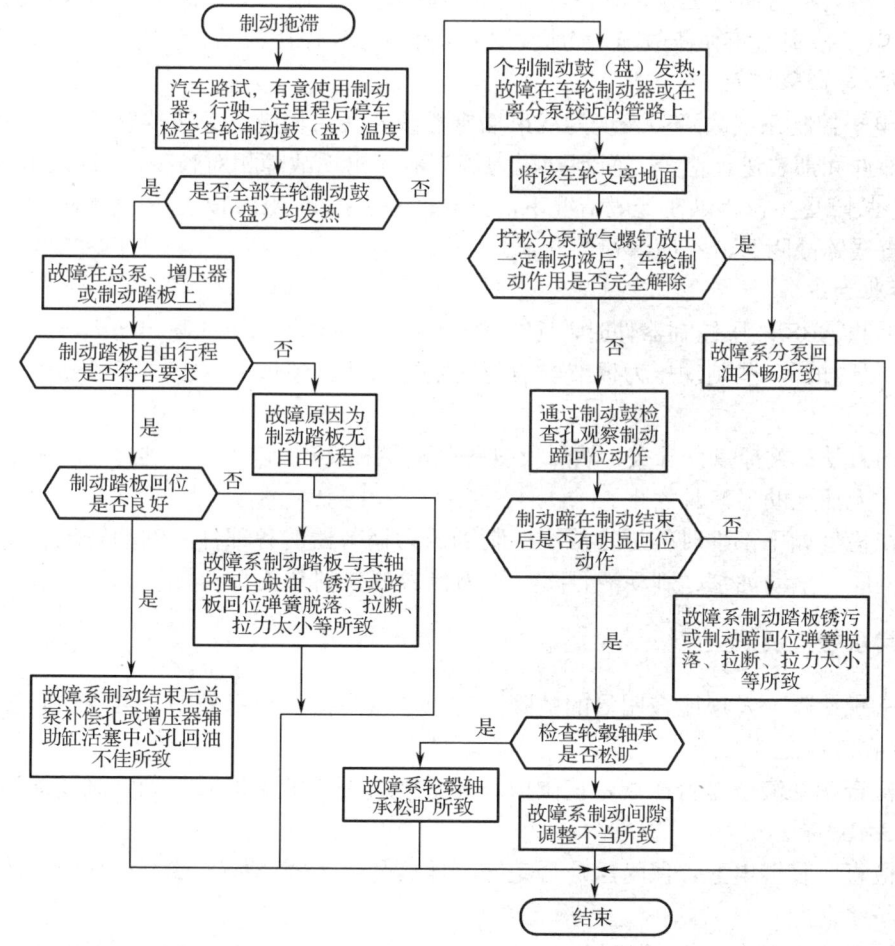

图 3-108　制动拖滞故障的诊断与排除流程图

3.4.2　制动防抱死系统（ABS）故障的诊断与排除

一、ABS检修注意事项

ABS与常规制动系统相比，有其自身的特点，在检修过程中应注意以下几个方面：

1. 外观检查

首先应对ABS的外观进行检查，如导线的插头和插接器有无松脱、制动油路和泵及阀有无漏损、蓄电池是否亏电等。对这些容易出现且检查方法简单的故障部位先进行检查，确定无异常后，再做系统检查，这样对迅速排除故障有利。

2. 区分故障部位

遇到制动不良故障时，应先区分是ABS机械部分（制动器、制动主缸、制动管路等）制动不良还是ABS电子控制系统的故障。方法如下：

拆下ABS继电器线束插接器或ABS制动压力调节器电磁阀线束插接器，使ABS制动压力调节器电磁阀不能通电工作，让汽车以普通制动方式制动，如果制动不良故障消失，则说明是ABS电子控制系统存在故障，否则，ABS机械部分存在故障。

3. 线束、插头优先

ABS电子控制系统故障多表现为线束插接器或导线头松脱、车速传感器工作不良等，应先对这些部件和部位进行检查，而制动压力调节器等出现故障相对较少，ABS的电子控制单元（ECU）故障更少，所以在一般情况下，不要轻易去拆卸ABS ECU和制动压力调节器。此外，在检查线路故障时，不应漏检熔断器。

4. 作业安全

在需拆卸ABS液压控制器件时，应先进行泄压，以避免高压油喷出伤人，尤其是有蓄压器的ABS。比如，一些制动压力调节器与制动主缸一体的整体式ABS，蓄压器中的压力高达180MPa。

卸压的方法：关掉点火开关，然后反复踩制动踏板20次以上，直到感觉踩制动踏板的力明显增加（无液压助力）时为止。

通常在检修如下部件时需进行泄压：制动压力调节器的各部件、制动轮缸、蓄压器、后轮分配比例阀、电动油泵、制动液管路、压力警告和控制开关。

二、常规检查及作业

做好常规检查，发现比较明显的故障，可以节省时间，提高效率。常规检查主要包括以下几个方面：

（1）检查制动液位是否在规定范围内。通过观察制动液储液罐，确定制动液液位是否正常，如图3-109所示。

（2）检查所有继电器、保险丝是否完好，插接是否牢固。如图3-110所示为丰田凯美瑞车型的保险丝盒。

（3）检查电子控制单元导线插头、插座是否连接良好，有无损坏，搭铁是否良好。如图3-111所示为丰田凯美瑞车型ABS控制单元及ABS泵的总成。

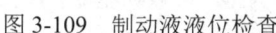

图 3-109　制动液液位检查

图 3-110　丰田凯美瑞车型的保险丝盒

（4）检查下列各部件导线插头、插座和导线的连接是否良好：电动油泵、液压单元、4 个轮速传感器、制动液液位传感器。如图 3-112 所示为制动液液位传感器。

图 3-111　丰田凯美瑞车型 ABS 控制单元及 ABS 泵的总成

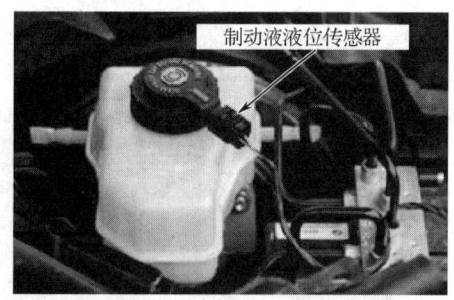

图 3-112　制动液液位传感器

（5）检查传感器头与齿圈间隙（如图 3-113 所示）是否符合规定，传感器头有无脏污。

（6）检查蓄电池电压是否在规定范围内。如图 3-114 所示，利用万用表检查汽车蓄电池的电压。

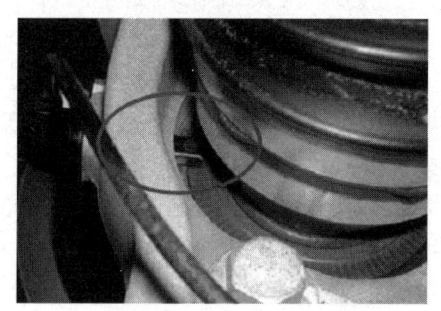

图 3-113　传感器头与齿圈间隙

图 3-114　利用万用表检查汽车蓄电池的电压

（7）检查驻车制动器是否完全释放。检查驻车制动器的状态，如图 3-115 所示为不同类型的驻车制动器。

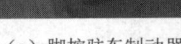

（a）脚控驻车制动器　　　　　　（b）手控驻车制动器　　　　　　（c）电子驻车制动器

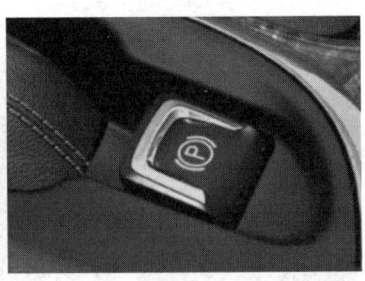

图 3-115　不同类型的驻车制动器

（8）检查轮胎花纹高度是否符合要求。利用轮胎花纹尺，检查 4 个轮胎的花纹深度，如图 3-116 所示。

三、ABS 故障的自诊断

（1）点火开关接通，ABS 就立即对其外部电路进行自检。这时，仪表板上的制动警告灯点亮，一般 3s 后熄灭。如果灯不亮或一直亮均说明 ABS 电路有故障，应对其进行检查。如图 3-117 所示为仪表板上的制动警告灯。

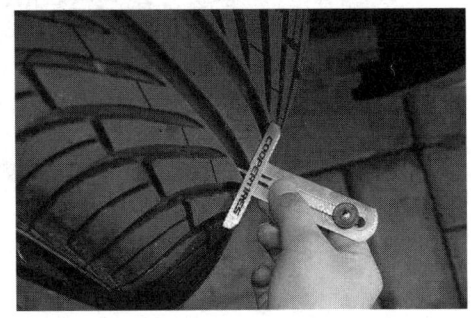

图 3-116　检查轮胎的花纹深度

图 3-117　仪表板上的制动警告灯

（2）ABS ECU 对制动压力调节器电磁阀的检查是通过控制阀的开关循环实现的。

（3）发动机启动后，车速第一次达到 60km/h，ABS 系统完成自检。

如果在上述自检过程中发现异常，或 ABS 工作失常，ECU 就停止使用 ABS，此时，制动警告灯亮起，并储存故障码。

现在的汽车仪表板上有两个制动警告灯，一个是黄色灯，称为 ABS 灯（标"ABS"或"ANTILOCK"）；另外一个为红色灯，标"BREAK"，BREAK 灯由制动液压力开关和液面开关及驻车制动灯开关控制。当红色制动警告灯亮起时，可能是制动液不足、蓄压器的制动液压力过低或驻车制动器开关存在问题。这时，ABS 和普通制动系统均不能正常工作，应停车检查系统是否存在故障。此时汽车制动时无防抱死功能，要及时检修。

四、ABS 主要部件的检测与故障诊断

下面以丰田凯美瑞车型为例，介绍当车辆出现如表 3-11 所示的故障码时，故障诊断与排除的步骤。

表 3-11　故障代码表

DTC 代码	检 测 项 目	检 测 条 件	故 障 部 位
C0200/31	前转速传感器 RH 信号故障	检测到下列任何一种情况时： 1．在车速为 40km/h 或更高时，0.03s 内无脉冲输入； 2．如果在初始启动或重新启动后车速达到 12km/h，测得车轮转速为 0	1．前转速传感器 RH； 2．前转速传感器 RH 电路； 3．前转速传感器转子 RH； 4．传感器安装； 5．制动执行器总成（防滑控制 ECU）
C0205/32	前转速传感器 LH 信号故障		1．前转速传感器 LH； 2．前转速传感器 LH 电路； 3．前转速传感器转子 LH； 4．传感器安装； 5．制动执行器总成（防滑控制 ECU）
C1271/71	前转速传感器 RH 的输出信号低（测试模式 DTC）	仅在测试模式下检测	1．前转速传感器 RH； 2．传感器安装； 3．防滑控制转子
C1272/72	前转速传感器 LH 的输出信号低（测试模式 DTC）		1．前转速传感器 LH； 2．传感器安装； 3．防滑控制转子
C1275/75	前转速传感器 RH 的输出信号异常变化（测试模式 DTC）	仅在测试模式下检测	1．前转速传感器 RH； 2．前转速传感器 RH 电路； 3．传感器安装
C1276/76	前转速传感器 LH 的输出信号异常变化（测试模式 DTC）		1．前转速传感器 LH； 2．前转速传感器 LH 电路； 3．传感器安装
C1330/35	右前转速传感器电路故障	检测到各个转速传感器电阻值的异常	1．前转速传感器 RH； 2．前转速传感器 RH 电路； 3．传感器安装
C1331/36	左前转速传感器电路故障		1．前转速传感器 LH； 2．前转速传感器 LH 电路； 3．传感器安装

如图 3-118 所示为前转速传感器的电路简图。

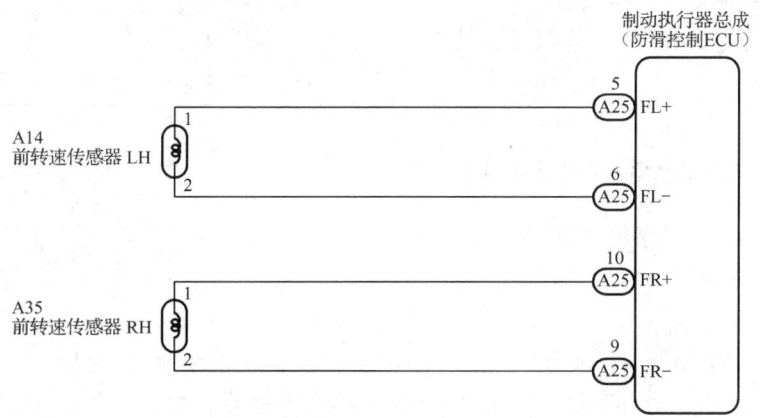

图 3-118　前转速传感器的电路简图

故障排除步骤如下：

1. 读取故障诊断仪上的数据（前转速传感器）

（1）将故障诊断仪连接到 DLC3 上。

（2）启动发动机。

（3）选择"数据表"并读取显示在故障诊断仪上的数值。在故障诊断仪上选择相关的数据流进行读取，如表 3-12 所示。

表 3-12　读取数据流

故障诊断仪显示	测量项目/范围	正常条件
FR Wheel Speed（右前轮转速）	前转速传感器读取值/最低：0，最高：326km/h（202mph）	实际车轮转速
FL Wheel Speed（左前轮转速）	前转速传感器读取值/最低：0，最高：326km/h（202mph）	实际车轮转速

（4）将故障诊断仪显示的前转速传感器的输出值与车辆行驶过程中车速表所显示的数值相比，检查两者是否存在差异。

2. 执行测试模式检查（信号检查）

检查是否检测到测试模式（信号检查）DTC，确认通过测试模式后能否输出 DTC 代码。

3. 检查前转速传感器信号波形

（1）举升车辆。

（2）使用示波器进行检查。

① 断开前转速传感器连接器。

② 连接示波器至前转速传感器连接器的端子 1 与端子 2。如图 3-119 所示为前转速传感器端子。

③ 检查轮胎转动时是否输出波形。

如图 3-120 所示为输出的信号波形，从前轮输出相同的波形，并且波形中没有噪声或干扰。随着车速（车轮转速）的提高，波长变短且输出电压变大；示波器的波形中出现噪声，是因为前转速传感器转子有划伤、松动或异物而产生了不稳定信号。

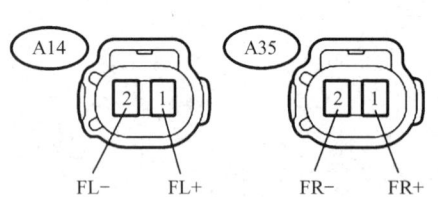

图 3-119　前转速传感器连接器的端子

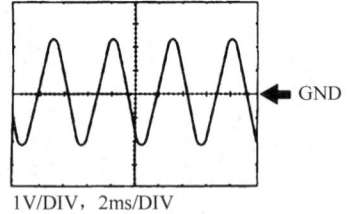

图 3-120　输出的信号波形

（3）接上前转速传感器连接器。

4. 再次确认 DTC

（1）清除 DTC。

（2）以大约 40km/h（25mph）或更快的速度驾驶车辆 60s 或更长时间。

（3）检查是否记录相同 DTC。重新安装前转速传感器、连接器等，并在重新检查 DTC 前将车辆恢复到先前的状况。根据确认结果，按照表 3-13 所示进行流程作业。

表 3-13　作业指引

条　件	转　到
输出 DTC（C0200/31、C0205/32、C1330/35 和 C1331/36）	步骤 5
（根据故障症状进行故障排除时）没有输出 DTC（C0200/31、C0205/32、C1330/35 和 C1331/36）	继续进行下一个电路检查
（根据 DTC 进行故障排除时）没有输出 DTC（C0200/31、C0205/32、C1330/35 和 C1331/36）	结束流程

5. 检查前转速传感器的安装

通过外观检查或者拆卸检查，确认前转速传感器的安装状况，确保前转速传感器与转向节之间无间隙，如图 3-121 所示。

6. 检查前转速传感器

（1）确保连接器锁止件和连接件不松动。

（2）断开前转速传感器连接器。

（3）根据表 3-14 中的标准值测量前转速传感器电阻。测量作业如图 3-122 所示。

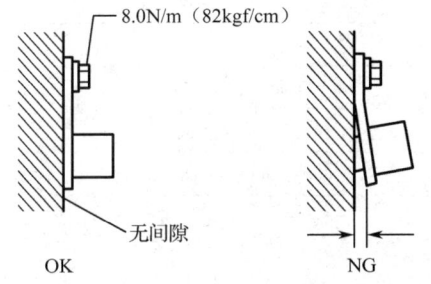

图 3-121　检查前转速传感器的安装

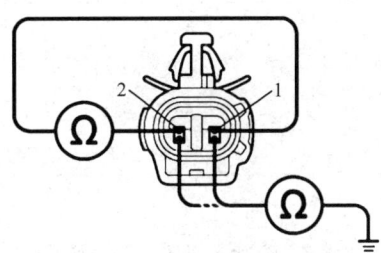

图 3-122　测量作业

表 3-14　标准值

前转速传感器	故障诊断仪连接	标　准　值
左侧	A14/1（FL+）-A14/2（FL-）	20℃（68℉）时为 1.4～1.8kΩ
	A14/1（FL+）-车身接地	10kΩ 或更高
	A14/2（FL-）-车身接地	10kΩ 或更高
右侧	A35/1（FR+）-A35/2（FR-）	20℃（68℉）时为 1.4～1.8kΩ
	A35/1（FR+）-车身接地	10kΩ 或更高
	A35/2（FR-）-车身接地	10kΩ 或更高

注意：如果测量结果出现错误，则需要更换前转速传感器，更换完毕后应再次测量其信号波形。

7. 检查线束和连接器（前转速传感器至 ABS 的 ECU）

（1）断开 ABS 的 ECU 连接器。连接器针脚布置如图 3-123 所示。

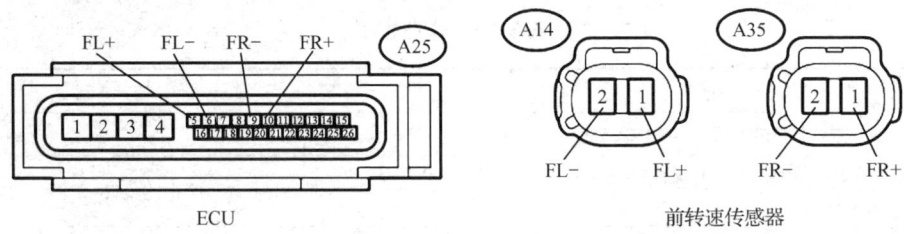

图 3-123　连接器针脚布置

（2）根据表 3-15 所示标准值测量前转速传感器电阻。

表 3-15　标准值

故障诊断传感器	故障诊断仪连接	标　准　值
左侧	A25/5（FL+）-A14/1（FL+）	低于 1Ω
	A25/6（FL-）-A14/2（FL-）	低于 1Ω
	A14/1（FL+）-车身接地	10kΩ 或更高
	A14/2（FL-）-车身接地	10kΩ 或更高
右侧	A25/10（FR+）-A35/1（FR+）	低于 1Ω
	A25/9（FR-）-A35/2（FR-）	低于 1Ω
	A35/1（FR+）-车身接地	10kΩ 或更高
	A35/2（FR-）-车身接地	10kΩ 或更高

（3）接上连接器。

8．检查前转速传感器信号波形

检查方法与步骤 3 相同。

9．读取故障诊断仪上的数据（前转速传感器）

（1）将故障诊断仪连接到 DLC3 上。

（2）启动发动机。

（3）选择"数据表"并读取显示在故障诊断仪上的数值。在故障诊断仪上选择相关的数据进行读取，如表 3-16 所示。

表 3-16　数据表

故障诊断仪显示	测量项目/范围	正常条件
FR Wheel Speed（右前轮转速）	前转速传感器读取值/最低：0，最高：326km/h（202mph）	实际车轮转速
FL Wheel Speed（左前轮转速）	前转速传感器读取值/最低：0，最高：326km/h（202mph）	实际车轮转速

（4）将故障诊断仪显示的前转速传感器的输出值与车辆行驶过程中车速表所显示的数值相比，检查两者是否存在差异。如果出现异常应更换制动执行器总成。

10．再次确认 DTC

（1）清除 DTC。

（2）以大约 40km/h（25mph）或更快的速度驾驶车辆 60s 或更长时间。

（3）检查是否记录相同 DTC。重新安装前转速传感器、连接器等，并在重新检查 DTC 前将车辆恢复到先前的状况。根据表 3-17 所示进行作业流程。

表 3-17　作业指引

条　　件	转　　到
输出 DTC（C0200/31、C0205/32、C1330/35 和 C1331/36）	步骤 11
没有输出 DTC（C0200/31、C0205/32、C1330/35 和 C1331/36）	结束流程

11．检查前转速传感器

（1）拆卸前转速传感器。

（2）检查前转速传感器头部。

检查前转速传感器头部是否有刮痕或者杂质，如果有则应进行清洁或更换前转速传感器后检查其信号。

12．清洁或更换前转速传感器转子

13．完成作业流程

知识拓展：

巡航控制系统故障诊断	扫描二维码

Note

3.4.3　制动系统故障的诊断与排除工作页

一、液压制动系统故障的诊断与排除

1. 请列出制动失效的故障原因。

2. 请列出拆卸制动主缸的作业流程。

二、制动防抱死系统（ABS）故障的诊断与排除

1. 请补充表格内容。

组成元器件		元器件功能
	转速传感器	
	电子控制单元 ECU	
执行器	制动压力调节器	
		接受 ECU 的指令，通过内置电磁阀的动作来实现制动系统压力的增加、保持、降低的过程
	ABS 制动警告灯	

2．请列出 ABS 的常规检查项目。

_____

_____

_____

_____

最高

正常

最低

_____

_____

_____

_____

_____

3．请根据车辆故障进行故障诊断作业并完成下列表格。

一、确认故障现象，推定可能的故障范围。
与本故障相关的故障现象：
根据故障现象，判断可能的故障原因：
二、根据电路图绘制控制原理图。
三、使用汽车解码器，读取相应故障码。
根据诊断结果，进一步缩小故障范围，并确定测试对象为：
四、基于以上诊断结论，选择测量点实施测量，确定故障点。
测试对象

续表

测试条件				使用设备		
数据流、执行元器件诊断、电压、电流、电阻等测量结果，不用者不填。						
测试参数						
标准描述						
测试结果						
是否正常						
测试参数						
标准描述						
测试结果						
是否正常						

波形测试结果，不用者不填。

波形名称	标准波形（注意单位）	实测波形（请圈出异常位置）

分析测试结果，必要时进行简单修复，并做进一步诊断（或验证），不用者不填。

五、基于以上分析及测试，将结果记录在表中，归纳总结核心步骤。

步　骤	对　象	结　果	结　论	下一步诊断对象
1				
2				
3				
4				
5				
6				

六、分析测试结果，结合故障机理，给出结论或维修建议。

Note

学习情境四　汽车电气系统故障的诊断与排除

任务一　充电系统故障的诊断与排除

学习目标

1. 能描述充电系统的构造与工作原理
2. 掌握充电系统各个零件的检测方法与标准数据
3. 掌握充电系统电路图和维修手册的使用方法
4. 掌握充电系统的故障诊断分析流程
5. 培养严格遵守安全操作规程的职业规范
6. 培养互帮互助、团队协作的能力

任务接受

某丰田 4S 店，一辆丰田柯斯达中巴因电池电量耗尽无法启动而进厂维修，客户反映汽车在被改装后发现仪表电池指示灯点亮，但因车辆的持续使用导致电池电量耗尽，在停放一晚后无法启动车辆。

任务准备

教学设备、工具及仪器如表 4-1 所示。

表 4-1　教学设备、工具及仪器

名　称	数　量	名　称	数　量
普通维修工具	1 套/5 人	车辆	1 辆/5 人
万用表	1 套/5 人	电池检测仪	1 套/5 人
故障诊断仪	1 套/5 人		

任务实施

4.1.1　充电系统常见故障的诊断与排除

一、发电机的输出控制

下面说明 IC 调节器能保持所发电压恒定的原理，并以电池检测型 IC 调节器为例，说明其如何操作。

1. 正常运行

（1）当点火开关转到"ON"位、发动机停机时

当点火开关转到"ON"位时，蓄电池电压施加在端子 IG 上。此时，M·IC 线路被触发，Tr1 转到"ON"位，使转子线圈允许电场电流通过。这种情况下发电机并没有发电，因此 IC 调节器通过将 Tr1 转到"ON"或"OFF"位，尽可能减少电池的放电。此时，端子 P 处的电压为 0，并且 M·IC 检测到这一情况，将信号发送到 Tr2，点亮充电警告灯，如图 4-1 所示。

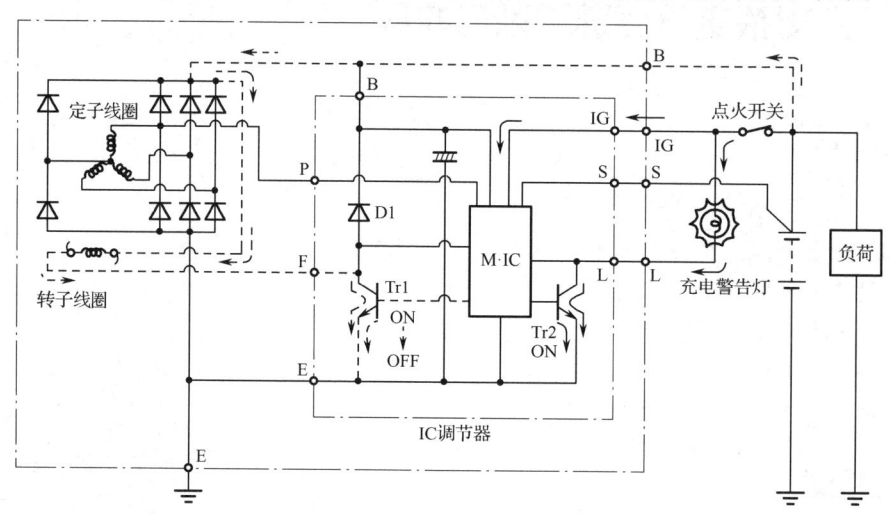

图 4-1　发动机停机时

（2）当发电机发电时（低于规定电压）

发动机启动，并且发电机转速增加，M·IC 打开 Tr1，以允许足够的电场电流流过，并且发电电压突然升高。此时，如果端子 B 处的电压超过蓄电池电压，电流流到电池处进行充电并且给电气设备供电。结果，端子 P 处的电压增加。因此，确定 M·IC 正在发电，并将 OFF 信号发送到 Tr2，将充电警告灯关掉，如图 4-2 所示。

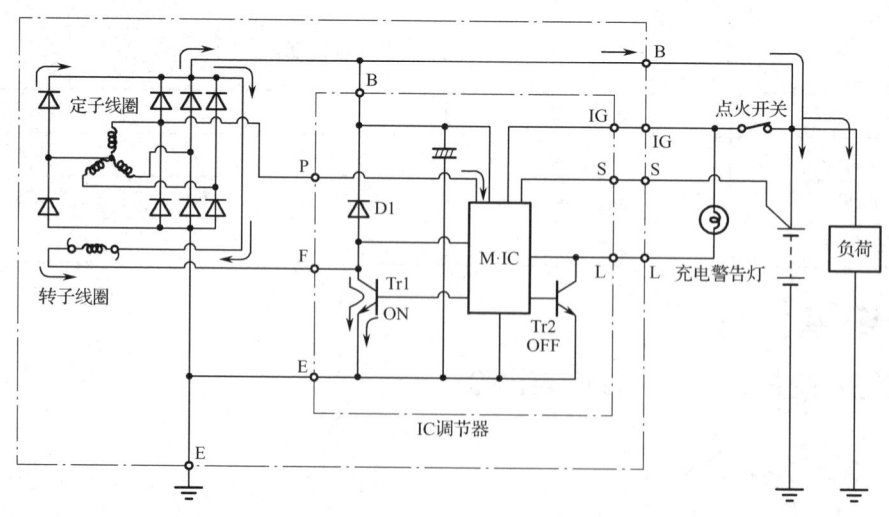

图 4-2　当发电机发电时（低于规定电压）

（3）当发电机发电时（高于规定电压）

如果 Tr1 继续导通，端子 B 处的电压增加，端子 S 处的电压超过规定电压，M·IC 检测到此情况并关掉 Tr1。结果转子线圈的磁场电流经逆电动势吸收二极管被衰减，并且端子 B 处的电压（所发电压）降低。如果端子 S 处的电压降低到低于规定电压，M·IC 检测到这一情况并将 Tr1 转到"ON"位。转子线圈的磁场电流增加，端子 B 处的电压（所发电压）也增加。IC 调节器通过重复上述的操作将端子 S 处的电压（蓄电池端子电压）调节为恒定电压，如图 4-3 所示。

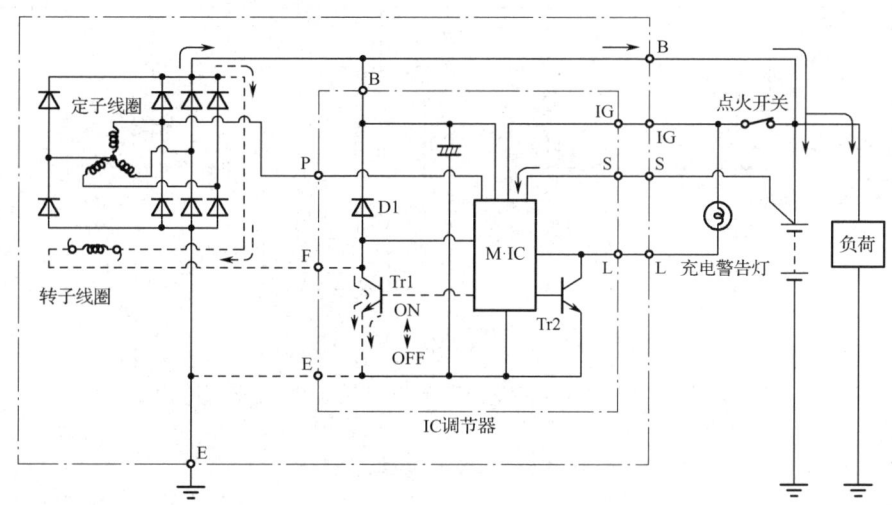

图 4-3 当发电机发电时（高于规定电压）

2. 不正常操作

（1）当转子线圈开路时

当发电机转动时，如果转子线圈开路，发电机便停止发电，端子 P 处的输出电压变为 0。M·IC 检测到这一情况，打开 Tr2 并打开充电警告灯，以便指示这一异常，如图 4-4 所示。

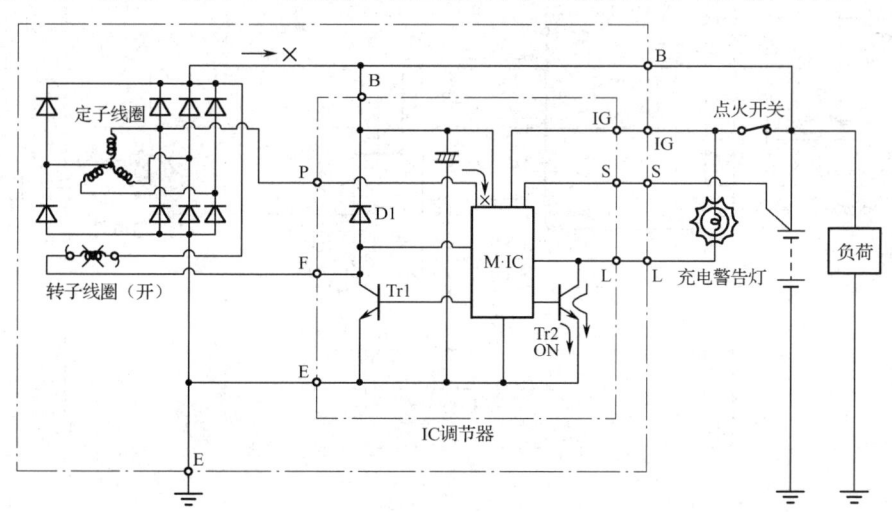

图 4-4 当转子线圈开路时

（2）当转子线圈短路时

当发电机转动时，如果转子线圈发生短路，端子 B 处的电压直接施加到端子 F 处，并有大电流。M·IC 检测到此情况，关掉 Tr1 进行保护，同时打开 Tr2 以便打开充电警告灯指示有异常发生，如图 4-5 所示。

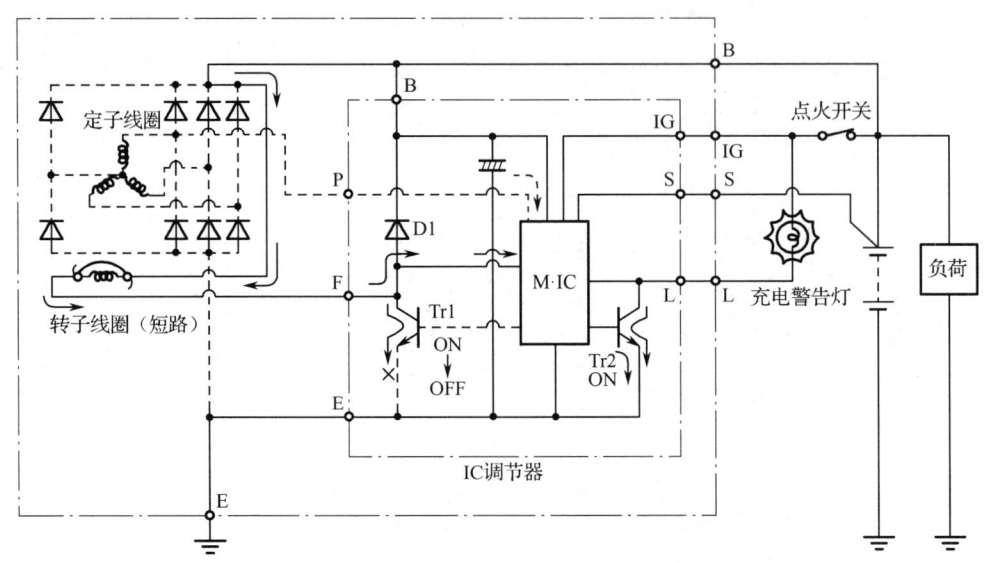

图 4-5　当转子线圈短路时

（3）当端子 S 脱开时

当发电机转动时，端子 S 处发生开路，M·IC 检测到端子 S 处无输入信号，便打开 Tr2 以便打开充电警告灯。与此同时，在 M·IC 中，端子 B 取代端子 S 来调节 Tr1，因此端子 B 处的电压变为规定电压（大约为 14V），以防止端子 B 处电压的异常增加，如图 4-6 所示。

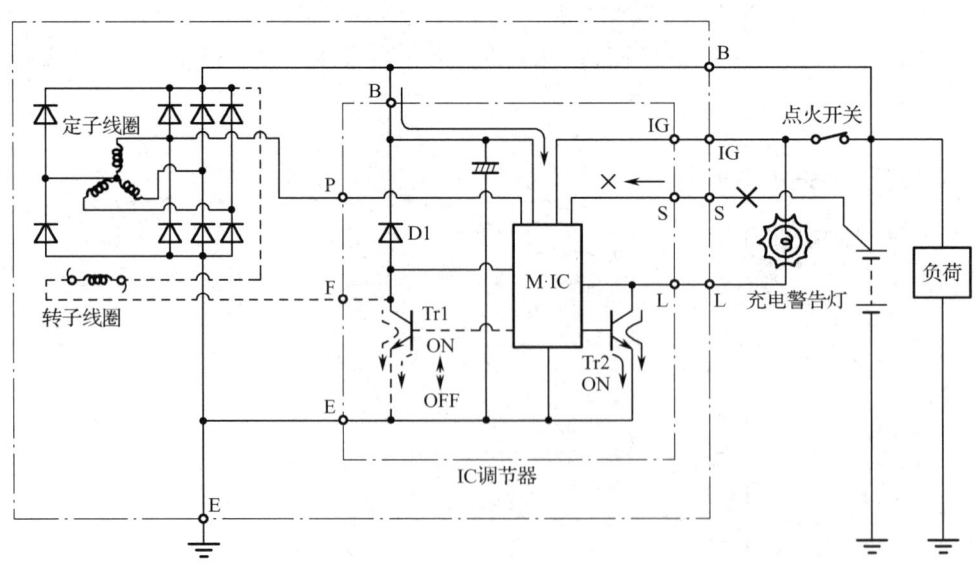

图 4-6　当端子 S 脱开时

（4）当端子 B 脱开时

在发电机运转期间，端子 B 处发生开路，不再对蓄电池充电，电池电压（端子 S 处）逐步下降。当端子 S 处的电压下降时，IC 调节器增加磁场电流，以便继续发电。结果端子 B 处的电压越来越高。M·IC 调节磁场电流，使端子 B 处的电压不超过 20V，以便保护发电机和 IC 调节器。当端子 S 处的电压变低时（大约为 11～13V），M·IC 判断蓄电池不再充电，打开 Tr2 并打开充电警告灯，调整磁场电流。这样，端子 B 处的电压同时下降以便保护发电机和 IC 调节器，如图 4-7 所示。

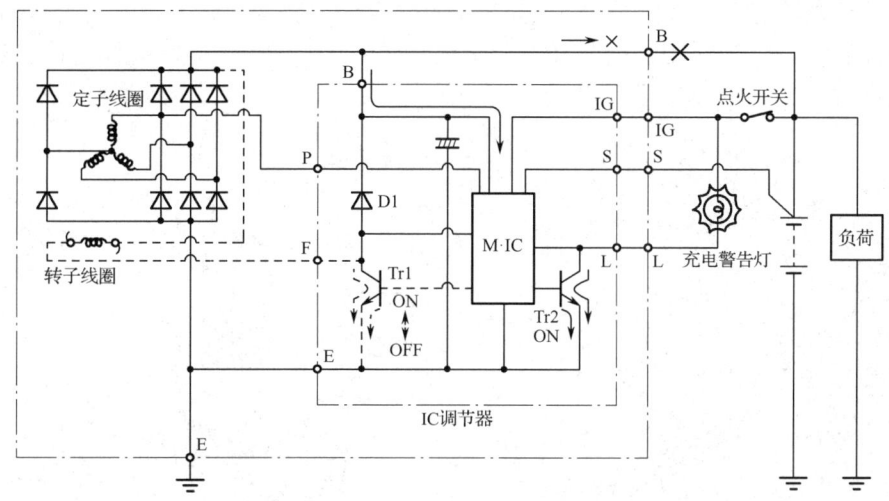

图 4-7　当端子 B 脱开时

（5）端子 F 和 E 之间短路时

在发电机运转期间，如果端子 F 和 E 之间发生短路，端子 B 处的电压从端子 E 经转子线圈接地，而不经过 Tr1。因为磁场电流不能被 Tr1 调节，即使端子 S 处的电压超过了规定电压，发电机的输出电压也会变得高于规定值。M·IC 检测到这种情况，打开 Tr2，使充电警告灯点亮并指示异常情况，如图 4-8 所示。

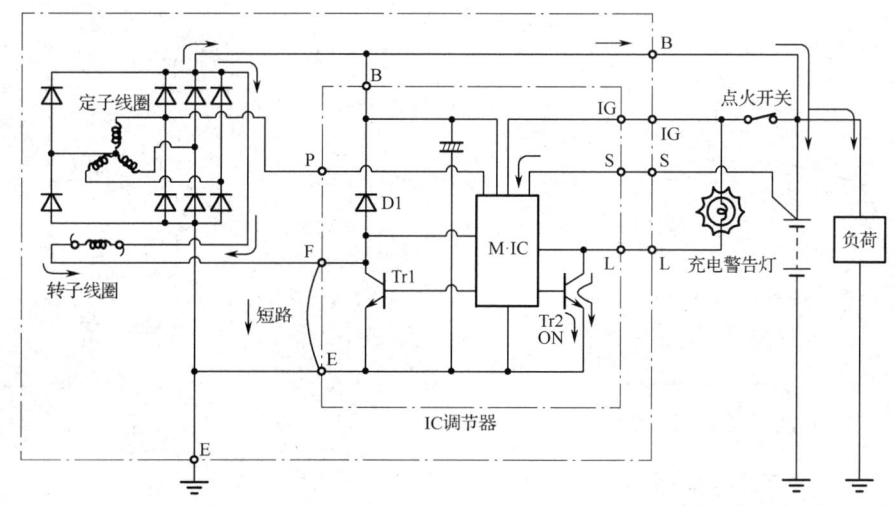

图 4-8　端子 F 和 E 之间短路时

二、充电系统检查

1. 无负载测试（不带负载检查充电线路）

在无负载测试中，检查发电电压是否保持在一恒定的水平上（调节好的电压），即使发动机转速发生变化、负载很小时也是如此。无负载测试要求在输出电流最大为10A的条件下进行。如果输出电流超过10A，即使IC调节器有问题，结果仍可能符合规定的值，从而不能正确检查所调节的电压。在 IC 调节器类型的发电机中，调节好的电压其特定值大约为 13.5～15.1V（当发动机转速为2000rpm时）。如果测得结果超出特定值，发电机可能有问题。如果此值高于上限，问题应该在 IC 调节器中。相反，如果此值低于下限，问题应该在除 IC 调节器之外的发电机元器件中，如图 4-9 所示。

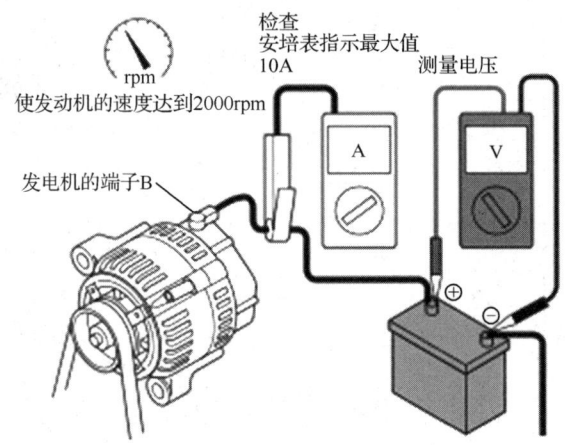

图 4-9　无负载测试（不带负载检查充电线路）

2. 带负载测试（带负载检查充电线路）

在带负载测试时，当施加有电负载时，通过检查输出电流来检查发电机是否能按照负载进行输出，如图 4-10 所示。

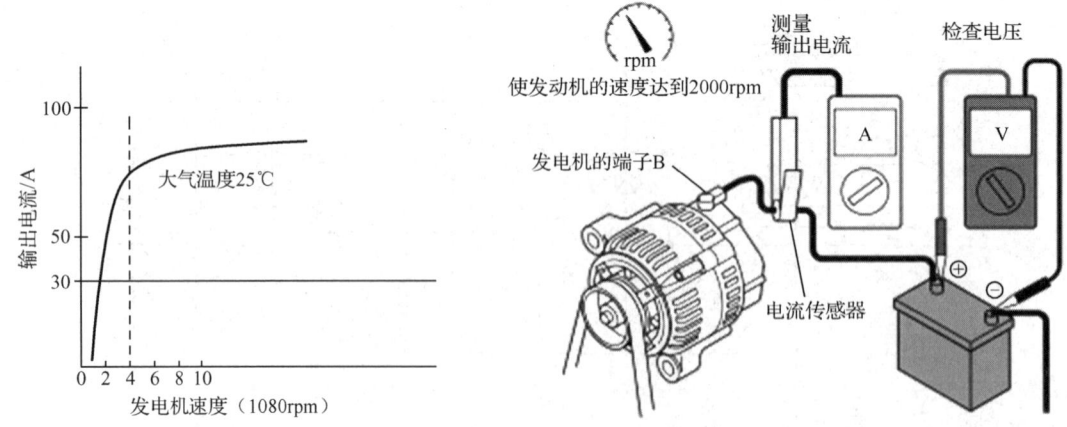

图 4-10　带负载测试（带负载检查充电线路）

此测试的要点在于要施加尽可能大的负载。如果发电机正常工作，电负载不足，输出电流不会超过 30A 的规定值（当发动机转速为 2000rpm 时）。因此，如果输出电流最大为 30A，必须增加电负载并重新检查。如果测量结果小于规定值，可以判断发电机存在故障。在此情况下，故障可能在发电和整流部分。

三、充电系统的故障诊断

一辆丰田斯柯达中巴仪表板上的电池指示灯点亮，如图 4-11 所示。

1. 故障现象

通过询问客户得知该车为新购买车辆，只是由于业务需要进行了局部的改装，在进行改装后电池指示灯点亮的。通过试车确认该车仪表板上的电池指示灯确实点亮，初步判断可能是在改装过程由于技术人员粗心大意导致充电系统的某些导线出现断路而导致的。

2. 故障分析

根据充电系统的工作原理，当打开点火开关后，电池指示灯点亮，这时系统进行自检，自检如果正常的话，电池指示灯熄灭；否则，电池指示灯点亮。

由于该车为新车，基本可以排除如皮带松动、断裂等故障，由于该车是在进行改装后出现了故障现象的，故此，可以初步判断可能故障原因是充电系统的线路出现短路或者断路，或者是电池指示灯出现短路。

3. 故障排除

（1）初步检查

该车电气部分的线路主要位于车辆中门右侧，如图 4-12 所示。

图 4-11　电池指示灯点亮

图 4-12　电气部分的线路

（2）检查电池指示灯线路

如图 4-13 所示为发电机的电路图。

根据图 4-13 所示的电路图，检查组合仪表连接器 F1 的 23 号端子到发电机连接器 C18 的 4 号端子的线路，经检查该线路不存在短路现象，这样就排除了电池指示灯线路的故障，那么就可以确定，电池指示灯的点亮是充电系统的其他线路故障导致的。

（3）检查蓄电池电压

① 在发动机不运行的情况下，检查蓄电池电压，电压值为 12.03V，电压足够。

② 启动发动机，再次检查蓄电池电压，电压值为 13.47V，这说明发电机能发电。通过故障诊断仪检查蓄电池电压的数据流，同样的，蓄电池的电压值也在 13.47V 左右跳动。

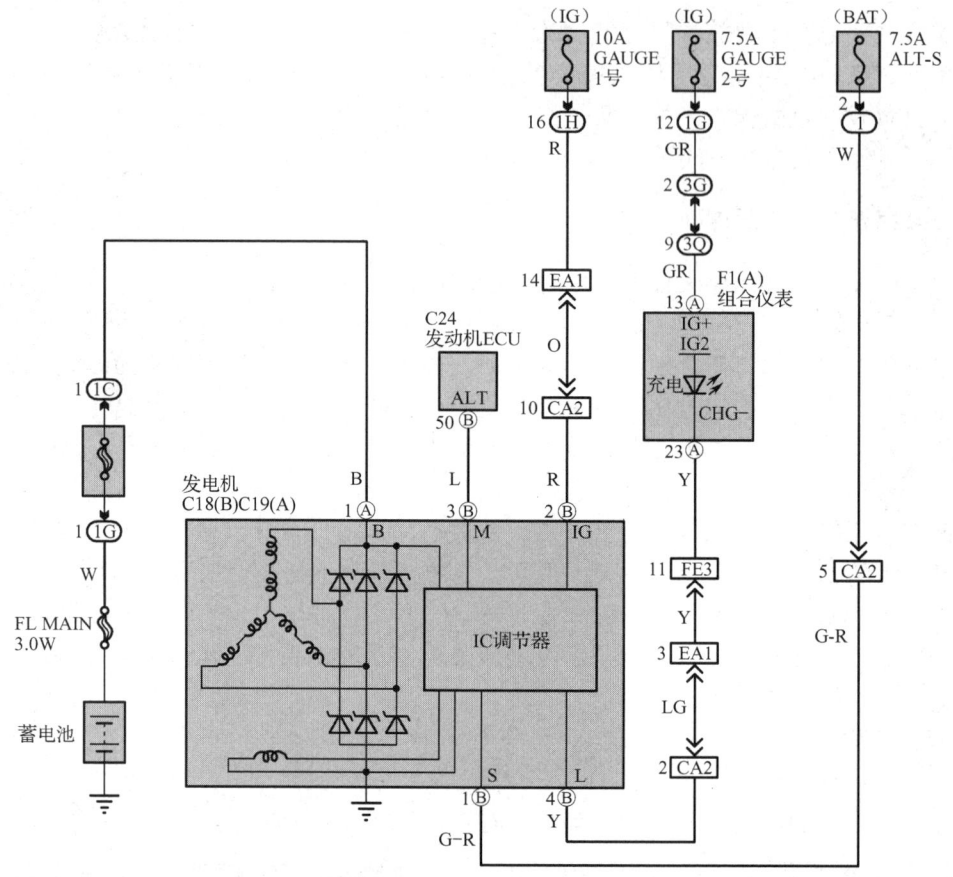

图4-13　发电机的电路图

通过以上检查，说明发电机能够发电。

（4）检查电路

根据发电机的工作原理，结合图4-13，检查发电机连接器C18的1号端子。该端子直接由蓄电池供电，用于发电机的调节器监控蓄电池的电压，从而进行发电电压的调节。经检查该端子电压为0，再检查发电机连接器C18的1号端子到连接器CA2的5号端子之间的线路是否有断路现象，经检查该线路断路。

查找该线路，发现导线断开，如图4-14所示。

连接该导线，再次检查，故障排除，仪表板上的电池指示灯熄灭，如图4-15所示。

图4-14　导线断开

图4-15　电池指示灯熄灭

4.1.2　充电系统故障的诊断与排除工作页

一台丰田卡罗拉的电池指示灯点亮，车辆无法正常启动，请对车辆进行故障诊断与排除。

一、确认故障现象，推定可能的故障范围。
与本故障相关的故障现象：
根据故障现象，判断可能的故障原因：

二、根据电路图绘制控制原理图。

三、使用汽车解码器，读取相应故障码。
根据诊断结果，进一步缩小故障范围，并确定测试对象为：

四、基于以上诊断结论，选择测量点实施测量，确定故障点。

测试对象			
测试条件		使用设备	

数据流、执行元器件诊断、电压、电流、电阻等测量结果，不用者不填。

测试参数					
标准描述					
测试结果					

是否正常						
测试参数						
标准描述						
测试结果						
是否正常						

波形测试结果，不用者不填。

波形名称	标准波形（注意单位）	实测波形（请圈出异常位置）

分析测试结果，必要时进行简单修复，并做进一步诊断（或验证），不用者不填。

五、基于以上分析及测试，将结果记录在表中，归纳总结核心步骤。

步 骤	对 象	结 果	结 论	下一步诊断对象
1				
2				
3				
4				
5				
6				

六、分析测试结果，结合故障机理，给出结论或维修建议。

任务二　照明系统故障的诊断与排除

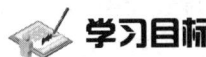

学习目标

1. 能描述照明系统的构造与工作原理
2. 掌握照明系统各个零件的检测方法与标准数据
3. 掌握照明系统电路图和维修手册的使用方法
4. 掌握照明系统的故障诊断分析流程
5. 培养严格遵守安全操作规程的职业规范
6. 培养互帮互助、团队协作的能力

任务接受

某品牌 4S 店接到客户投诉，一台丰田凯美瑞汽车刚买一年多，车辆的大灯就出现无法工作的故障。

任务准备

教学设备、工具及仪器如表 4-2 所示。

表 4-2　教学设备、工具及仪器

名　称	数　量	名　称	数　量
普通维修工具	1 套/5 人	车辆	1 辆/5 人
万用表	1 套/5 人	故障诊断仪	1 套/5 人

任务实施

4.2.1　照明系统常见故障的诊断与排除

一、前照灯系统故障诊断与排除

1. 故障现象

前照灯系统的故障分为前照灯两侧的远、近光均不亮，前照灯的远光或近光不亮，前照灯的发光强度低，前照灯一侧的远光与近光均不亮等几种情况，在进行故障诊断与排除时，应根据具体的故障现象进行作业。下面以丰田凯美瑞车型的前照灯为例，说明照明系统的故障诊断方法。

2. 故障原因

（1）前照灯故障

前照灯故障症状及故障可疑部位如表 4-3 所示。

表4-3　前照灯故障症状及故障可疑部位

症　状	怀　疑　部　位
一侧近光灯不亮	1. H-LP-RL 保险丝或者 H-LP-LL 保险丝； 2. 灯泡； 3. 线束或连接器； 4. 灯光控制 ECU； 5. 电源分电器（发动机室 J/B）
左近光灯和右近光灯都不亮	1. H-LP-RL 保险丝或者 H-LP-LL 保险丝； 2. 灯泡； 3. 灯光控制开关电路； 4. 大灯继电器电路； 5. 主体 ECU（仪表板 J/B）
一侧远光灯不亮	1. H-LP-RL 保险丝或者 H-LP-LL 保险丝； 2. 灯泡； 3. 线束或连接器； 4. 电源分电器（发动机室 J/B）
左远光灯和右远光灯都不亮	1. H-LP-RL 保险丝或者 H-LP-LL 保险丝； 2. 灯泡； 3. 灯光控制开关电路； 4. 大灯（远光）电路； 5. 主体 ECU（仪表板 J/B）
"High Flash" 大灯（会车灯）不亮	1. 灯光控制开关电路； 2. 主体 ECU（仪表板 J/B）
近光灯或远光灯不熄灭	1. 大灯变光器开关总成； 2. 电源分电器（发动机室 J/B）； 3. 线束或连接器； 4. 主体 ECU（仪表板 J/B）

（2）自动大灯光束水平控制系统（不带 AFS）故障

自动大灯光束水平控制系统（不带 AFS）故障症状及可疑部位如表4-4所示。

表4-4　自动大灯光束水平控制系统（不带 AFS）故障症状及可疑部位

症　状	怀　疑　部　位
大灯光束水平控制系统警告灯点亮	1. 检查失效保护功能； 2. 高度控制传感器电路； 3. 大灯光束水平控制警告电路； 4. 大灯水平 ECU
大灯光束水平控制不工作（警告灯熄灭）	1. 检查失效保护功能； 2. 大灯光束水平控制执行器电路； 3. 大灯信号电路； 4. 速度信号电路； 5. 大灯水平 ECU 电源电路； 6. 大灯水平马达； 7. 组合仪表； 8. 大灯水平 ECU
将点火开关转到 "ON" 位时，大灯光束水平控制系统警告灯不亮	1. 大灯光束水平警告电路； 2. 大灯水平 ECU 电源电路； 3. 大灯水平 ECU； 4. 组合仪表

3. 故障诊断与排除

（1）故障诊断流程

在进行自动大灯光束水平控制系统（不带 AFS）故障诊断与排除时，可按照以下流程进行，如图 4-16 所示。

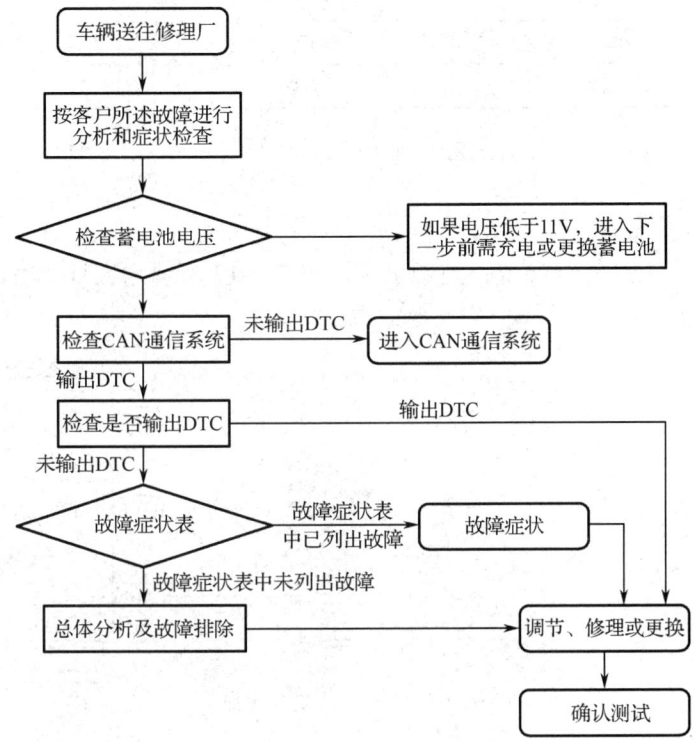

图 4-16 故障诊断与排除流程

（2）故障诊断与排除作业

① 故障确认。

打开前照灯，前照灯未进行水平位置自检，故障存在。

② 读取故障码。

利用故障诊断仪读取故障码，发现系统存在"B2417"故障码，对照故障代码表进行查找，如表 4-5 所示。

表 4-5 故障代码表

DTC 代码	DTC 检测条件	故障部位
B2417	1. 大灯水平马达 LH 故障； 2. 大灯水平马达 LH 电路中存在开路或短路	1. 大灯水平马达 LH； 2. 线束或连接器； 3. AFS ECU
B2418	1. 大灯水平马达 LR 故障； 2. 大灯水平马达 RH 电路中存在开路或短路	1. 大灯水平马达 RH； 2. 线束或连接器； 3. AFS ECU

③ 用故障诊断仪执行主动测试。

选择故障诊断仪上关于大灯主动测试中的项目，并确认马达工作，如表 4-6 所示。

表 4-6　主动测试项目

故障诊断仪显示	测试零件	控 制 范 围
Drive The Leveling Motor（驱动水平马达）	水平马达	UP/OFF
Drive The Leveling Motor（驱动水平马达）	水平马达	DOWN/OFF

注意：如果在主动测试过程中大灯水平马达运转正常，则更换 AFS ECU；否则进行下一步操作。

④ 检查线束和连接器（电源电路）。

根据电路图检查大灯的电源电路是否正常，如图 4-17 所示为大灯的电源电路，根据检查结果修理或更换线束或连接器等，否则进行下一步操作。

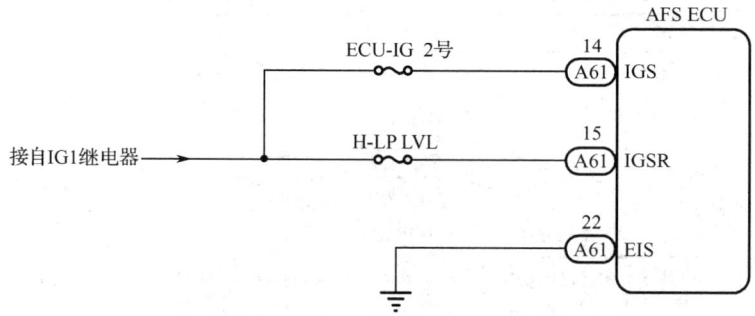

图 4-17　大灯的电源电路

⑤ 检查线束和连接器（AFS ECU-大灯水平马达）。

查阅自动大灯光束水平控制系统中有关大灯水平马达的电路图，如图 4-18 所示。

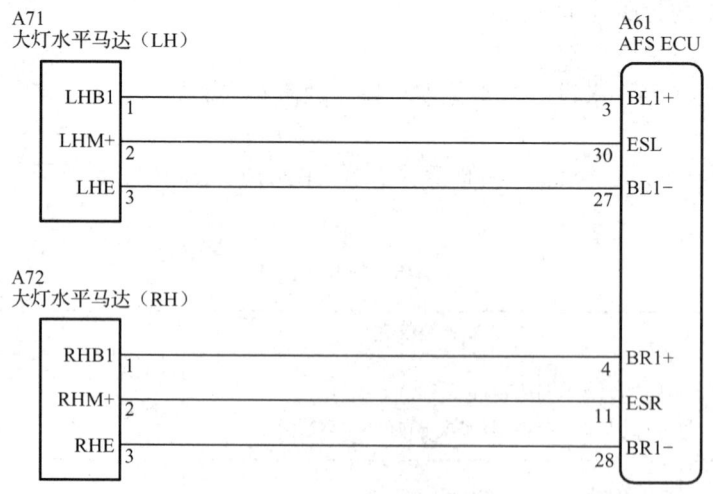

图 4-18　大灯水平马达的电路图

关闭点火开关，断开 AFS ECU 的连接器 A61，断开左右大灯水平马达 A71 和 A72 的连接器（如图 4-19 所示）。

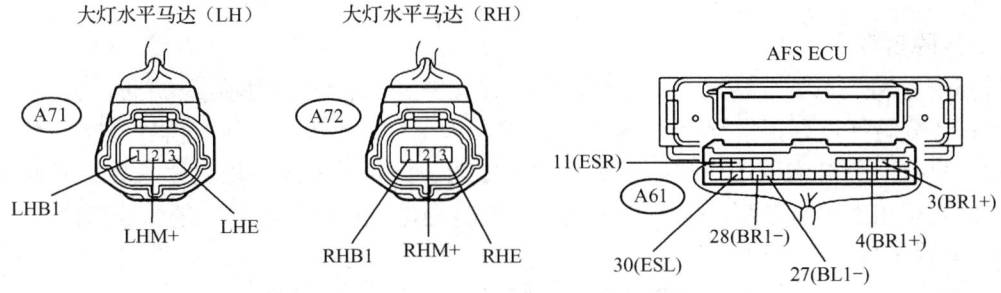

图 4-19　连接器示意图

根据表 4-7 中所示的值测量左侧水平马达与 ECU 之间的线路电阻。

表 4-7　左侧测量参考值

故障诊断仪连接	条　　件	规 定 条 件
A61/3（BL1+）–A71/1（LHB1）	始终	低于 1Ω
A61/27（BL1）–A71/3（LHE）	始终	低于 1Ω
A61/30（ESL）–A71/2（LHM+）	始终	低于 1Ω
A61/3（BL1+）–车身接地	始终	10kΩ 或更高
A61/27（BL1）–车身接地	始终	10kΩ 或更高
A61/30（ESL）–车身接地	始终	10kΩ 或更高

根据表 4-8 中所示的值测量右侧水平马达与 ECU 之间的线路电阻。

表 4-8　右侧测量参考值

故障诊断仪连接	条　　件	规 定 条 件
A61/4（BR1+）–A72/1（RHB1）	始终	低于 1Ω
A61/28（BR1–）–A72/3（RHE）	始终	低于 1Ω
A61/11（ESR）–A72/2（RHM+）	始终	低于 1Ω
A61/4（BR1+）–车身接地	始终	10kΩ 或更高
A61/28（BR1–）–车身接地	始终	10kΩ 或更高
A61/11（ESR）–车身接地	始终	10kΩ 或更高

如果测量所得结果非上述两个表格中的数值，则应修理或更换线束或连接器，否则进行下一步操作。

⑥ 更换大灯总成（大灯水平马达）。

此车型的大灯水平马达位于大灯总成内部，所以需要更换整个大灯总成。

⑦ 确认。

更换大灯总成后确认大灯是否工作正常，如果工作异常，则应更换 AFS ECU。

二、转向信号和危急警告系统故障诊断与排除

1. 故障现象

转向信号和危急警告系统故障主要包括危急警告灯不工作（转向信号灯正常）、转向信号灯不工作（危急警告灯正常）、危急警告灯和转向信号灯都不工作、转向信号灯在一个方向上不工作、只有一个灯泡不工作等，在进行故障诊断与排除时，应根据具体的故障现象进行操作。下面以丰田凯美瑞车型的前照灯为例，说明转向信号和危急警告系统的故障诊断方法。

2. 故障原因

转向信号和危急警告系统故障症状及故障可疑部位如表 4-9 所示。

表 4-9　转向信号和危急警告系统故障症状及故障可疑部位

症　　状	可　疑　部　位
危急警告灯不工作（转向信号灯正常）	1. HAZ 保险丝； 2. 危急警告信号开关； 3. 时钟总成； 4. 转向信号闪光器总成； 5. 线束或连接器
转向信号灯不工作（危急警告灯正常）	1. GAUGE 1 号保险丝； 2. 大灯变光器开关总成（转向信号开关）； 3. 转向信号闪光器总成； 4. 线束或连接器
危急警告灯和转向信号灯都不工作	1. HAZ 保险丝和 GAUGE 1 号保险丝； 2. 灯泡； 3. 转向信号闪光器总成； 4. 危急警告信号开关； 5. 大灯变光器开关总成（转向信号开关）； 6. 时钟总成； 7. 线束或连接器
转向信号在一个方向上不工作	1. 大灯变光器开关总成（转向信号开关）； 2. 转向信号闪光器总成； 3. 线束或连接器
只有一个灯泡不工作	1. 灯泡； 2. 线束或连接器

3. 故障诊断与排除

在进行转向信号和危急警告系统故障诊断与排除时，可参考如图 4-20 所示流程。

三、制动灯故障诊断与排除

1. 故障现象

制动灯故障主要包括制动灯系统不工作、一侧制动灯不亮和高位制动灯不亮等，在进行故障诊断与排除时，应根据具体的故障现象进行操作。下面以丰田凯美瑞车型的制动灯系统为例，说明制动灯故障诊断与排除的方法。

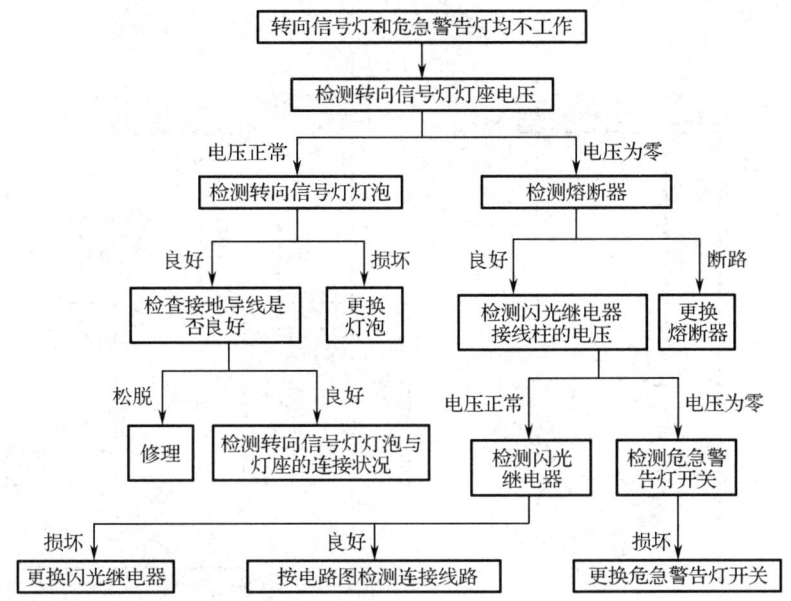

图 4-20 转向信号和危急警告系统故障诊断与排除流程图

2. 故障原因

制动灯故障症状及故障可疑部位如表 4-10 所示。

表 4-10 制动灯故障症状及故障可疑部位

症　状	可　疑　部　位
制动灯系统不工作	1. 灯泡； 2. STOP 保险丝； 3. 刹车灯开关； 4. 线束或连接器
一侧制动灯不亮	1. 灯泡； 2. 线束或连接器
高位制动灯不亮	1. 灯泡； 2. 线束或连接器

3. 故障诊断与排除

（1）制动灯电路图

制动灯电路如图 4-21 所示。

（2）故障诊断与排除

如果两侧制动灯均不亮，应首先检查熔断器 STOP 保险丝是否断路。若其正常，再检查制动灯开关 A19 处的导线电压是否正常。若该电压正常，则拆下制动灯开关 A19 处的两条导线并连接在一起，若此时制动灯亮，说明制动灯开关损坏，应将其更换；若制动灯仍不亮，则应检查后组合灯中的制动灯灯泡 S11 和 S12 是否断路、连接导线是否断路等。

如果一侧制动灯亮而另一侧制动灯不亮，应首先检查不亮侧的制动灯灯泡是否断路，单侧制动灯的连接器电源线的电压是否正常。若两者均正常，再检查搭铁线接触是否良好，灯泡与灯座接触是否良好。

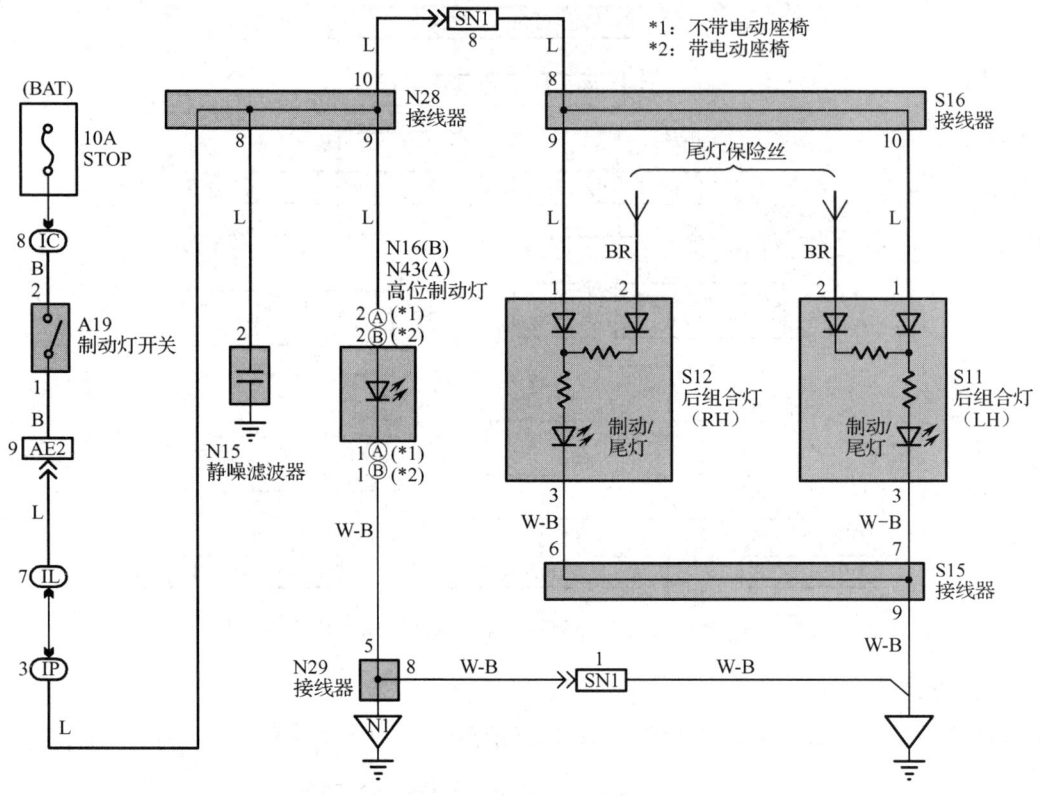

图 4-21　制动灯电路

4.2.2　照明系统故障的诊断与排除工作页

一台丰田凯美瑞汽车的自适应大灯无法正常工作，请根据给出的电路图对车辆进行故障诊断与排除。

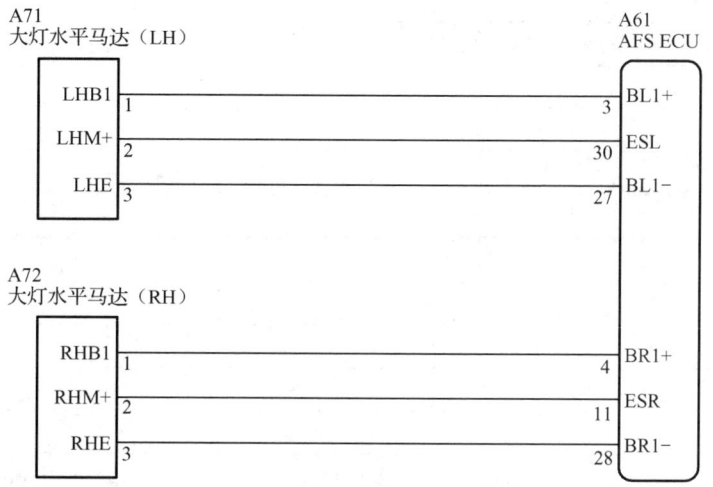

一、确认故障现象，推定可能的故障范围。
与本故障相关的故障现象：
根据故障现象，判断可能的故障原因：
二、根据电路图绘制控制原理图。
三、使用汽车解码器，读取相应故障码。
根据诊断结果，进一步缩小故障范围，并确定测试对象为：

续表

四、基于以上诊断结论，选择测量点实施测量，确定故障点。					
测试对象					
测试条件			使用设备		

数据流、执行元器件诊断、电压、电流、电阻等测量结果，不用者不填。

测试参数					
标准描述					
测试结果					
是否正常					
测试参数					
标准描述					
测试结果					
是否正常					

波形测试结果，不用者不填。

波形名称	标准波形（注意单位）	实测波形（请圈出异常位置）

分析测试结果，必要时进行简单修复，并做进一步诊断（或验证），不用者不填。

五、基于以上分析及测试，将结果记录在表中，归纳总结核心步骤。

步　骤	对　象	结　果	结　论	下一步诊断对象
1				
2				
3				
4				
5				
6				

六、分析测试结果，结合故障机理，给出结论或维修建议。

任务三　门锁控制系统及防盗系统故障的诊断与排除

学习目标

1. 能描述门锁控制系统及防盗系统的构造与工作原理
2. 掌握门锁控制系统及防盗系统各个零件的检测方法与标准数据
3. 掌握门锁控制系统及防盗系统电路图和维修手册的使用方法
4. 掌握门锁控制系统及防盗系统的故障诊断分析流程
5. 培养严格遵守安全操作规程的职业规范
6. 培养互帮互助、团队协作的能力

任务接受

某丰田4S店，一辆丰田凯美瑞汽车进厂维修，客户反映车辆无法正常上锁。

任务准备

教学设备、工具及仪器如表4-11所示。

表4-11　教学设备、工具及仪器

名　　称	数　　量	名　　称	数　　量
普通维修工具	1套/5人	车辆	1辆/5人
万用表	1套/5人	故障诊断仪	1套/5人

任务实施

4.3.1　门锁控制系统常见故障的诊断与排除

一、门锁控制系统框图

如图4-22所示为丰田凯美瑞车型的门锁控制系统框图。

二、故障诊断作业流程

在进行故障诊断时可按照如图4-23所示的流程图进行操作。

三、故障症状及可疑部位

如表4-12所示为丰田凯美瑞车型门锁控制系统的故障症状及故障可疑部位。

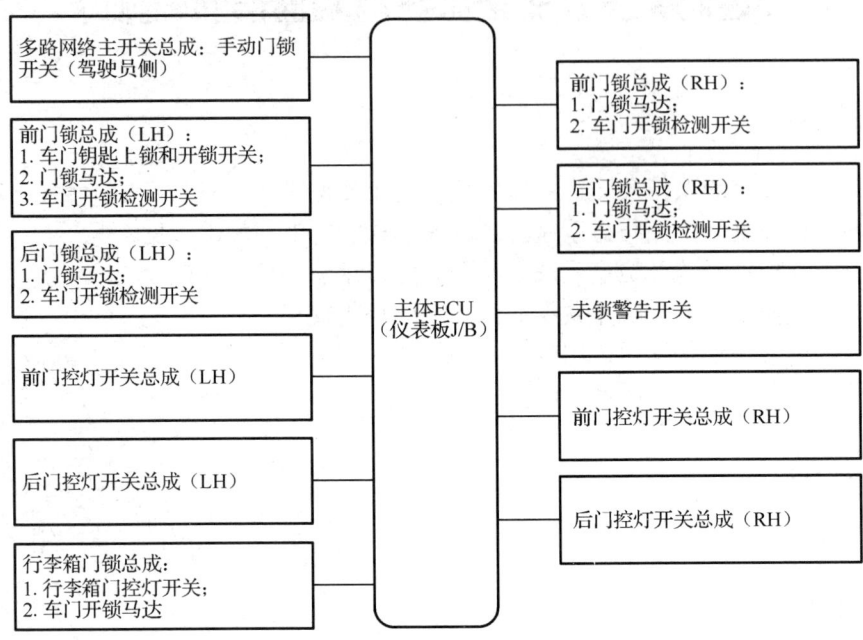

图 4-22　丰田凯美瑞车型的门锁控制系统框图

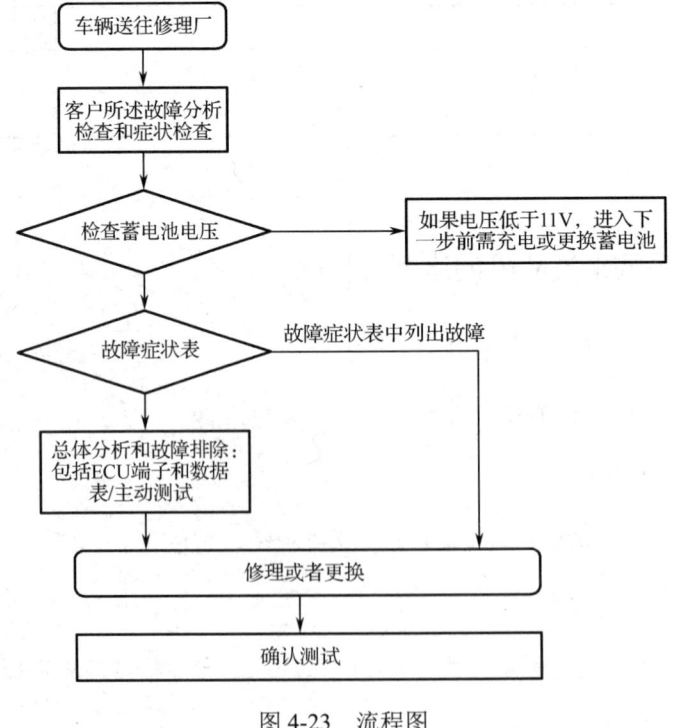

图 4-23　流程图

表 4-12　丰田凯美瑞车型门锁控制系统的故障症状及故障可疑部位

症　　状	可　疑　部　位
门锁控制系统不动作	1. ECU 的电源电路； 2. 执行器的电源电路； 3. 行李箱开启器的电磁线圈电路； 4. 门锁电动机电路； 5. ECU
全部或部分车门用门锁控制开关和钥匙操作开关都不能锁住或打开	1. 门锁电动机电路； 2. ECU
车门不能用门锁控制开关锁住或打开，用钥匙操作开关时正常	1. 门锁控制开关电路； 2. ECU
车门不能用钥匙操作开关锁住或打开，用门锁控制开关时正常	1. 钥匙操作开关电路； 2. ECU
不执行钥匙禁闭预防功能	1. 钥匙未锁报警开关电路； 2. 前位置开关电路； 3. 门锁和门灯开关电路； 4. ECU
不执行行李箱门开启功能	1. 行李箱开启电磁线圈电路； 2. 行李箱盖开启器的开关电路； 3. ECU
将点火开关转至"ACC"位置时，门锁控制安全功能未消除	1. 点火开关电路； 2. ECU

四、故障诊断作业流程

下面以丰田凯美瑞汽车出现故障无法正常使用为例，介绍门锁控制系统故障诊断与排除的流程。

1. 读取车辆故障码

利用故障诊断仪进行车辆识别并读取故障码，发现门锁控制系统当前存在"B1242"故障码，该故障码代表车辆出现无线门锁调谐器电路故障。

2. 分析故障

根据门锁控制系统的工作原理，车门控制接收器从发射器接收信号并发送这些信号至主体 ECU，门锁正常工作。当信号从主体 ECU 输出后不能接收到反馈信号，就会存储该故障码。可能的故障原因有以下几个方面：

（1）线束故障。

（2）车门控制接收器故障。

（3）主体 ECU 故障。

3. 故障诊断流程

（1）检查线束和连接器（主体 ECU-车门控制接收器）

如图 4-24 所示为车门控制接收器电路图。

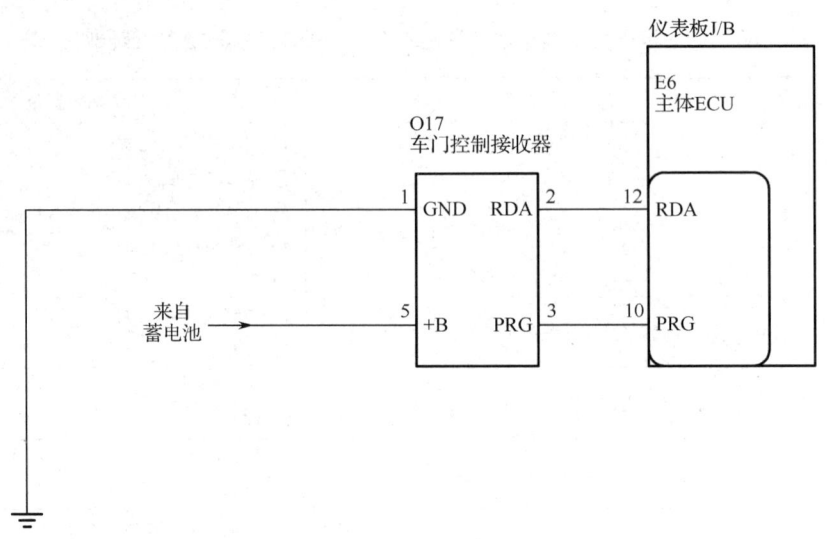

图 4-24　车门控制接收器电路图

断开主体 ECU 连接器 E6 和车门控制接收器连接器 O17，如图 4-25 所示。

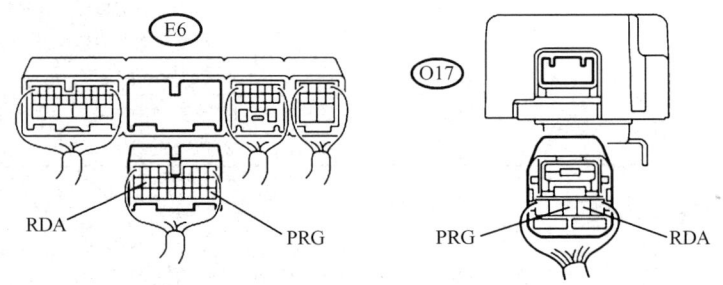

图 4-25　断开主体 ECU 连接器 E6 和车门控制接收器连接器 O17

根据表 4-13 中的参考值测量电阻。

表 4-13　参考值

符号（故障诊断仪连接）	条　　件	规　定　条　件
RDA（E6/12）–RDA（O17/2）	始终	低于 1Ω
RDA（E6/12）–车身接地	始终	10kΩ 或更高
RRG（E6/10）–PRG（O17/3）	始终	低于 1Ω
PRG（E6/10）–车身接地	始终	10kΩ 或更高

如果测量结果超出参考值，则应修理或更换线束或连接器；否则进行下一步操作。

（2）检查线束和连接器（蓄电池–车身接地）

根据表 4-14 所示的标准值，检查车门控制接收器连接器的供电端和接地端的电压或者电阻。如图 4-26 所示为车门控制接收器的连接器。

如果测量值超出标准值，则应修理或更换线束或连接器；否则进行下一步操作。

表 4-14　标准值

符号（故障诊断仪连接）	条　　件	规 定 条 件
GND（O17/1）-车身接地	始终	低于 1Ω
+B（O17/5）-车身接地	始终	10～14V

（3）更换车门控制接收器

重新连接主体 ECU 的连接器 E6，并更换新的车门控制接收器，然后对车门控制接收器进行注册操作。

（4）确认 DTC

重新连接各个部件，利用故障诊断仪再次检查系统中是否存在 DTC。如果没有 DTC 输出，则结束诊断，否则进行下一步操作。

（5）更换主体 ECU（仪表板接线盒总成）

更换主体 ECU 后应再次对门锁控制系统进行诊断，确认无 DTC 输出，并完成后续部件安装，恢复车辆所有功能。

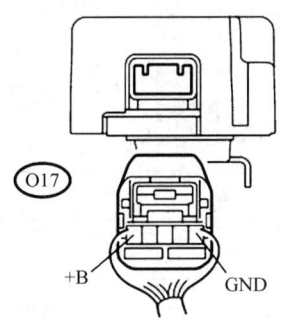

图 4-26　车门控制接收器的连接器

4.3.2　防盗系统常见故障的诊断与排除

一、故障症状

汽车防盗系统的故障症状及故障可疑部位如表 4-15 所示。

表 4-15　汽车防盗系统的故障症状及故障可疑部位

症　　状	怀 疑 部 位
防盗系统不能设定	1. 防盗指示灯电路； 2. ECU 电源电路； 3. 门钥匙锁止/开启开关电路； 4. 门锁控制开关电路； 5. 门锁控制灯开关电路； 6. 发动机盖控制开关电路； 7. 更换 ECU； 8. 如果经过检查，以上区域工作正常以后，故障症状仍然出现，则应更换主体 ECU（仪表板 J/B）
防盗系统设定后，防盗指示灯不闪烁	1. 防盗指示灯电路； 2. 更换 ECU； 3. 如果经过检查，以上区域工作正常以后，故障症状仍然出现，则应更换主体 ECU（仪表板 J/B）
将点火开关转到"ON"（IG）位置时，报警鸣响状态不能取消	智能进入和启动系统
即使车门打开，也可以设定防盗系统	1. 门锁控制开关电路； 2. 如果经过检查，以上区域工作正常以后，故障症状仍然出现，则应更换主体 ECU（仪表板 J/B）
当防盗系统处于报警工作状态时，车辆扬声器不响	1. 扬声器电路； 2. 如果经过检查，以上区域工作正常以后，故障症状仍然出现，则应更换主体 ECU（仪表板 J/B）

续表

症　状	怀　疑　部　位
当防盗系统处于报警工作状态时，危急警告灯不闪烁	1. 线束； 2. 转向信号闪光器； 3. 如果经过检查，以上区域工作正常以后，故障症状仍然出现，则应更换主体 ECU（仪表板 J/B）
当防盗系统处于报警工作状态时，车厢灯不亮	1. 车厢灯电路； 2. 如果经过检查，以上区域工作正常以后，故障症状仍然出现，则应更换主体 ECU（仪表板 J/B）
当防盗系统处于报警工作状态时，安全扬声器不响	1. 安全扬声器电路； 2. 如果经过检查，以上区域工作正常以后，故障症状仍然出现，则应更换主体 ECU（仪表板 J/B）
即使防盗系统未设定，危急警告灯也会闪烁	1. 线束； 2. 转向信号闪光器； 3. 如果经过检查，以上区域工作正常以后，故障症状仍然出现，则应更换主体 ECU（仪表板 J/B）
即使防盗系统未设定，车灯也会亮起	1. 车灯电路； 2. 如果经过检查，以上区域工作正常以后，故障症状仍然出现，则应更换主体 ECU（仪表板 J/B）

二、故障诊断流程

在进行故障诊断时可按照如图 4-27 所示的流程图进行操作。

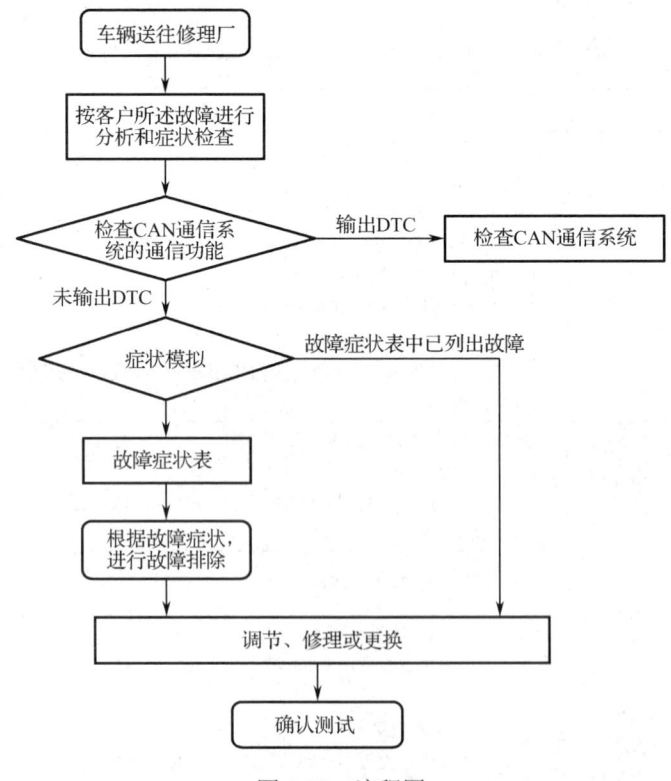

图 4-27　流程图

三、故障诊断与排除

下面以丰田大霸王汽车防盗系统出现故障无法正常使用为例，介绍防盗系统故障诊断与排除的流程。

1. 丰田大霸王汽车防盗系统的结构组成

丰田大霸王汽车防盗系统的结构组成如图 4-28 所示。

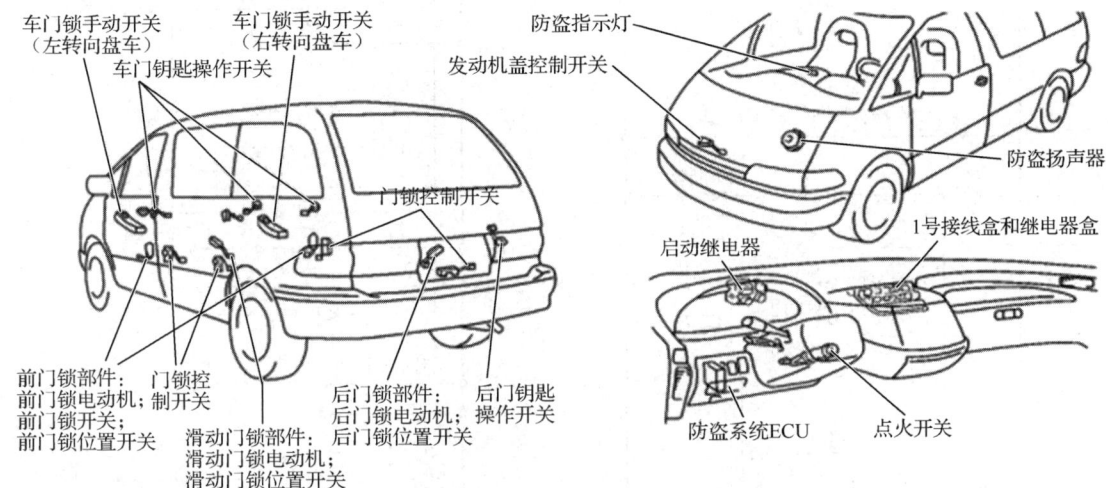

图 4-28　丰田大霸王汽车防盗系统的结构组成

2. 丰田大霸王汽车防盗系统控制电路

丰田大霸王汽车防盗系统控制电路如图 4-29 所示。

3. 故障诊断流程

（1）点火开关电路检查

丰田大霸王汽车防盗系统采用启动电路锁定技术，如果出现点火开关在"START"位置时，启动机不能运转的故障，应先检查点火开关的电路，具体检查步骤如下。

① 检查点火开关及连接器各端子之间的导通性。点火开关在"LOCK"位置时，端子 2、3、4、6、7、9、10 间不导通；在"ACC"位置时，端子 3、4 间导通；在"ON"位置时，端子 2、3、4 间及端子 9、10 间导通；在"START"位置时，端子 2、4、7 间及端子 6、9、10 间导通。钥匙插入点火开关中时，端子 1、5 间导通；钥匙未插入点火开关中时，端子 1、5 间不导通。如果导通性不符合要求，则更换点火开关。如图 4-30 所示为丰田大霸王汽车点火开关连接器及挡位图。

② 将点火开关转至"ACC"或"LOCK"位置，检查 ECU-IG 熔断丝或点烟器熔断丝是否正常。如果正常，进行第③步检查。如果不正常，更换熔断丝后再检查系统是否正常，若仍不正常，检查防盗系统 ECU 连接器端子 B2 或端子 A10 是否与搭铁短路；若正常，说明其他熔断丝存在故障。

③ 拔出防盗系统 ECU 连接器，把点火开关转至"ACC"或"ON"位置，检查防盗系统 ECU 连接器端子 B2 或端子 A10 与搭铁之间是否有蓄电池电压。如果有，更换 ECU，再检查系统；如果没有，说明 ECU 连接器端子 B2 或端子 A10 的配线断路。

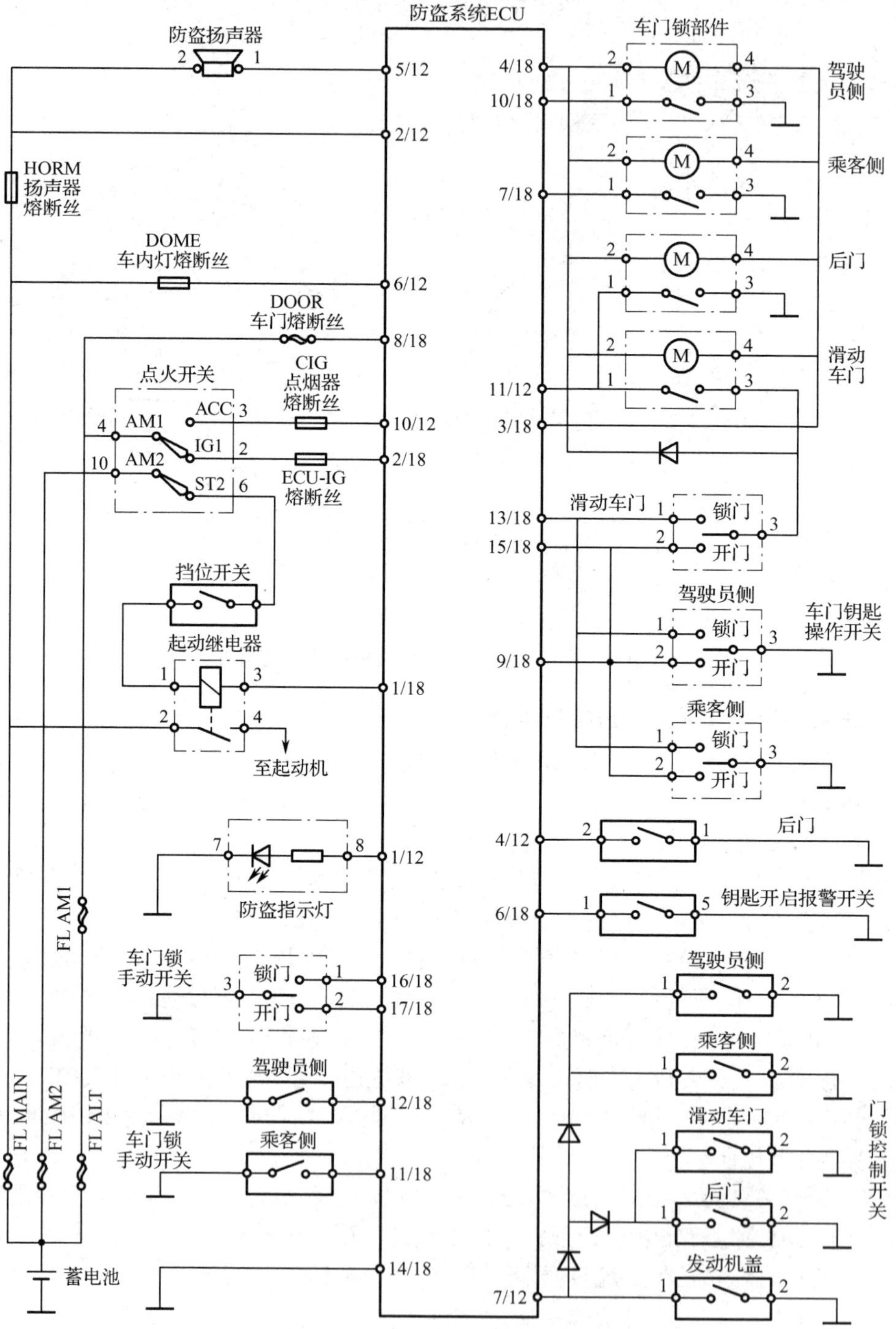

防盗系统ECU

防盗扬声器

车门锁部件

驾驶员侧

乘客侧

后门

滑动车门

HORM 扬声器熔断丝

DOME 车内灯熔断丝

DOOR 车门熔断丝

点火开关

CIG 点烟器熔断丝

ECU-IG 熔断丝

挡位开关

起动继电器

至起动机

防盗指示灯

车门锁手动开关

驾驶员侧

乘客侧

车门锁手动开关

蓄电池

滑动车门

锁门

开门

驾驶员侧

锁门

开门

乘客侧

锁门

开门

车门钥匙操作开关

后门

钥匙开启报警开关

驾驶员侧

乘客侧

滑动车门

后门

发动机盖

门锁控制开关

图4-29 丰田大霸王汽车防盗系统控制电路

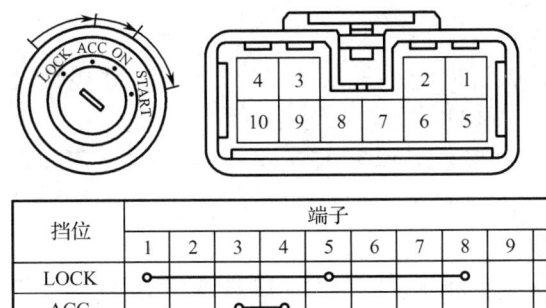

挡位	端子									
	1	2	3	4	5	6	7	8	9	10
LOCK										
ACC										
ON										
START										
钥匙插入										

图 4-30　丰田大霸王汽车点火开关连接器及挡位图

（2）防盗系统 ECU 电源电路检查

如果出现防盗系统 ECU 无电源故障，应按下面步骤进行检查。

① 断开点火开关。检查 DOME 车内灯熔断丝是否正常。如果正常，进行第②步检查。如果不正常，更换熔断丝后再检查系统是否正常。若系统仍不正常，检查防盗系统 ECU 连接器端子 A6 是否与搭铁短路；若系统正常，则检查其他熔断丝是否存在故障。

② 拔出防盗系统 ECU 连接器，如图 4-31 所示，检查防盗系统 ECU 连接器端子 A6 与搭铁之间是否有蓄电池电压。如果有蓄电池电压，进行第③步检查；如果没有蓄电池电压，检查防盗系统 ECU 连接器端子 A6 是否断路。

③ 检查防盗系统 ECU 连接器端子 B14 与搭铁之间的导通性。如果不导通，检查防盗系统 ECU 连接器端子 B14 与搭铁之间的配线是否断路。如果导通，应检查下列电路是否正常：前门锁开关电路、滑动门和后门锁位置开关电路、车门锁手动开关电路、门锁控制开关电路、前门锁位置开关电路、钥匙操作开关电路、点火开关电路、钥匙开启报警开关电路、启动机切断系统电路、防盗扬声器电路。如果上述电路都正常，更换防盗系统 ECU 后再进行检查。

（3）防盗指示灯电路检查

防盗指示灯的作用是指示防盗系统是否工作。装有防盗系统的汽车，即使驾驶员离开了汽车，防盗指示灯也会不停地闪烁，表示汽车防盗系统工作正常。如果防盗指示灯不亮，应进行以下检查。

断开点火开关，拔出防盗系统 ECU 连接器，将欧姆表负表笔接防盗系统 ECU 配线侧连接器端子 A1，正表笔接搭铁。检查端子 A1 和搭铁间是否导通。如果导通，更换防盗系统 ECU 后再检查系统。如果不导通，说明防盗指示灯电路断路。

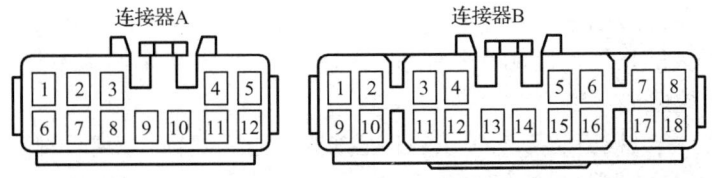

图 4-31　防盗系统 ECU 连接器

（4）前门锁开关电路检查

前门锁开关的作用是接收遥控器开/关门信号，控制前门锁电动机工作，如果出现前门锁开关不能控制前门锁电动机工作的故障，应进行下列检查。

① 断开点火开关，拔出防盗系统 ECU 连接器。在驾驶员侧门开启时，检查防盗系统 ECU 连接器端子 B10 与搭铁之间的导通性。如果不导通，说明驾驶员侧门锁控制开关电路断路。如果导通，进行第②步检查。

② 在乘客侧门开启时，检查防盗系统 ECU 连接器端子 B7 与搭铁之间的导通性。如果导通，更换防盗系统 ECU 后再检查系统。如果不导通，检查乘客侧门锁开关电路是否断路。

（5）滑动门和后门锁位置开关电路检查

滑动门和后门锁位置开关的作用是控制滑动门和后门锁开或关。如果出现滑动门和后门锁不能开或关的故障，应进行下列检查。

① 断开点火开关，拔出防盗 ECU 连接器，锁止后门，检查在滑动门关闭但未锁止时，防盗 ECU 连接器端子 A4 与 A11 之间的导通性。如果不导通，说明滑动门锁开关电路断路。如果导通，进行第②步检查。

② 锁止滑动门，检查在后门打开时，防盗系统 ECU 连接器端子 A11 与搭铁之间的导通性。如果不导通，说明后门锁开关电路断路；如果导通，应更换防盗系统 ECU，再进行检查。

（6）门锁控制开关电路检查

门锁控制开关的作用是控制所有车门锁的位置。当门锁控制开关不能控制车门锁位置时，应进行下列检查。

① 断开点火开关，拔出防盗系统 ECU 连接器。打开驾驶员侧门，关闭其他车门和发动机盖，检查 ECU 连接器端子 A7 与搭铁之间的导通性。如果不导通，说明驾驶员侧门锁控制开关电路断路。如果导通，进行第②步检查。

② 打开乘客侧门，关闭其他车门和发动机盖，检查防盗系统 ECU 连接器端子 A7 与搭铁之间的导通性。如果不导通，说明乘客侧门锁控制开关电路断路。如果导通，进行第③步检查。

③ 打开滑动门，关闭其他车门和发动机盖。检查防盗系统 ECU 连接器端子 A7 与搭铁之间的导通性。如果不导通，说明滑动门门锁控制开关电路断路。如果导通，进行第④步检查。

④ 打开发动机盖，关闭所有车门。检查防盗系统 ECU 连接器端子 A7 与搭铁之间的导通性。如果不导通，说明发动机盖控制开关电路断路。如果导通，进行第⑤步检查。

⑤ 打开后车门，关闭其他车门和发动机盖。检查防盗系统 ECU 连接器端子 A7 与搭铁之间的导通性。如果导通，更换防盗系统 ECU，然后再检查系统；如果不导通，说明后门锁控制开关电路断路。

（7）前门锁位置开关电路检查

前门锁位置开关的作用是用钥匙控制前门锁的状态，如果用钥匙不能控制前门锁锁止或打开，应进行下列检查。

① 断开点火开关。拔出防盗系统 ECU 连接器，用钥匙锁止驾驶员侧车门，检查防盗系统 ECU 连接器端子 B13 与搭铁之间的导通性。如果不导通，说明驾驶员侧门钥匙锁止开关电路断路。检查防盗系统 ECU 连接器端子 B9 与搭铁之间的导通性。如果导通，说明驾驶员侧门钥匙开启开关电路对搭铁短路。

② 用钥匙打开驾驶员侧车门,检查防盗系统 ECU 连接器端子 B15 与搭铁之间的导通性。如果导通,说明驾驶员侧门钥匙锁止开关电路对搭铁短路。

③ 用钥匙锁止乘客侧车门,检查防盗系统 ECU 连接器端子 B13 与搭铁之间、防盗系统 ECU 连接器端子 B9 与搭铁之间的导通性。如果不导通,说明乘客侧门钥匙锁止开关电路断路。

④ 用钥匙打开乘客侧车门,检查防盗系统 ECU 连接器端子 B15 与搭铁之间的导通性。如果导通,说明乘客侧门钥匙锁止开关电路或乘客侧门钥匙开启开关电路对搭铁短路。

（8）钥匙开启报警开关电路检查

钥匙开启报警开关的作用是使用钥匙开启或锁止车门。如果使用钥匙开启或锁止车门时钥匙开启报警开关不工作,则应进行下列检查。

断开点火开关,拔出防盗系统 ECU 连接器。将钥匙插入点火开关中,检查防盗系统 ECU 连接器端子 B6 与搭铁之间是否导通,如果不导通,说明钥匙开启报警开关电路断路或对搭铁短路。如果导通,更换防盗系统 ECU,再进行检查。

（9）启动机切断系统电路检查

启动机切断系统的作用是通过防盗系统 ECU 切断启动继电器端子 4 搭铁（见防盗系统控制电路图）,从而使启动机不工作。如果出现非法进入驾驶室还能启动启动机的故障,应进行下列检查。拔出防盗系统 ECU 连接器,自动变速器挡位在“N”或“P”位置时,把点火开关转至“START”位置,检查防盗系统 ECU 连接器端子 B1 与搭铁之间是否有蓄电池电压。如果没有,说明启动继电器电路断路或对搭铁短路。如果有,更换防盗系统 ECU,再进行检查。

（10）防盗扬声器电路检查

防盗扬声器的作用是发出报警声音,提示有人在接触汽车。如果出现非法操作时防盗扬声器不报警,则应进行下列检查。

① 断开点火开关,拔出防盗扬声器连接器,检查防盗扬声器是否正常。如果不正常则更换防盗扬声器;如果正常,进行第②步检查。

② 拔出防盗系统 ECU 连接器,检查防盗系统 ECU 连接器端子 A5 与搭铁之间是否有蓄电池电压。如果有,更换防盗系统 ECU,再进行检查。如果没有,说明防盗扬声器电路断路或对搭铁短路。

Note

4.3.3　门锁控制系统及防盗系统故障的诊断与排除工作页

　　一台丰田凯美瑞汽车门锁控制系统无法正常工作，在进行无线门锁操作时无法正常锁车，请对车辆进行故障诊断与排除。

一、确认故障现象，推定可能的故障范围。
与本故障相关的故障现象：
根据故障现象，判断可能的故障原因：
二、根据电路图绘制控制原理图。
三、使用汽车解码器，读取相应故障码。
根据诊断结果，进一步缩小故障范围，并确定测试对象为：
四、基于以上诊断结论，选择测量点实施测量，确定故障点。

测试对象					
测试条件			使用设备		
数据流、执行元器件诊断、电压、电流、电阻等测量结果，不用者不填。					
测试参数					
标准描述					
测试结果					

续表

是否正常						
测试参数						
标准描述						
测试结果						
是否正常						

波形测试结果，不用者不填。

波形名称	标准波形（注意单位）	实测波形（请圈出异常位置）

分析测试结果，必要时进行简单修复，并做进一步诊断（或验证），不用者不填。

五、基于以上分析及测试，将结果记录在表中，归纳总结核心步骤。

步　　骤	对　　象	结　　果	结　　论	下一步诊断对象
1				
2				
3				
4				
5				
6				

六、分析测试结果，结合故障机理，给出结论或维修建议。

任务四 电动车窗升降系统故障的诊断与排除

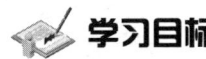

学习目标

1. 能描述电动车窗升降系统的构造与工作原理
2. 掌握电动车窗升降系统各个零件的检测方法与标准数据
3. 掌握电动车窗升降系统电路图和维修手册的使用方法
4. 掌握电动车窗升降系统的故障诊断分析流程
5. 培养严格遵守安全操作规程的职业规范
6. 培养互帮互助、团队协作的能力

任务接受

某丰田4S店接到客户投诉，反映车辆的右前车窗升降有故障，当用驾驶员侧的升降开关进行控制时能正常使用；当用右前车窗升降开关控制时，无法正常使用。

任务准备

教学设备、工具及仪器如表4-16所示。

表4-16 教学设备、工具及仪器

名　　称	数　　量	名　　称	数　　量
普通维修工具	1套/5人	车辆	1辆/5人
万用表	1套/5人	故障诊断仪	1套/5人

任务实施

4.4.1 电动车窗升降系统常见故障的诊断与排除

一、电动车窗升降系统故障症状

1. 故障症状

丰田凯美瑞汽车电动车窗升降系统的故障症状及故障可疑部位如表4-17所示。

表4-17 丰田凯美瑞汽车电动车窗升降系统的故障症状及故障可疑部位

症　　状	怀　疑　部　位
电动窗不能与电动窗调节器主开关一起工作	1. POWER、PWR、RR DOOR LH 和 RR DOOR RH 保险丝； 2. 数据表/主动测试； 3. 电动窗主开关电路（电源）； 4. 电动窗调节器马达电路； 5. 电动窗调节器主开关

症　　状	怀　疑　部　位
前乘客侧电动窗不能与电动窗调节器开关一起工作	1. 电动窗调节器开关电路（电源）； 2. 电动窗调节器马达电路（前乘客侧）； 3. 电动窗调节器开关（前 LH 侧）
后 LH 侧电动窗不能与电动窗调节器开关一起工作	1. 电动窗调节器开关电路（电源）； 2. 电动窗调节器马达电路（后 LH 侧）； 3. 电动窗调节器开关（后 LH 侧）
后 RH 侧电动窗不能与电动窗调节器开关一起工作	1. 电动窗调节器开关电路（电源）； 2. 电动窗调节器马达电路（后 RH 侧）　； 3. 电动窗调节器开关（后 RH 侧）
自动上升/下降功能不能工作于驾驶员侧（只能防夹保护辅助）	1. 诊断检查； 2. 电动窗调节器马达； 3. 电动窗调节器主开关； 4. 线束
遥控上升/下降功能不工作	1. 电动窗调节器主开关； 2. 线束
即使没有满足电动窗操作条件，关闭点火开关后，电动窗仍旧可用	1. 前门控灯开关； 2. 线束（LIN 通信线）
自动上升操作不能在驾驶员侧完全关闭电动窗（防夹保护功能开启）	1. 电动窗调节器马达； 2. 检查、清洁玻璃导槽； 3. 电动窗调节器主开关
自动降下功能不能在驾驶员侧操作（只能自动降下）	1. 电动窗调节器主开关； 2. 电动窗调节器马达电路（驾驶员侧）； 3. 线束

2. 电动窗调节器主开关连接器端子标准电压

电动窗调节器主开关连接器端子标准电压如表 4-18 所示。

表 4-18　电动窗调节器主开关连接器端子标准电压

符号（端子编号）	接线颜色	端 子 说 明	条　　件	规 定 条 件
DU（M1/8）–E（M1/1）	O–W/B	电动窗马达 UP 输出	点火开关转到"ON"位，驾驶员侧电动窗开关 OFF→UP（手动操作）	10～14V→0V
AUTO（M1/4）–E（M1/1）	B–W/B	电动窗马达 AUTO UP 输出	点火开关转到"ON"位，驾驶员侧电动窗完全打开→驾驶员侧电动窗开关 UP（AUTO UP 位置）→驾驶员侧电动窗完全关闭	10～14V→0V→10～14
		电动窗马达 AUTO DOWN 输出	驾驶员侧电动窗完全关闭→驾驶员侧电动窗开关转到 DOWN（AUTO UP 位置）→驾驶员侧电动窗完全打开	10～14V→0V→10～14
DD（M1/5）–E（M1/1）	R–W/B	电动窗马达 DOWN 输出	点火开关转到"ON"位，驾驶员侧电动窗开关 OFF→DOWN（手动操作）	10～14V→0V

续表

符号（端子编号）	接线颜色	端子说明	条件	规定条件
PU（M1/16）–E（M1/1）	W–W/B	电动窗马达 UP 输出	点火开关转到"ON"位，前乘客侧电动窗开关 OFF→UP（手动操作）	0V→10～14V
PD（M1/15）–E（M1/1）	R–W/B	电动窗马达 DOWN 输出	点火开关转到"ON"位，前乘客侧电动窗开关 OFF→DOWN（手动操作）	0V→10～14V
RLU（M1/12）–E（M1/1）	L–W/B	电动窗马达 UP 输出	点火开关转到"ON"位，后 LH 侧电动窗开关 OFF→UP（手动操作）	0V→10～14V
RLD（M1/13）–E（M1/1）	B–W/B	电动窗马达 DOWN 输出	点火开关转到"ON"位，后 LH 侧电动窗开关 OFF→UP（手动操作）	0V→10～14V
RRU（M1/10）–E（M1/1）	Y–W/B	电动窗马达 UP 输出	点火开关转到"ON"位，后 RH 侧电动窗开关 OFF→UP（手动操作）	0V→10～14V
RRD（M1/18）–E（M1/1）	LG–W/B	电动窗马达 DOWN 输出	点火开关转到"ON"位，后 RH 侧电动窗开关 OFF→UP（手动操作）	0V→10～14V

3. 故障代码表

丰田凯美瑞汽车的电动车窗系统的故障代码如表 4-19 所示。

表 4-19 丰田凯美瑞汽车的电动车窗系统的故障代码

DTC 代码	检测项目	故障部位
B2311	驾驶员车门马达故障	1. 点火开关转到"ON"位时，蓄电池断开； 2. 电动窗调节器马达（驾驶员侧）； 3. 电动窗组件安装； 4. 电动窗调节器马达过热（驾驶员侧）
B2312	驾驶员侧车门主开关故障	1. 电动窗调节器马达（驾驶员侧）； 2. 电动窗调节器主开关； 3. 线束； 4. 电动窗调节器主开关在相同位置保持 20s 以上
B2313	玻璃位置初始化未完成	1. 电动窗调节器马达（驾驶员侧）； 2. 电动窗调节器马达（驾驶员侧）没有初始化

二、电动车窗升降系统故障的诊断

1. 故障诊断流程

在进行故障诊断时可按照如图 4-32 所示的流程图进行操作。

2. 故障诊断

下面以丰田凯美瑞汽车的车窗升降系统出现故障码"B2312"（驾驶员侧车门主开关故障）为例，介绍故障诊断流程与方法。

（1）故障原因

故障原因与故障部位如表 4-20 所示。

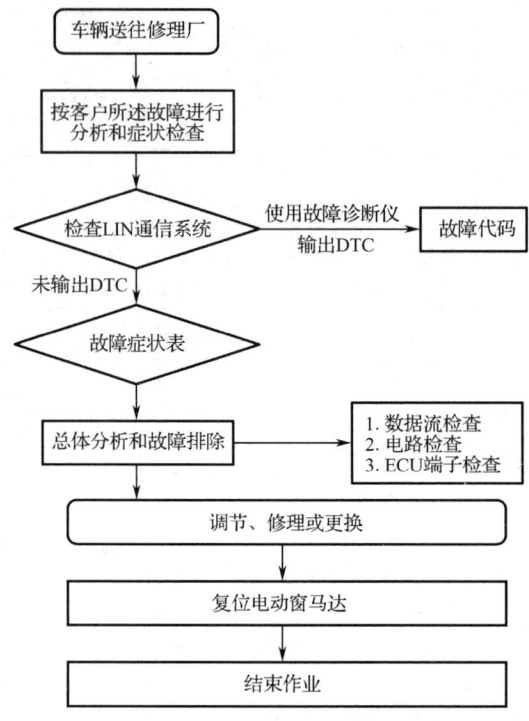

图 4-32　故障诊断流程图

表 4-20　故障原因与可疑部位

DTC 代码	DTC 检测条件	故 障 部 位
B2312	电动窗调节器主开关卡住	1. 电动窗调节器马达（驾驶员侧）； 2. 电动窗调节器主开关； 3. 线束； 4. 电动窗调节器主开关在相同位置保持 20s 钟以上

（2）故障诊断

① 读取故障诊断仪的数值。

连接故障诊断仪，检查电动窗 ECU 的功能，如表 4-21 所示。

表 4-21　电动窗调节器马达数据表

项　　目	测量项目/范围	正常条件
D Door Auto SW	驾驶员侧电动窗自动开关信号/"ON"或"OFF"	ON：驾驶员侧电动窗自动开关可以工作； OFF：驾驶员侧电动窗自动开关不能工作
D Door Up SW	驾驶员侧电动窗手动上升开关信号/"ON"或"OFF"	ON：驾驶员侧电动窗手动上升开关可以工作； OFF：驾驶员侧电动窗手动上升开关不能工作
D Door Down SW	驾驶员侧电动窗手动下降开关信号/"ON"或"OFF"	ON：驾驶员侧电动窗手动下降开关可以工作； OFF：驾驶员侧电动窗手动下降开关不能工作

② 检查电动窗调节器主开关总成。

拔下电动窗调节器主开关连接器，如图 4-33 所示，根据表 4-22 中的标准值测量电阻。

表 4-22 标准值

故障诊断仪连接	条 件	规 定 条 件
8（DU）-1（E）-4（AUTO）	自动上升	低于 1Ω
8（DU）-1（E）	自动下降	低于 1Ω
5（DD）-1（E）	自动上升	低于 1Ω
4（AUTO）-5（DD）-1（E）	自动下降	低于 1Ω

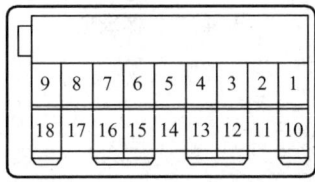

图 4-33 电动窗调节器主开关连接器

如果测量所得数据超出表中的标准值，则更换电动窗调节器主开关，否则进行下一步操作。

③ 检查线束（电动窗调节器主开关-电动窗调节器马达）。

如图 4-34 所示为电动窗主开关电路图。

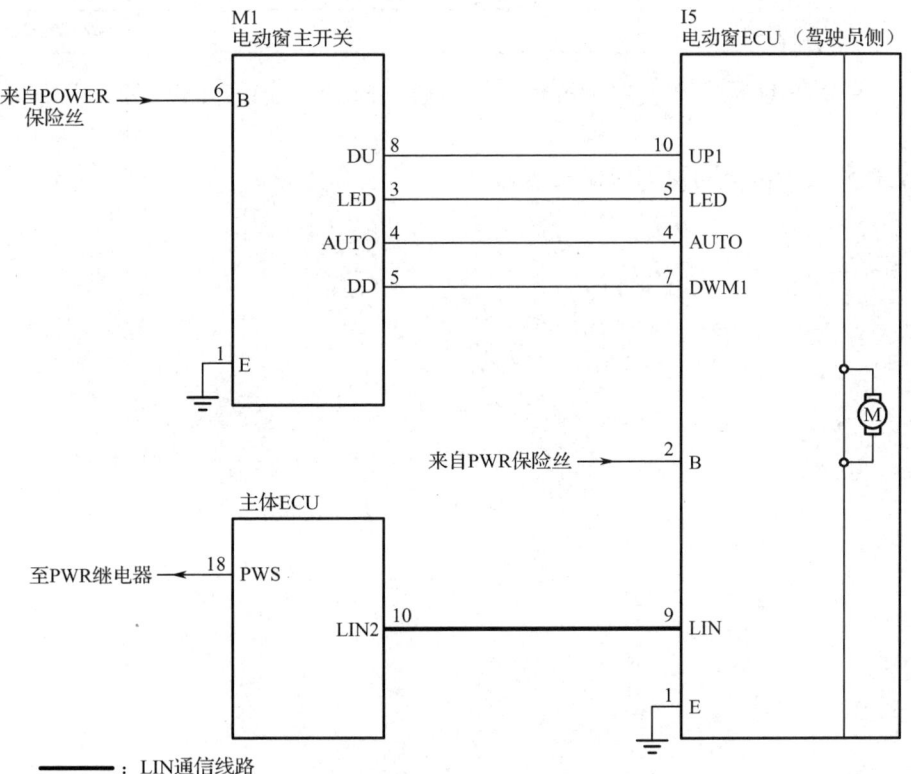

图 4-34 电动车窗主开关电路图

断开 M1 和 I5 连接器（如图 4-35 所示），并根据表 4-23 所示的标准值进行测量。

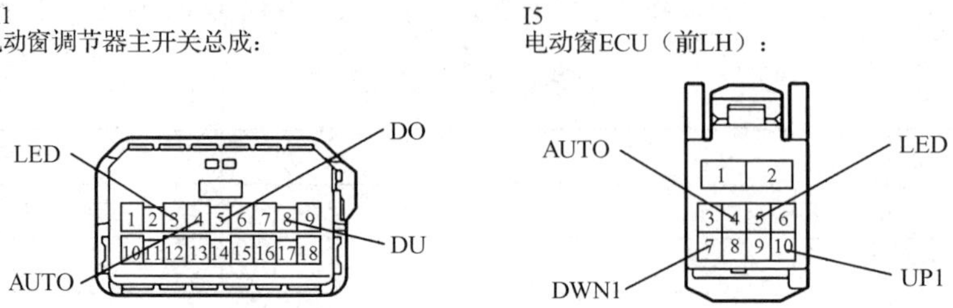

M1
电动窗调节器主开关总成：

I5
电动窗ECU（前LH）：

图 4-35　M1 和 I5 的连接器

表 4-23　标准值

测试仪连接	条　件	规　定　条　件
M1/8（DU）–I5/10（UP1）	始终	低于 1Ω
M1/3（LED）–I5/5（LED）	始终	低于 1Ω
M1/4（AUTO）–I5/4（AUTO）	始终	低于 1Ω
M1/5（DD）–I5/7（DWN1）	始终	低于 1Ω
M1/8（DU）–车身接地	始终	10kΩ 或更高
M1/3（LED）–车身接地	始终	10kΩ 或更高
M1/4（AUTO）–车身接地	始终	10kΩ 或更高
M1/5（DD）–车身接地	始终	10kΩ 或更高

如果测量所得数据超出表中标准值，则应修理或更换线束或连接器，否则进行下一步操作。

④ 更换驾驶员侧电动窗调节器马达总成。

4.4.2　电动车窗升降系统故障的诊断与排除工作页

一台丰田凯美瑞汽车的左前电动窗正常无法工作，请对车辆进行故障诊断与排除。

一、确认故障现象，推定可能的故障范围。
与本故障相关的故障现象：
根据故障现象，判断可能的故障原因：
二、根据电路图绘制控制原理图。
三、使用汽车解码器，读取相应故障码。
根据诊断结果，进一步缩小故障范围，并确定测试对象为：

四、基于以上诊断结论，选择测量点实施测量，确定故障点。				
测试对象				
测试条件		使用设备		
数据流、执行元器件诊断、电压、电流、电阻等测量结果，不用者不填。				
测试参数				
标准描述				

测试结果					
是否正常					
测试参数					
标准描述					
测试结果					
是否正常					

波形测试结果，不用者不填。

波形名称	标准波形（注意单位）	实测波形（请圈出异常位置）

分析测试结果，必要时进行简单修复，并做进一步诊断（或验证），不用者不填。

五、基于以上分析及测试，将结果记录在表中，归纳总结核心步骤。

步　骤	对　象	结　果	结　论	下一步诊断对象
1				
2				
3				
4				
5				
6				

六、分析测试结果，结合故障机理，给出结论或维修建议。

任务五　空调系统故障的诊断与排除

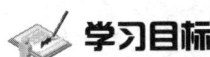

学习目标

1. 能描述空调系统的构造与工作原理
2. 掌握空调系统各个零件的检测方法与标准数据
3. 掌握空调系统电路图和维修手册的使用方法
4. 掌握空调系统的故障诊断分析流程
5. 培养严格遵守安全操作规程的职业规范
6. 培养互帮互助、团队协作的能力

任务接受

某丰田 4S 店，一辆丰田凯美瑞汽车进厂维修，客户反映前几天空调还能正常使用，但这两天使用空调时发现制冷效果不好，空调控制面板指示灯有异常现象。

任务准备

教学设备、工具及仪器如表 4-24 所示。

表 4-24　教学设备、工具及仪器

名　　称	数　　量	名　　称	数　　量
普通维修工具	1 套/5 人	车辆	1 辆/5 人
万用表	1 套/5 人	歧管压力表	1 套/5 人
故障诊断仪	1 套/5 人	温度计	1 套/5 人
检漏仪	1 套/5 人		

4.5.1　空调系统常见故障的诊断与排除

一、空调系统的检查方法

检查空调系统是否可以正常运转的方法很多，其中，看、听、摸、测的方法较实用，下面对其进行简介。

1. 看

用眼睛观察空调系统各个零件是否处于正常工作状态。

通过储液干燥器的观察窗，观察制冷剂是否适量。启动空调，让空调系统处于最大制冷状态，观察储液干燥器的观察窗。如图 4-36 所示，如果观察窗几乎透明，制冷剂稳定流动，发动机转速变化时可能出现气泡，说明制冷剂是适量的。

观察各接头处是否有油污和灰尘。如果有油污和灰尘，则制冷剂可能已经泄漏。观察冷凝器表面是否脏污，散热片是否变形。如图 4-37 所示为空调管路。

图 4-36　观察窗

图 4-37　空调管路

2. 听

听电磁离合器有无刺耳的噪声。如果有噪声，则可能是电磁线圈老化、吸力不足，通电后由于打滑而产生了噪声；也可能是离合器片因磨损而造成间隙过大使离合器打滑。听压缩机中是否有液击声，如果有液击声，可能是制冷剂过多或膨胀阀开度过大所致，应释放部分制冷剂或调整膨胀阀。

3. 摸

高压管路的表面一般比较热，如果某处特别热或进出口温差特别明显，说明这个地方可能发生了堵塞。压缩机的进气管和排气管之间应该有明显的温差，前者发凉，而后者发烫。用手感觉比较冷凝器的进入管和排出管的温度，在正常情况下，前者热一些，后者凉一些，冷凝器上部温度比下部温度要高。用手摸储液干燥器，其前后的温度应该一致。压缩机输出管到膨胀阀输入端之间是制冷剂的高温高压区，其温度应该均匀一致。

低压管路比较凉，用手摸膨胀阀前后应有明显的温差，即前热后凉。膨胀阀出口到压缩机之间软管的温度应该低但不结霜，正常情况下应结霜后即化，用肉眼看到的只是化霜后结成的水珠。

用手感觉车内出风口应有凉的感觉，车内外保持 7℃～8℃的温差。

4. 测

通过看、听、摸，只能发现比较明显的不正常现象，对于一些复杂的故障，还要借助仪器对制冷系统进行测试。对微机控制全自动空调系统，还要结合自诊断系统进行综合分析和判断，确定故障部位并进行排除。下面介绍各种常用的检测工具。

（1）检漏仪。用检漏仪检查整个系统各接头处是否有泄漏，如图 4-38 所示为汽车空调系统检漏仪。

（2）歧管压力表。将歧管压力表的高、低压表分别接在压缩机的排气口、吸气口的维修阀上，检查制冷系统的压力。运转压缩机，使发动机的转速保持在 2000r/min，然后观察歧管压力表的读数。如图 4-39 所示为歧管压力表。

（3）万用表。用万用表可以检查出空调电路故障，判断是断路还是短路。

（4）温度计。用温度计可以判断出冷凝器、蒸发器、储液干燥器是否有故障。

① 蒸发器。正常情况下，蒸发器的表面温度在不结霜的前提下越低越好。

② 冷凝器。正常情况下，冷凝器的入口温度为 70℃，冷凝器出口温度为 50℃左右。

③ 储液干燥器。正常情况下，储液干燥器的温度应为 50℃左右。如果其上下部分的温度不一致，说明储液干燥器被堵塞。

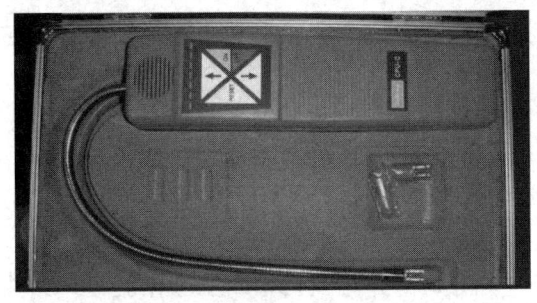

图 4-38　汽车空调系统检漏仪

图 4-39　歧管压力表

二、空调系统故障的自诊断

1. 空调系统的自诊断功能

微机控制的汽车空调，可以将故障以故障码的形式存储在存储器中，因此可依靠微机的自诊断功能，将存储在微机中的故障码提取并记录下来，排除故障后再将存储的故障码从微机中清除。

故障码有两种：一种是表示传感器的故障码，另一种是表示空调系统其他部件的故障码。

如表 4-25 所示是丰田雷克萨斯 LS400 车型在诊断空调系统时，故障码所代表的故障内容。为了确认是否为压缩机故障，可以执行下列操作。

（1）启动发动机，进入故障码检查状态。

（2）按下"REC"开关（车内空气循环键），进入控制板按键检查状态，并置空调送风电动机于"MED"挡，冷风风门开度拨杆处于 50% 的位置，电磁离合器电路位于"ON"位置。

（3）按下"AUTO"开关，退回到故障码检查状态。

（4）约 3s 后，显示故障码。若故障码是"22"，则确定为压缩机故障。

表 4-25　丰田雷克萨斯 LS400 车型自动空调系统故障码表

故 障 码	故 障 内 容	故 障 部 位
00	正常	
11	车内温度传感器线路断路或短路	车内温度传感器或线束
12	车外温度传感器线路断路或短路	车外温度传感器或线束
13	蒸发器温度传感器线路断路或短路	蒸发器温度传感器或线束
14	水温传感器线路断路或短路	水温传感器或线束或连接器
21	日光传感器线路断路或短路	日光传感器或线束或连接器
22	① 压缩机故障； ② 压缩机锁止传感器线路断路或短路	压缩机或线束或连接器
31	空气混合伺服电动机电位计线路断路或短路	伺服电动机电位计或线束或连接器
32	进风控制伺服电动机电位计线路断路或短路	伺服电动机电位计或线束或连接器
33	① 空气混合伺服电动机锁止； ② 电动机线路断路或短路	伺服电动机或线束或连接器
34	① 进风控制伺服电动机锁止； ② 电动机线路断路或短路	伺服电动机或线束或连接器

现代微机控制的空调，为了检修方便，通常利用空调控制面板的控制键调取故障码，其检测方法将在自诊断中进行介绍。

在读出故障码并排除故障后，必须清除存储在微机中的故障码，因为存储在微机中的故障码不会自动清除；否则，故障修复后，再调取故障码，微机又会重新输出该故障码。清除故障码的方法：拔出熔断盒内的圆顶形熔断器 15s 以上，再插回去即可。

2. 空调系统故障自诊断举例

下面以丰田雷克萨斯 LS400 车型自动空调系统为例介绍其自诊断的操作流程，如图 4-40 所示。

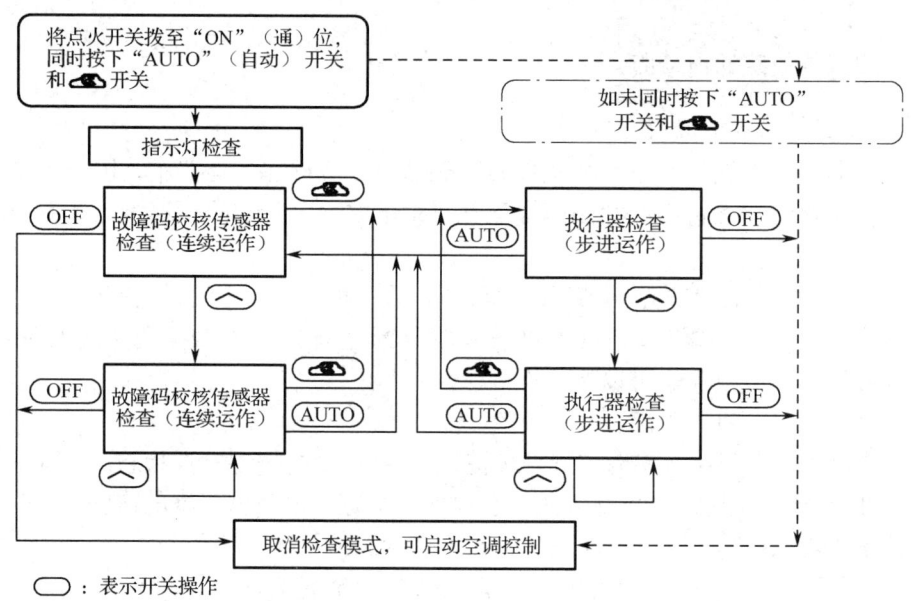

图 4-40　丰田雷克萨斯 LS400 车型自动空调系统的自诊断操作流程图

（1）指示灯检查

① 将点火开关置于"ON"位，并同时按下空调器控制"AUTO"开关和"REC"开关。

② 查看所有指示灯是否在 2s 间隔内，连续闪亮 4 次，且蜂鸣器发出声音，自动进入故障码检查模式。

③ 要取消检查模式，将点火开关拨至"OFF"位即可。

（2）故障码检查

指示灯检查完毕后，该系统即自动进入故障码检查状态。

① 读出仪表板温度显示屏上显示的故障码，并根据故障码表所提示的故障部位进行检查排除。若要分步显示，可按下"UP"键。每次按"UP"键，显示屏上显示的故障码就变化一次，且故障码按照从小到大的顺序显示。

② 当环境温度为 30℃或更低时，即使系统正常，也可能输出故障码。

③ 如果在黑暗的地方进行检查，可能显示故障码"21"。因此，应在日光传感器上方点亮一盏灯进行故障检查。如果仍显示故障码"21"，说明日光传感器电路有故障。

④ 仅在发生现时故障时，才显示压缩机同步传感器电路开路或短路（故障码"22"）。为了验证故障码"22"，可按下述步骤进行检查。

a. 启动发动机，并进入故障码检查状态。

b. 按下"REC"（内循环）开关，进入执行器检查状态。

c. 按下"AUTO"（自动）开关，回到故障码检查状态。

d. 约 3s 后，显示故障码。

（3）清除故障码

① 取出 2 号接线盒中的 DOME 熔丝 10s 以上，从存储器中清除故障码。

② 重新装回熔丝，并确认输出正确的故障码。

（4）执行器检查

① 进入传感器检查状态后，按下"REC"开关。

② 从温度显示 20℃开始，每隔 1s，按顺序自动运转每个风挡、电动机和继电器，可以用肉眼和手检查温度和空气流量。

如要慢慢显示，可按下"UP"键，改成步进运转。每按下一次"UP"键，改变一次显示内容。

三、空调系统故障的诊断准备

下面以丰田凯美瑞车型为例，介绍空调系统的故障诊断与排除的流程与方法。

1. 维修注意事项

（1）不得在密封场所或近明火处搬运制冷剂。

（2）必须戴防护镜。

（3）小心不要让液态制冷剂接触眼睛或皮肤。

（4）不要加热容器或将其暴露于明火附近。

（5）小心不要使容器坠落或受撞击。

（6）如果制冷系统中没有足够的制冷剂，不要让压缩机工作。

（7）压缩机工作时不要打开高压歧管阀。

（8）小心不要给系统内加入过多的制冷剂。

（9）不要在没有制冷剂时运行发动机和压缩机。

（10）使用蓄电池时，不要让正极和负极的测试探头靠得太近，否则会造成短路。

（11）小心辅助乘员保护系统（SRS）。

2. 空调系统框图

如图 4-41 所示为空调的系统框图。

3. 故障诊断与排除的流程

如图 4-42 所示为故障诊断与排除的流程图。

4. 故障代码表

丰田凯美瑞车型的故障码如表 4-26 所示。

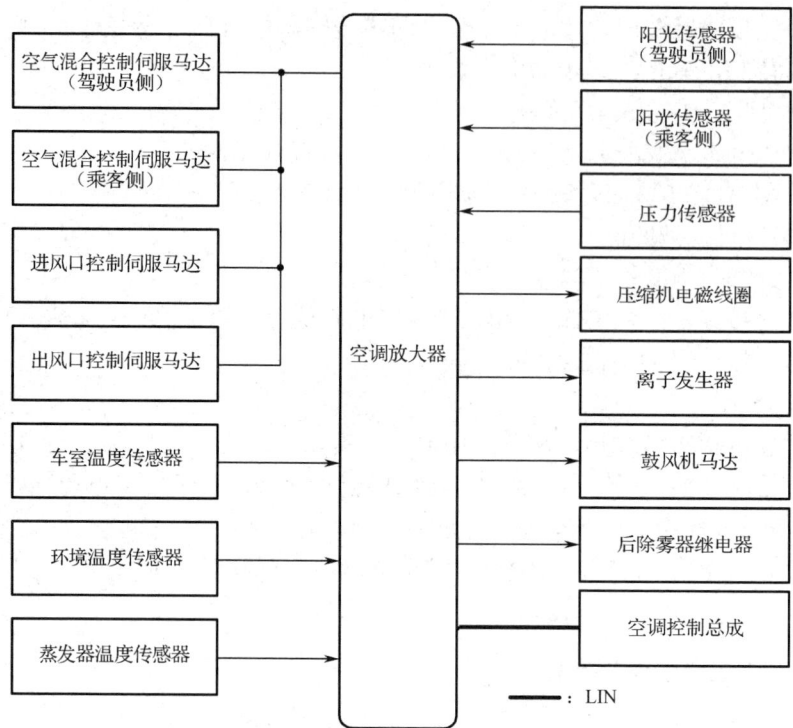

图 4-41　空调的系统框图

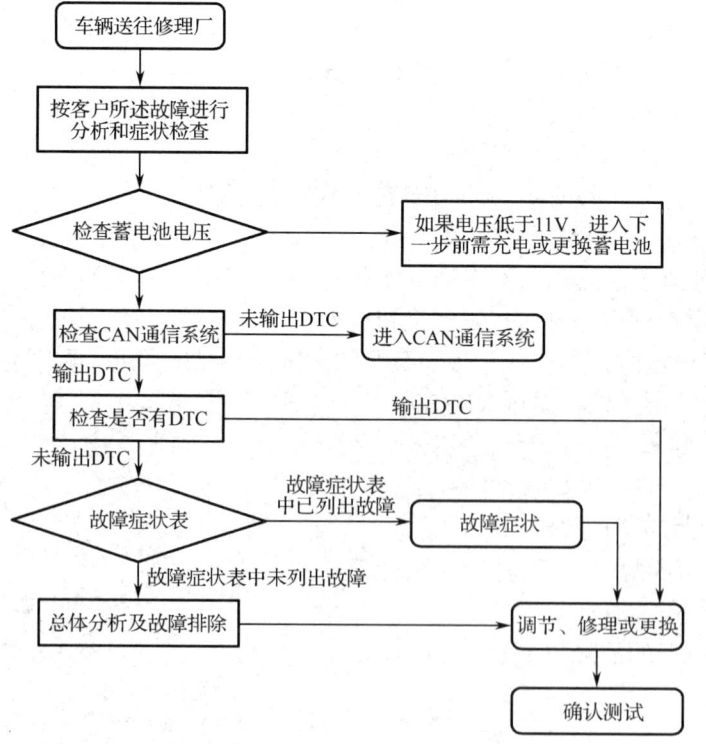

图 4-42　故障诊断与排除的流程图

表 4-26　丰田凯美瑞车型的故障码

DTC 代码	检 测 项 目	故 障 部 位
B1411/11	车室温度传感器电路	1. 车室温度传感器； 2. 车室温度传感器和空调放大器之间的线束或连接器； 3. 空调放大器
B1412/12	环境温度传感器电路	1. 环境温度传感器； 2. 环境温度传感器和空调放大器之间的线束或连接器； 3. 空调放大器
B1413/13	蒸发器温度传感器电路	1. 空调导线（蒸发器温度传感器）； 2. 空调放大器
B1421/21	阳光传感器电路（乘客侧）	1. 阳光传感器； 2. 阳光传感器和空调器放大器之间的线束或连接器； 3. 阳光传感器和主体 ECU 之间的线束或连接器； 4. 空调放大器； 5. 主体 ECU
B1423/23	压力传感器电路	1. 压力传感器； 2. 压力传感器和空调放大器之间的线束或连接器； 3. 制冷剂管路； 4. 空调放大器
B1424/24	阳光传感器电路（驾驶员侧）	1. 阳光传感器； 2. 阳光传感器和空调器放大器之间的线束或连接器； 3. 阳光传感器和主体 ECU 之间的线束或连接器； 4. 空调放大器； 5. 主体 ECU
B1441/41	空气混合控制伺服马达电路（乘客侧）	1. 空调放大器； 2. 空调线束； 3. 空气混合控制伺服马达
B1442/42	进风口控制伺服马达电路	1. 空调放大器； 2. 空调线束； 3. 进风口控制伺服马达
B1443/43	出风口控制伺服马达电路	1. 空调放大器； 2. 空调线束； 3. 出风口控制伺服马达
B1446/46	空气混合控制伺服马达电路（驾驶员侧）	1. 空调放大器； 2. 空调线束； 3. 空气混合控制伺服马达
B1451/51	压缩机电磁线圈电路	1. 空调压缩机； 2. 空调放大器和外部可变压缩机电磁线圈之间的线束或连接器； 3. 空调放大器
B1497/97	BUS IC 通信故障	1. 空调线束； 2. 空调放大器
B1499/99	多路通信电路	CAN（多工）通信系统

四、空调系统故障的诊断作业

下面介绍当丰田凯美瑞汽车出现"B1411"（车室温度传感器电路）故障时的诊断流程。

1. 故障产生机理

此传感器检测用作温度控制基础的驾驶室温度，并向空调放大器发送信号。如表 4-27 所示为故障码"B1411"产生的条件和故障部位。

表 4-27　故障码"B1411"产生的条件和故障部位

DTC 编号	DTC 检测条件	故 障 部 位
B1411/11	车室温度传感器电路（开路或短路）	1. 车室温度传感器； 2. 车室温度传感器和空调放大器之间的线束或连接器； 3. 空调放大器

2. 故障诊断步骤

（1）读取故障诊断仪的数值。

连接故障诊断仪，并对车辆进行识别，读取故障诊断仪上车室温度传感器数据流，如表 4-28 所示。

表 4-28　车室温度传感器数据流

故障诊断仪显示	测量项目/范围	正常条件
车室温度传感器	车室温度传感器/最低：−6.5℃，最高：57.25℃	显示实际驾驶室温度

如果车室温度传感器的数据超出表中的标准值，则进行下一步操作。

（2）检查空调放大器。

如图 4-43 所示为车室温度传感器的电路简图，找到空调放大器，将点火开关转到"ON"位，在不拔下连接器（如图 4-44 所示）的情况下根据表 4-29 所示电压标准值对相关连接器的端子进行测量。

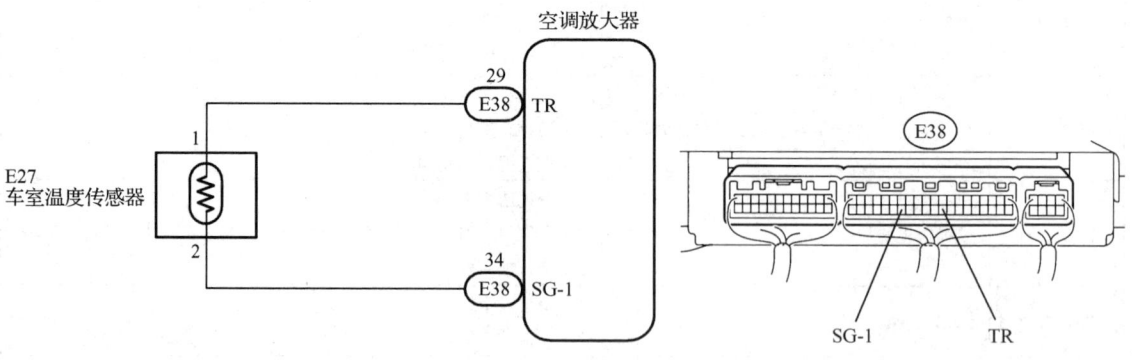

图 4-43　车室温度传感器的电路简图　　　　　图 4-44　空调放大器连接器

表 4-29　电压标准值

故障诊断仪连接	条　件	规定条件
E38/29-E38/34（SG-1）	点火开关在"ON"位，25℃	1.35～.75V
E38/29-E38/34（SG-1）	点火开关在"ON"位，40℃	0.9～1.2V

如果测量所得电压值超出表中所示的标准值，则进行下一步操作。

（3）检查车室温度传感器。

拔下车室温度传感器的连接器（如图 4-45 所示），根据表 4-30 所示的标准值对车室温度传感器的电阻进行测量。

表 4-30　标准值

故障诊断仪连接	条　件	规定条件
E27/1-E27/2	10℃	3.0～3.73kΩ
E27/1-E27/2	15℃	2.45～2.88kΩ
E27/1-E27/2	20℃	1.95～2.3kΩ
E27/1-E27/2	25℃	1.6～1.8kΩ
E27/1-E27/2	30℃	1.28～1.47kΩ
E27/1-E27/2	35℃	1.0～1.22kΩ
E27/1-E27/2	40℃	0.8～1.0kΩ
E27/1-E27/2	45℃	0.65～0.85kΩ
E27/1-E27/2	50℃	0.5～0.7kΩ
E27/1-E27/2	55℃	0.44～0.6kΩ
E27/1-E27/2	60℃	0.36～0.5kΩ

车室温度传感器在不同的温度下，其阻值的变化应符合图 4-46 所示的曲线图。

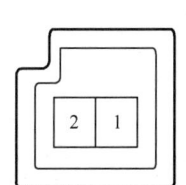

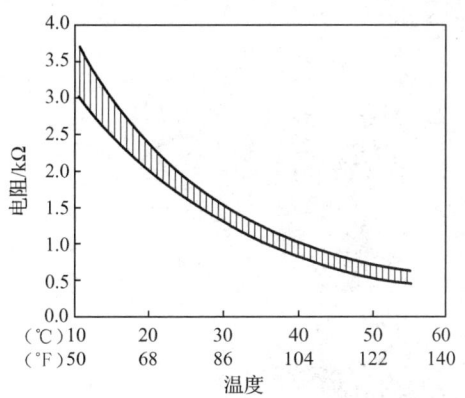

图 4-45　车室温度传感器连接器示意图　　图 4-46　车室温度传感器电阻曲线图

如果测量所得的电阻值超出标准值，则更换车室温度传感器，否则进行下一步操作。

（4）检查线束和连接器（车室温度传感器-空调放大器）。

断开空调放大器和车室温度传感器的连接器（如图 4-47 所示），根据表 4-31 所示的标准值进行测量。

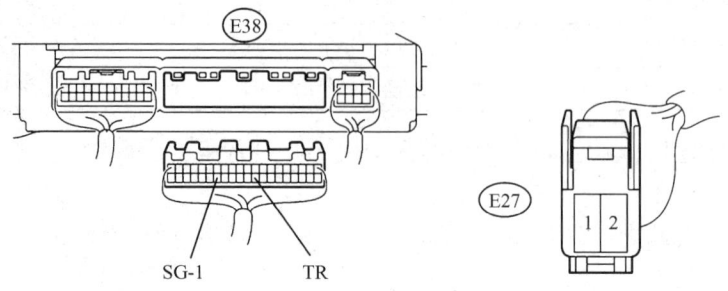

图 4-47　空调放大器和车室温度传感器的连接器外观图

表 4-31　标准值

故障诊断仪连接	条　件	规 定 条 件
E38/29-E27/1	始终	低于 1Ω
E38/34-E27/2	始终	低于 1Ω
E38/29-车身接地	始终	10kΩ 或更高
E38/34-车身接地	始终	10kΩ 或更高

如果测量所得数据超出表中的标准值，则修理或更换线束或连接器，否则进行下一步操作。

（5）更换空调放大器。

4.5.2 空调系统故障的诊断与排除工作页

一台丰田凯美瑞汽车的空调无法正常工作，空调出风口的温度较高，请对车辆进行故障诊断与排除。

一、确认故障现象，推定可能的故障范围。
与本故障相关的故障现象：
根据故障现象，判断可能的故障原因：
二、根据电路图绘制控制原理图。
三、使用汽车解码器，读取相应故障码。
根据诊断结果，进一步缩小故障范围，并确定测试对象为：

四、基于以上诊断结论，选择测量点实施测量，确定故障点。						
测试对象						
测试条件			使用设备			
数据流、执行元器件诊断、电压、电流、电阻等测量结果，不用者不填。						
测试参数						
标准描述						
测试结果						
是否正常						
测试参数						

标准描述					
测试结果					
是否正常					

波形测试结果，不用者不填。

波形名称	标准波形（注意单位）	实测波形（请圈出异常位置）

分析测试结果，必要时进行简单修复，并做进一步诊断（或验证），不用者不填。

五、基于以上分析及测试，将结果记录在表中，归纳总结核心步骤。

步　骤	对　象	结　果	结　论	下一步诊断对象
1				
2				
3				
4				
5				
6				
7				
8				

六、分析测试结果，结合故障机理，给出结论或维修建议。

学习情境五　新能源汽车故障的诊断与排除

任务　新能源汽车整车控制系统故障的诊断与排除

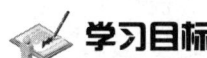 学习目标

1. 能描述新能源汽车的类型及区别
2. 掌握新能源汽车的结构与工作原理
3. 掌握新能源汽车的上电作业流程
4. 掌握新能源汽车简单故障（高压无法上电）的排除方法
5. 培养严格遵守安全操作规程的职业规范
6. 培养互帮互助、团队协作的能力

任务接受

一辆 2017 年生产的比亚迪 e5 汽车，启动后，仪表板上绿色"OK"指示灯未点亮，动力系统故障指示灯点亮，同时提示"请检查动力系统"，这意味着该车上电未成功，动力电池包无法输出高压电，因此整车无法正常使用。

任务准备

教学设备、工具及仪器如表 5-1 所示。

表 5-1　教学设备、工具及仪器

名　称	数　量	名　称	数　量
普通维修工具	1 套/5 人	新能源汽车	1 辆/5 人
万用表	1 套/5 人	高压安全防护工具	1 套/5 人
故障诊断仪	1 套/5 人	高压安全防护设备	1 套/5 人

任务实施

5.1.1　新能源汽车高压无法上电故障的诊断与排除

一、新能源汽车的高压上电过程

如图 5-1 所示为比亚迪 e5 高压上电过程简化图。

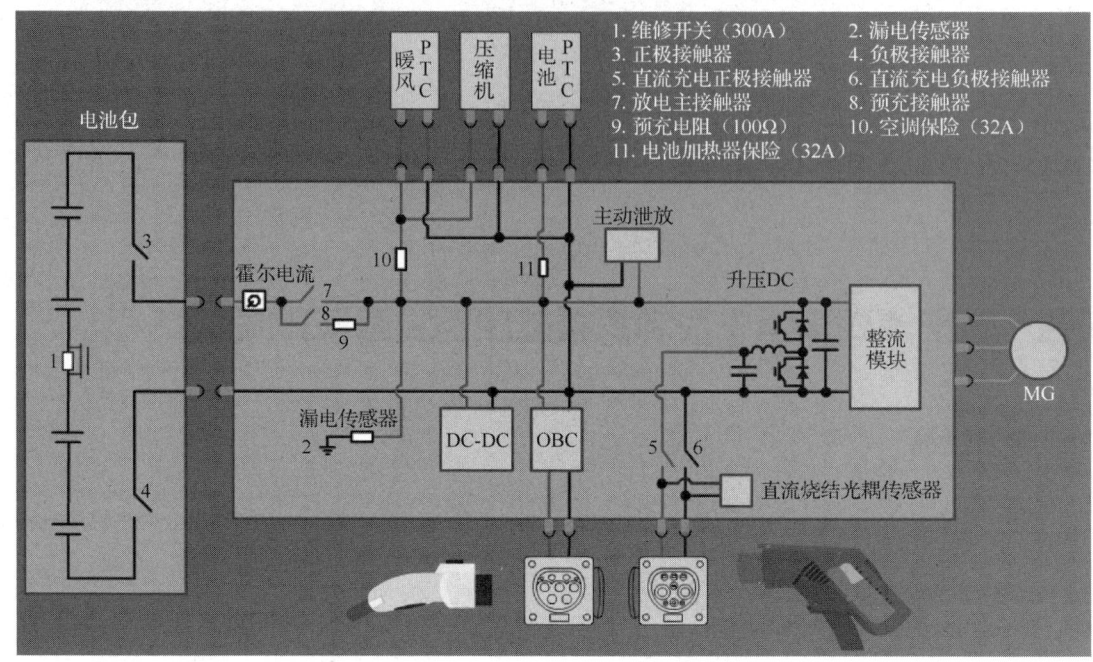

图 5-1　比亚迪 e5 高压上电过程简化图

电驱动系统按下列步骤完成高压上电：

1. 闭合预充接触器

BMS（电池管理系统）控制预充接触器的线圈端，使得预充接触器的开关闭合，如图 5-2 所示，BMS 确认高压电路系统正常工作。

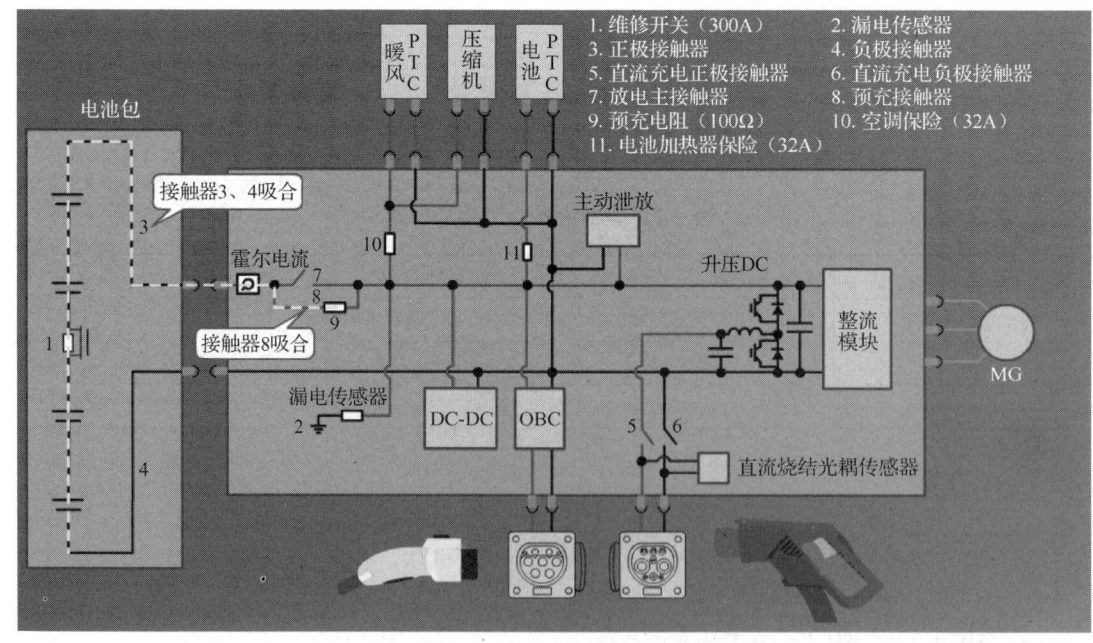

图 5-2　预充接触器闭合

此时，动力电池的高压电通过高压母线正极端子流经预充接触器，到达 DC/DC 转换器、PTC、空调压缩机和 VTOG 内部的整流模块。高压电容进行充电，当其电压与与电池包电压相差 50V 时，预充完成，放电主接触器吸合，如图 5-3 所示。

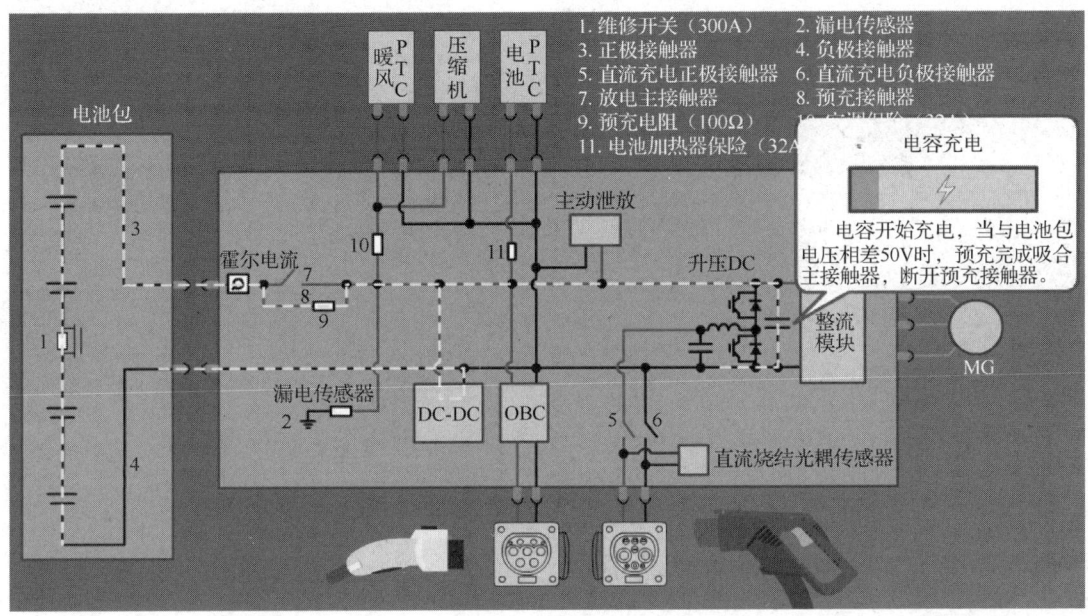

图 5-3　预充路径

2. 闭合放电主接触器

BMS 在保持预充接触器闭合的状态下，接通放电主接触器，如图 5-4 所示，BMS 确认高压电路系统正常工作。

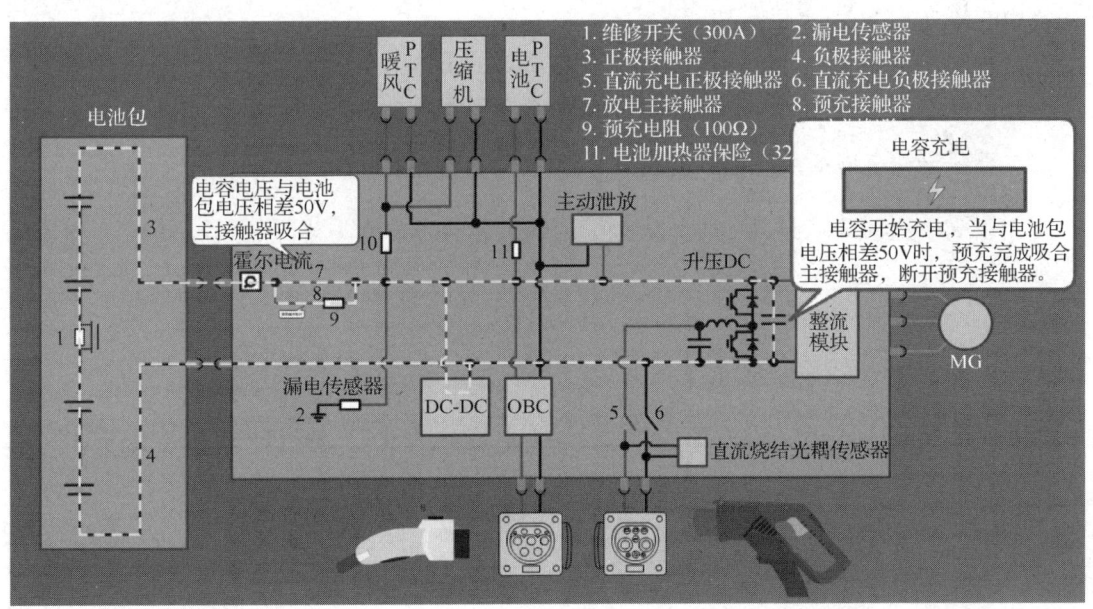

图 5-4　闭合放电主接触器

3. 断开预充接触器

在 BMS 判断放电主接触器闭合，并确认高压电路系统正常工作的情况下，断开预充接触器，如图 5-5 所示。

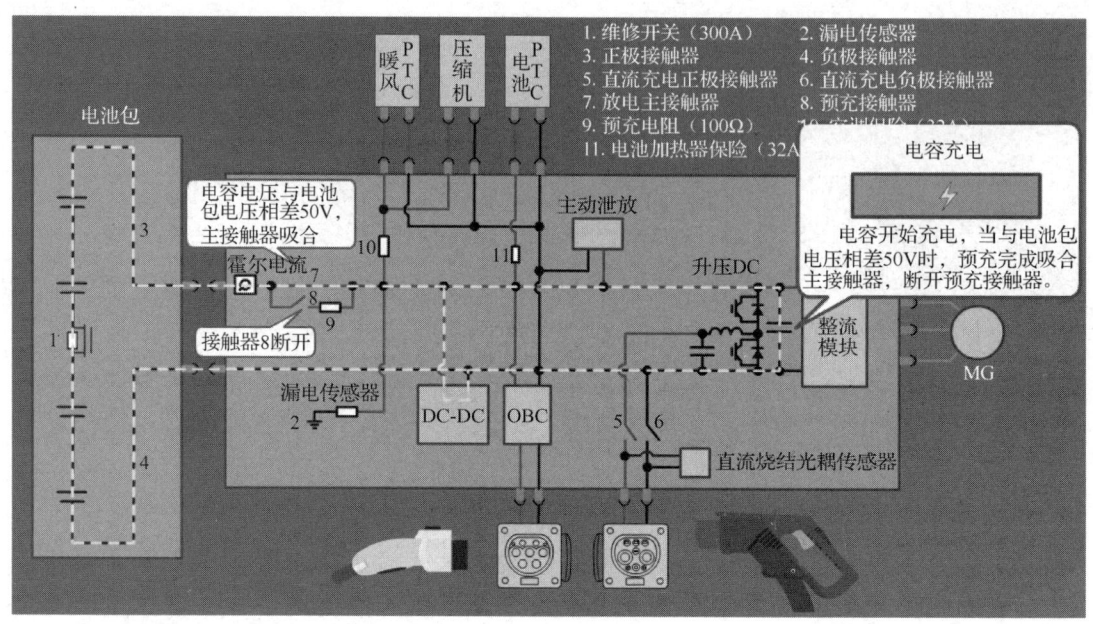

图 5-5　断开预充接触器

由于车辆此时处于静止状态，高压电流经 DC/DC 转换器后再回到动力电池的高压母线负极端子上，从而形成回路，此时车身电气系统可进行相应的操作。虽然高压电施加到 PTC、空调压缩机和 VTOG 内部的整流模块上，但由于这三个部件未进入工作状态，所以这三个部件未构成回路而不工作。

在完成高压电路系统上电的过程中，BMS 始终通过各个信号对高压电路系统进行监控，如果发生异常信号，BMS 就会对高压电路进行断电控制。

二、高压无法上电的故障诊断与排除

下面以高压互锁故障导致高压无法上电为例进行故障诊断与排除的操作。

知识拓展：

	扫描二维码
新能源汽车高压安全防护	

1. 故障现象

一辆比亚迪 e5 汽车，无法行驶，仪表板上的"OK"指示灯不亮，同时动力系统故障指示灯点亮，液晶显示屏上显示"请检查动力系统"的提示信息，如图 5-6 所示。

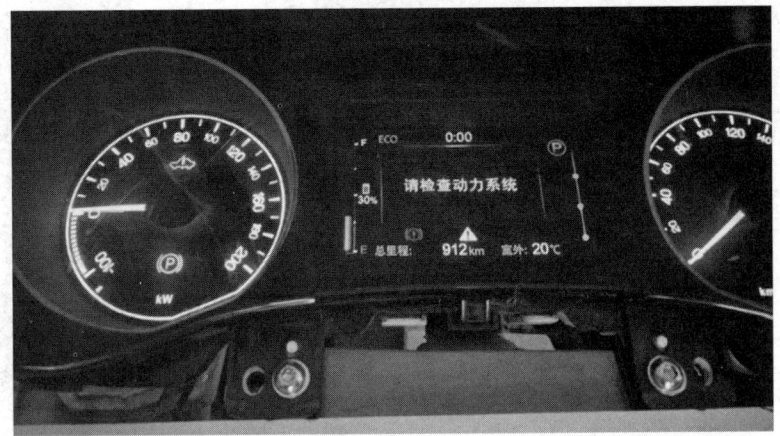

图 5-6　提示信息

2. 故障分析

经询问客户得知，该车自购买以来一直正常使用，未发生过碰撞事故等，车辆和电池所处环境均在正常使用范围内。车间维修试车后验证确认该车确实存在相应的故障现象。根据故障现象分析可能的故障原因有以下几个方面：

（1）动力电池包电压过低；

（2）动力电池包对车身漏电；

（3）车辆受到碰撞；

（4）高压互锁线路断开；

（5）低压电池故障。

3. 故障诊断

（1）检查低压蓄电池

利用万用表检查低压电池电压，为 13.8V，正常，相关线束接插良好。

（2）读取故障码

使用 VDS2000 故障诊断仪进行车辆诊断，读取车辆故障码。

① 选择"乘用车"，如图 5-7 所示。

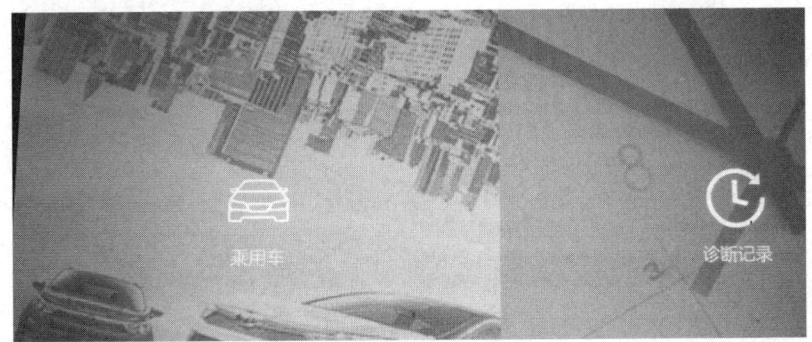

图 5-7　选择"乘用车"

② 选择"EV 系"，如图 5-8 所示。

图 5-8　选择"EV 系"

③ 选择"e5"车型，如图 5-9 所示。

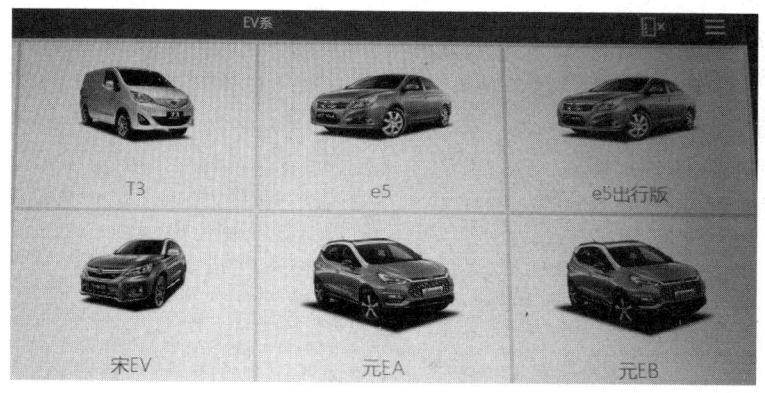

图 5-9　选择"e5"车型

④ 选择"e5 通用"，如图 5-10 所示。

图 5-10　选择"e5 通用"

⑤ 选择"ECU 模块"，进行 ECU 识别，如图 5-11 所示。

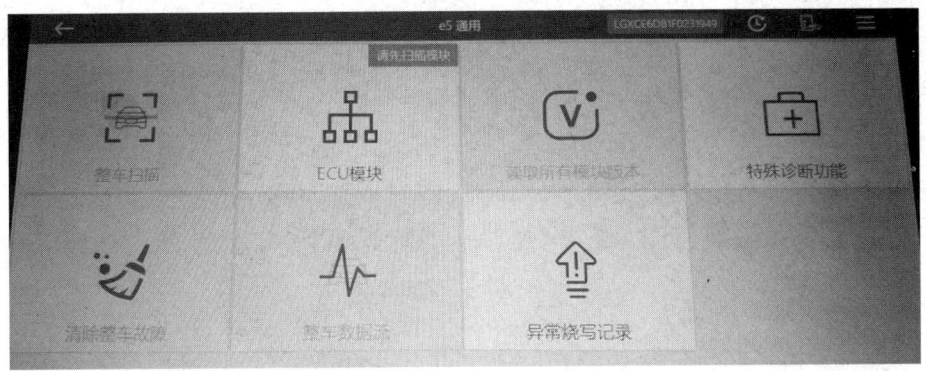

图 5-11 选择"ECU 模块"

⑥ 如图 5-12 所示，故障诊断仪进行 ECU 识别。

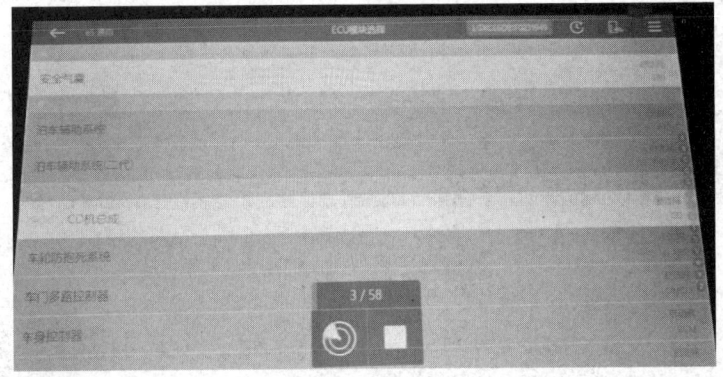

图 5-12 故障诊断仪进行 ECU 识别

⑦ 如图 5-13 所示，识别之后，发现"电池管理系统"中存在两个故障码。

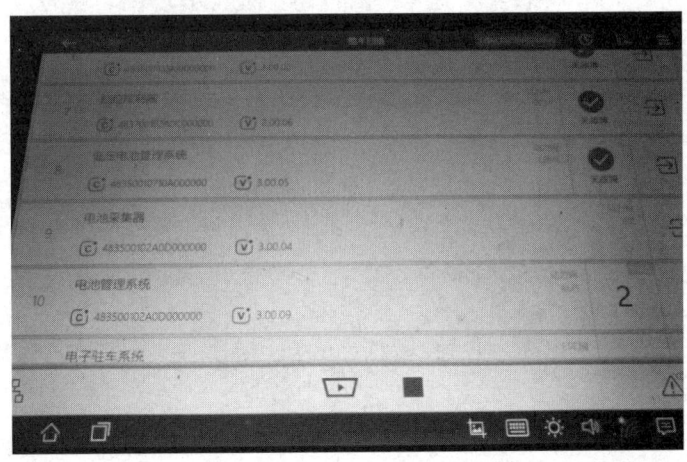

图 5-13 "电池管理系统"中存在两个故障码

⑧ 故障码信息如图 5-14 所示，由该故障码可知车辆高压无法上电可能是高压互锁系统出现故障而导致的。

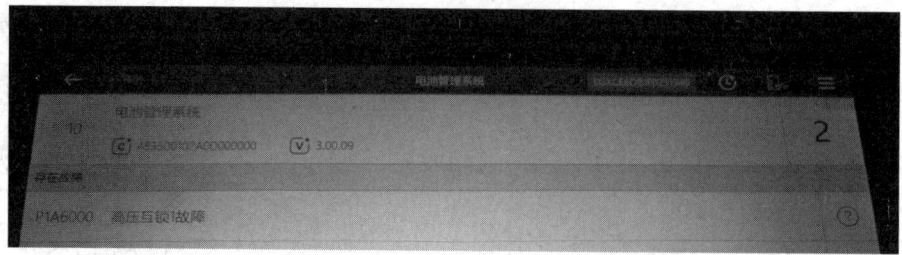

图 5-14　故障码信息

（3）读取数据流

进入故障诊断仪的数据流菜单，如图 5-15 所示。发现"高压互锁 1"数据流处于"锁止"状态，"预充状态"为"预充完成"，"主接触器状态"为"断开"。

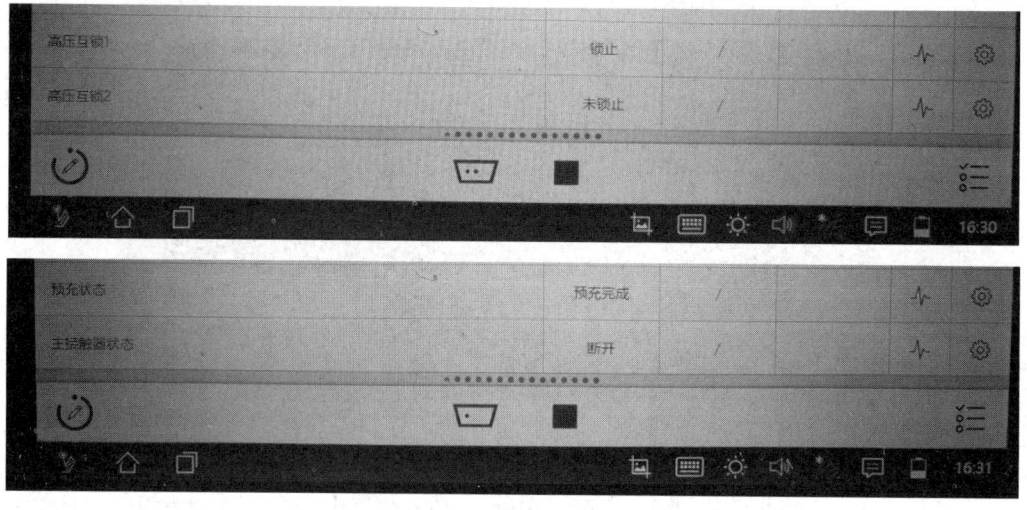

图 5-15　进入故障诊断仪的数据流菜单

分析以上数据流可发现，该车高压无法上电故障是车辆的高压互锁信号断开而导致的，根据该故障码进行检测。

4．故障检测与排除

查找电路，并根据 e5 的高压互锁系统（如图 5-16 所示），找到 BMS 连接器的高压互锁端子并进行测量，如图 5-17 所示。

经对系统线路进行测量，发现 BMSC O1 连接器的 1 号端子与 PTC 连接器的 1 号端子之间的线路断路，对线束进行修复。

注意：在维修作业过程中应严格遵守作业安全规程。

5．故障修复确认

重新连接诊断，对车辆进行相应的诊断，并清除故障，此时发现仪表板上的"OK"指示灯已经点亮，动力系统故障指示灯已经熄灭，液晶显示屏上的"请检查动力系统"的提示信息已经消失，如图 5-18 所示，试车确认车辆恢复正常行驶功能。

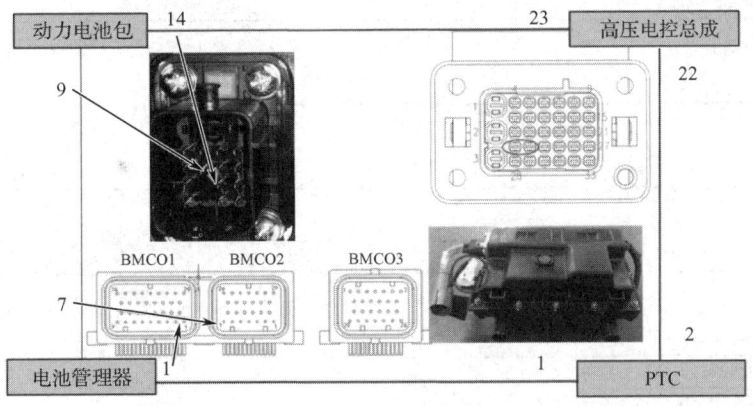

图 5-16　e5 的高压互锁系统

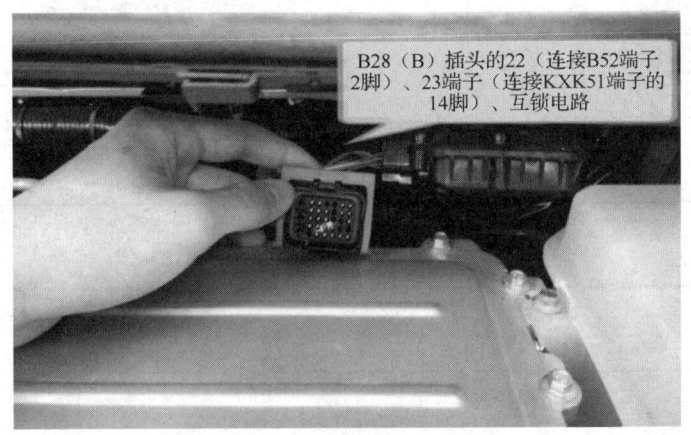

图 5-17　BMS 连接器的高压互锁端子

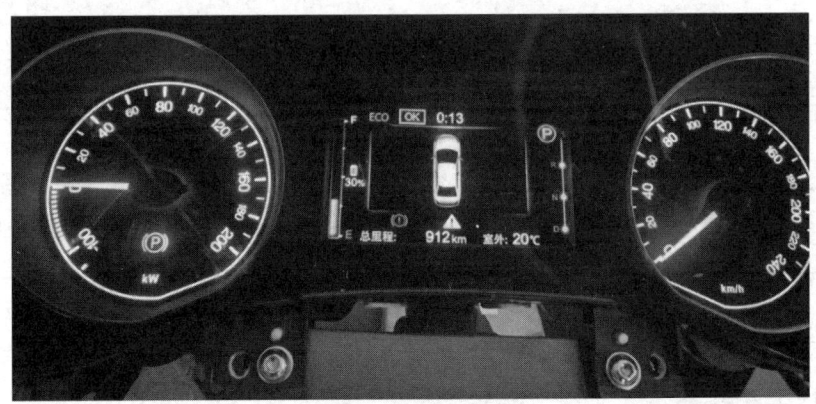

图 5-18　提示信息已经消失

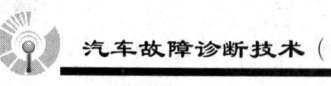

Note

5.1.2　新能源汽车整车控制系统故障的诊断与排除工作页

一辆 2017 年生产的比亚迪 e5 汽车，启动后，仪表板上的绿色 "OK" 指示灯未点亮，动力系统故障指示灯点亮，同时提示 "请检查动力系统" 信息，请对车辆进行故障诊断与排除。

一、确认故障现象，推定可能的故障范围。
与本故障相关的故障现象：
根据故障现象，判断可能的故障原因：
二、根据电路图绘制控制原理图。
三、使用汽车解码器，读取相应故障码。
根据诊断结果，进一步缩小故障范围，并确定测试对象为：
四、基于以上诊断结论，选择测量点实施测量，确定故障点。

测试对象	

续表

测试条件			使用设备		

数据流、执行元器件诊断、电压、电流、电阻等测量结果，不用者不填。

测试参数					
标准描述					
测试结果					
是否正常					
测试参数					
标准描述					
测试结果					
是否正常					

波形测试结果，不用者不填。

波形名称	标准波形（注意单位）	实测波形（请圈出异常位置）

分析测试结果，必要时进行简单修复，并做进一步诊断（或验证），不用者不填。

五、基于以上分析及测试，将结果记录在表中，归纳总结核心步骤。

步骤	对象	结果	结论	下一步诊断对象
1				
2				
3				
4				
5				
6				

六、分析测试结果，结合故障机理，给出结论或维修建议。